中国传媒大学优秀创新团队（政治传播）研究成果

政治传播简明原理

荆学民 著

中国传媒大学出版社
·北京·

作 者 简 介

荆学民，男，1959年生，毕业于南开大学哲学系。哲学博士。中国传媒大学政治传播研究所所长、教授、博士生导师；中国传媒大学“优秀创新团队”学术带头人；国家社科基金重大项目《中国特色政治传播理论与策略体系研究》首席专家。

近年来先后主持并完成多个国家社科基金项目、教育部社科研究专项、北京市社科研究规划项目、中广协社科研究项目。先后在人民出版社、中国社会科学出版社、北京大学出版社、中国传媒大学出版社等出版学术著作多部；2008年转型致力于政治传播的研究，主编“中国政治传播研究丛书”、《当代中国政治传播研究巡检》，出版专著《政治传播活动论》。

在《中国社会科学》、《求是》、《哲学研究》、《光明日报》、《文艺研究》、《马克思主义研究》、《现代传播》、《江海学刊》、《天津社会科学》等权威刊物共发表学术论文140多篇。

目 录 Contents

前 言

2011年我牵头申报国家社科基金重大招标项目《中国特色政治传播战略理论与策略体系研究》获得成功。这个重大项目以“中国特色政治传播研究丛书”为结题成果形态，其中，对整个项目和丛书具有一定指导性意义的开篇之作是由我撰写的《政治传播活动论》。这部著作是我研究政治传播以来学术思考的结晶。作为一部学术著作，书中带有十分强烈和尖锐的批评，不够温和和谦虚。这是我有意而为之的，目的是想“矫枉过正”——激活国内对政治传播研究的热情！

书稿交付中国社会科学出版社后，我进行了进一步的反思，觉得现在对于中国的政治传播研究而言，更多地还是需要建设性的东西。我们中国传媒大学政治传播研究所，作为全国第一个研究政治传播的机构，不仅负有引领中国政治传播学术研究的使命，还担负着政治传播硕士和博士教育教学的任务。就教学和学生需求的角度而言，更需要一本简明的政治传播原理性的读本。每年学生考前以及入学后的教学中，都迫切渴求一本相对稳定而成型的读本。为此，我萌生了将学术性较强的《政治传播活动论》改写为简明读本同时出版的想法。

中国传媒大学出版社是致力于专业化出版的，打造传媒类精品图书的实力强大的出版社，我欠了他们两部书稿的“债”，所以，非常乐意将这部书稿交由中国传媒大学出版社来出版，我个人觉得，我们这样做，无论从哪个角度、哪种意义上都是必要的，也是十分妥帖的。

荆学民

2014年5月

第一章

政治传播活动的基本结构

英国学者麦克奈尔在《政治传播学引论》的扉页赫然引用了早年李普曼的话："当代意义最为重大的革命不是经济革命或是政治革命，而是一场在被统治者中制造同意的艺术的革命……在新一代掌权者的政治生活中，劝服已然成为一门自觉的艺术与大众政府的常规器官。还没有人开始整理这场革命的结果，然而说如何制造同意的认识将改变所有的政治前提将毫不为过。"[①]当麦克奈尔极度赞赏李普曼这种深刻的理论洞见的时候，花了极大的心血用自己的《政治传播学引论》总结了这场"制造同意"的艺术的革命。现在看来，把"制造同意"与政治传播本质性地联系在一起，或者说视政治传播的本质为"制造同意"，是麦克奈尔在李普曼之后对政治传播研究的独特贡献。

而我之所以在这里再一次重复引用且强调"制造同意"与政治传播之关联，是因为在我看来，远在麦克奈尔之前，至少西方社会对政治传播的研究已经如火如荼，在麦克奈尔之后，也可谓枝繁叶茂。然而，在这种如火如荼和枝繁叶茂的研究景观中，被李普曼和麦克奈尔已然揭示的政治传播的"制造同意"的本质却似乎在渐渐隐退。人们也许碍于人类政治文明的相通性、相容性，有点羞于在生硬的"制造"意义上揭示和认同如火如荼的政治传播的现实，给"制造同意"的革命意义包裹上了一层温柔而漂亮的政治艺术的面纱。

至于中国的政治传播研究，尽管从政治传播的实践或现实看，快速发展和急剧变迁的社会，对政治传播理论的渴望比任何时候都急迫和强烈，但是，政治传播的研究看起来纷纷扰扰的背后却始终是步履蹒跚，主要的表现是关于政治

---

① 转引〔英〕麦克奈尔：《政治传播学引论》，殷琪译，新华出版社 2005 年版，扉页。

传播的基本理念还没有形成。

理论研究是不能“大跃进”的。冷静看中国的政治传播研究，步履蹒跚倒未必不是一件好事情。静下心来，从理念底层耐心梳理一下适应于我们中国人思想方式的政治传播，诸如观念、范畴、范式、框架、逻辑、机理、机制、形态等基本原理甚有好处。鉴于此，笔者思考很久，决定从政治传播的“底层”开始思考和写这本书，也许从状貌上看，是一些散乱型的遑论，但希望不只是陈旧老话。

第一节 从三个维度认识政治

政治貌似熟知，其实无法定义，因为政治到目前为止并没有固定在哪种含义上。美国著名政治学家达尔曾说：

> 确切地说，任何人都能懂一些政治，但政治是格外复杂的事物，很可能还是人类所遇到的最复杂的事物之一。如果不具备处理政治复杂性的技能，人们就会草率或过分地简化政治，这就是危险。公正地说，我们认为，大多数人确实都把政治简单化了。[①]

所以，认知人类的政治，需要从历史和逻辑两个角度展开。从理论上讲，历史先于逻辑，所以我们就先从历史的角度梳理一下人类的政治。

历史以“历时态”呈现。从人类政治历史演变的“历时态”看，政治与国家、经济、社会关联。所以，要想简单而清晰地认知政治，还需要从国家、经济、社会等几个关联维度结合人类的政治思想史来加以梳理。

一、从国家维度认识政治

按照马克思的理解，政治现象是人类进入阶级社会以后的产物，因而，各种纷繁复杂的政治现象所体现的一个核心问题就是社会中各阶级围绕着“国家”的统治权力而展开的激烈斗争。因此，从与国家关联的角度来认识、把握、研究政治，是贯穿人类几千年政治思想史的主线，直至当代仍然如此。

西方最早进入奴隶社会的是古希腊（公元前 8 世纪至前 6 世纪）。古希腊的

---

① 〔美〕达尔：《现代政治分析》（第六版），吴勇译，中国人民大学出版社 2012 年版，第 3 页。

奴隶制由二百多个奴隶主统治的相互独立的城邦组成。“公民”不能离开自己的城邦而生活,否则就可能沦为别的城邦的奴隶。城邦是如何来的？怎样才能有一个好的正义的城邦,怎样才能过好城邦生活？这些就是那个时候人们所关心的根本政治问题。考察城邦、研究城邦就是古希腊政治思想也是西方政治思想的发源地。在西方,“政治”(politics) 一词就是从“城邦”(polis)演变而来的。

古希腊奴隶制形成时期的著名思想家赫拉克利特主张通过斗争建立一个正义的城邦,并且只有依靠法律,人们才能过好城邦生活。毕达哥拉斯则主张各等级的和谐就是一个正义的城邦。著名政治家梭伦认为应在富者和贫者之间实行某种协调、平衡,建立好的城邦。著名的雅典政治家伯利克里把自由、法制、平等作为城邦生活的基本原则,奠定了雅典民主政治理想的基础。

公元前 431 年至前 404 年的伯罗奔尼撒战争以雅典民主制城邦失败、斯巴达奴隶主贵族制胜利而告终。这极大地促使政治思想家们研究什么样的城邦最好、怎样巩固城邦等问题。柏拉图继承了他的老师苏格拉底的思想,提出了一整套政治理论。柏拉图认为,国家无非是人性的扩大。人的本性即灵魂由理性、意志和欲望三部分构成,国家由统治者、守卫者即军人和劳动者三个等级构成。统治者由具有哲学知识即智慧美德的哲学家来担任,军人应以勇敢为美德帮助统治者,劳动者应以节制为美德来服从以上两个等级的统治。这三个等级各司其职,互不干扰,和谐一致,就具有了正义的美德。这是一个具有智慧、勇敢、节制和正义四种德性的“理想国”。

柏拉图的学生亚里士多德提出“人是天生的政治动物”,“人是自然趋向于城邦生活的动物”。这在西方政治思想史上第一次从理论上把个人与国家(社会)本质地结合为一。亚里士多德认为人的本性是一个发展显现的过程,国家也有一个起源的过程,人类为了满足日常生活的需要必然要组成家庭;随着人口的繁衍、家庭的增多,就出现了若干个家庭联合而成的村坊,若干村坊又组成城邦,亦即国家。国家出现,使人的本性得到了实现。

到了古罗马时期,政治思想家西塞罗把人类对政治的认识又往前推进了一步。他一方面继承了亚里士多德关于人性的思想,相信“人不是孤立的或非社会的存在”,人必然结成国家;另一方面认为罗马国家是长期历史演变而产生的。西塞罗认为国家应该通过法来统治,法是国家的基础,这样就把古希腊以道德作为国家基础的观点改变为以法作为国家的基础。

西方中世纪封建社会,基督教是人们解释社会政治现象的唯一基础。拥护教权至上的神学家们鼓吹社会中的一切都是上帝创造和安排的;教会是上帝在人间的代表,世俗的国家权力是上帝通过教会而给的,因此教权高于王权。世俗国王的思想代表则提出君权神授,君权直接来源于上帝,王权不受教权支配。从本质上讲,这两种思想都是从上帝出发来说明政治权力的,人的理性必须服从对上帝的信仰。这种神权政治理论是为中世纪封建的等级制度和专制统治服务的。

西方从文艺复兴到尼德兰资产阶级革命、英国资产阶级革命、法国大革命、美国独立战争这一历史时期,资产阶级的政治思想产生了。各国资产阶级虽然所处的历史环境不同,革命性的强烈程度不尽一致,但都提出了反映资产阶级要求的政治思想。从人的理性出发研究各种政治问题,批判神权政治观,要求人的种种权利以及保障这些权利的政治制度,是这一时期资产阶级政治思想的特征。值得我们分析的有几个代表人物。

近代资产阶级政治思想的奠基人之一,意大利的马基雅维利率先从根本上否定了中世纪神学政治观的基础,开始从人而不是从神来研究国家。在国家政体问题上,马基雅维利赋予共和政体以集"暴力与欺骗"、"狮子与狐狸"的特性于一身的威权,至今仍有别样的历史意义。

英国资产阶级政治思想家霍布斯提出了关于国家起源的社会契约论。洛克则进一步深化了霍布斯的政治理论。认为如果立法权或君主危害了人民的自由和财产,那么人民就有权起来革命,把国家权力收回,交给自己认为最能保证他们安全的人。

法国启蒙运动中最为激进的资产阶级政治思想家卢梭认为,由于私有制的出现使人类出现了不平等。为了保护私有财产和个人自由,人们订立社会契约,建立了国家。人们订立社会契约,是把个人的权力交给一个公共人格或叫"公意"。这个公意是人民的意志,它构成主权——人民主权。人民主权是最高的权力,它不可分割、不可转让,不能代表。法律要由人民直接参加立法来定;政府官员不过是人民的公仆,人民可以随时撤换。因为全体公民都要参加立法,所以,只有小国寡民才能办到。这就是卢梭所设想的资产阶级共和国。

德国的康德继承并改造了卢梭的政治理论,他从哲学俯瞰政治,把卢梭的"公意"改造成一种绝对命令,表达了人是目的的高贵哲学思想。

从国家的维度对人类政治考量，从哲学论证和理论形态的成熟与影响程度上看，无疑当属德国哲学家、政治思想家黑格尔。黑格尔认为，所谓国家，指的是“伦理理念的现实”[①]，“是存在于‘地球’上的‘神圣的理念’”，是神自身在地上的行进，因此，它也就是一种“‘自由’的实现”。在他看来，“现实的国家在它的一切特殊事务中……都被……‘民族精神’所鼓舞”。[②]正因为国家是伦理理念的现实化，是自由的化身，是高于市民社会的政治实体，所以它才能担当起协调社会生活、促进个人道德水准、推动社会发展的历史重任，才能在保护市民社会的同时成功地实现对它的超越。在黑格尔看来，国家是伦理观念变为现实的产物，它是普遍性与特殊性的统一，是个人与国家的统一，个人只有成为国家成员才有自己的人格、自由和权利，所以个人必须服从国家。国家的目的在于普遍的利益，但并不排斥个人的利益，国家正是把个人作为一个环节包容于自身之中，国家与个人也达到了统一。

黑格尔走向并树立了政治观上的国家主义。这种政治观深深影响着其后的政治思想家们，成为至今人们观察和认识人类社会政治现象的主流思想和理论，以至于现时代的政治理念仍然难以摆脱其影响。

二、从与经济对应的维度认识政治

在人类社会发展的早期，人们的经济社会与政治生活还没有什么独立性，在很大的意义上政治生活就是他们相对于私人家庭生活的社会生活。当人们维持生活与生产资料的经济生活逐步凸现出来，进而越来越具有独立意义的时候，人们便从与“经济”相对应的意义上认识、把握和对待政治了。

应该说，在当下社会里，人们对于政治的认识更多地是从与经济对应的意义上，或者说是从与经济关联的维度来把握和认识政治的。从经济维度把握政治并进一步深刻认识政治与经济关系的仍然是马克思。我们可以认为，在从经济的维度研究政治进而研究政治与经济关系的问题上，马克思的思想仍然是人类至今思想认识的最高成果。

资本主义社会相对于以前一切社会所取得的巨大的物质成就，以及围绕经

① 〔德〕黑格尔：《法哲学原理》，范扬等译，商务印书馆 1982 年版，第 253 页。

② 〔德〕黑格尔：《历史哲学》，王造时译，三联书店 1956 年版，第 90 页。

济利益而展开的阶级和阶级之间的激烈斗争，使马克思、恩格斯深刻地认识到“社会历史的决定性基础的经济关系……决定着产品的交换方式，以及分配方式，从而在氏族社会解体后也决定着阶级的划分，决定着统治和从属的关系，决定着国家、政治、法律等等”①。

从人类历史的进程来看，政治是相对于其他社会力量的发展而逐步获得自己的本质规定性，尤其是经济力量的快速发展。通过对政治和经济相互关系问题的思考，马克思不仅解决了政治的基础、本质、轴心、基本内容等重大问题，而且从根本上克服了自马基雅维利以来政治内涵愈趋狭隘的片面性。在马克思看来，一方面，政治就是阶级斗争，其核心是国家政权；另一方面，政治作为经济的集中表现，又涵盖且高于经济、社会、军事、文化等事物，是统帅，是灵魂。马克思自己着意的不是抽象意义上的、无所不包的、以伦理或神学统辖一切的广义政治，而是具体的、真实的、对人类有极为重大意义的“经济方面的政治”。

马克思在政治经济学意义上对政治本质的揭示，为我们理解相对于经济的政治的内涵提供了理论基础。因此，当我们从与经济对应的维度思考政治的本质的时候，政治就成为一种能够作用于经济活动的国家权力，一种占统治地位的意识形态以及这种权力的运行机制，它决定着在社会经济生活中“谁得到什么，何时和如何得到”等基本问题。当然，从与经济关联角度来认识政治，“并不等于说经济与政治是同一回事。经济分析主要关心稀缺资源以及物品与劳务的生产和分配；而政治分析，正如我们反复说过的那样，聚焦于影响力的应用以及运用影响力的模式。人类或人类群体的活动，可以同时具有政治的与经济的方面。……可见，经济学家与政治学家所分别探索的，只不过是同一件事件的不同方面而已”②。至此，政治的特殊内涵逐渐被限定，政治也据此获得自己的规定性。

三、从社会结构维度认识政治

从社会维度对政治的认知和把握有两种截然不同的境界，是人类社会发展不同阶段的产物。在人类社会诸多领域混沌不分的早期，人们的政治生活就是

① 《马克思恩格斯选集》第4卷，人民出版社1995年版，第731页。
② 〔美〕达尔：《现代政治分析》（第六版），吴勇译，中国人民大学出版社2012年版，第44页。

“社会”生活，这种政治、社会生活可能仅仅只是相对于私人家庭生活而言的。如果说，这可以视为从社会关联或意义上的“政治”，那么毫无疑义，这种分界是完全不自觉的。随着经济在社会生活中地位的突出及其对政治的制约，人们从与经济对应的意义上认知和把握政治，而当人们能够自觉地从高于经济和政治本身的境界来把握政治的时候，实际上又是从“社会”的境界和意义上对政治的把握。这正是一个“否定之否定”的螺旋式的上升过程。正是在这个升华的过程中，产生了多种多样的关于人类未来社会的“政治信仰”。

从理论上讲，人类社会发展至近代，随着社会生活的各个领域的相对分离，人们才真正对“社会”开始理论自觉。一开始，近代思想家如培根、霍布斯、卢梭、洛克以及更多的法国启蒙思想家们，在反叛宗教神学的启蒙旗帜下，致力于确立人对自然界的“主体性”，确立主体自我意识。但是，这个时候的人类“社会”，并没有获得与作为主体的人以及人所赖以生存的自然等量齐观的理解。在他们的思想里，人类社会作为一个自在的整体，依然只是自然界的延伸，是各种“自然状态”的表现。同时，在他们把人的活动还原为动物式的生存竞争行为时，又总是把社会看成是实现个人私欲的名利场。

德国古典哲学经康德、费希特至黑格尔，社会与自然状态的国家，都是“在统一体被确定为一个整体时被给出的无形式的和外在性的和谐的空名”[①]。黑格尔有时候称社会为“第二自然”，实际上还是在自然的意义上理解社会，虽然如伽达默尔所说，“黑格尔哲学通过对主观意识观念进行清晰的批判，开辟了一条理解人类社会现实的道路”[②]，但他并没有完全真正理解现代意义上的社会。黑格尔在其著作如《历史哲学》中探讨了社会发展规律、社会进步、历史必然性等问题，在《法哲学原理》中提出了“理性社会”概念，但所有这些努力都是把社会消解于历史之中，又把历史本身消解于他的绝对精神之中。历史成为体现和承担“理性的狡计”的舞台。费尔巴哈在他的《未来哲学原理》和《信仰的本质》中也提出了“社会”概念，但却是在“类”的意义上展开的，并且是在对宗教展开人本主义批判活动中形成的成果，它构成了费尔巴哈所谓未来哲学及其信仰的基础。

---

① Hegel, *On the Scientific Ways of Treating Natural Law*，《黑格尔政治著作选》，剑桥政治思想史原著系列（影印本），中国政法大学出版社 2003 年版，第 113 页。

② 〔德〕伽达默尔：《哲学解释学》，夏振平等译，上海译文出版社 1994 年版，第 111 页。

马克思承认费尔巴哈的社会观“给社会主义提供了哲学基础”，诚恳地认定：“建立在人们的现实差别基础上的人与人的统一，从抽象的天上下降到现实的地上的人类概念，——如果不是社会的概念，那是什么呢！”[①]马克思认为“费尔巴哈也使‘人与人之间的’社会关系成了理论的基本原则”，并“创立了真正的唯物主义和实在的科学”。[②]

马克思超越黑格尔和费尔巴哈社会观的地方在于，马克思把社会与政治联系起来，或者说，通过政治批判构建了“新社会”，从而使我们获得以社会维度认知政治的新视角、新境界。

在马克思看来，新的社会是一个生成和实践的过程，因而也是一个新的政治的诞生过程。对马克思而言，人类新社会的生成已不是“哲学”的任务，既不是黑格尔式的哲学抽象，也不是费尔巴哈式的哲学直观，而是“实践批判”。这种实践批判包括经济和政治批判。不可忽略的恰恰是马克思的政治批判。马克思的政治批判，蕴含了与马克思新的社会观相匹配的新的政治观。

马克思的新的社会观与政治观的内在一致，意味着马克思的政治解放关涉着社会解放。换句话说，对马克思而言，社会解放本身就包含着政治解放的内容。马克思并不希望空泛地讨论人类解放问题，而是要求把这一讨论与对一定社会制度的政治性质的批判联系起来。社会解放的实质其实是社会关系的解放，是社会的政治解放。市民社会的解放，其实质并不是市民社会本身的实现程度，而是社会从资本主义制度中解放出来。政治解放并不只是颠覆旧世界，它必然要求进一步体现为新社会的建设，这个新社会显然不是“资产阶级市民社会”，而是“社会主义社会”。众所周知，人类社会前进的历程中，马克思的社会主义是轰轰烈烈的历史存在，无论从什么样的角度看，都是人类政治文明的财富。即便是现在的社会主义“沉寂”时代，社会主义的思想理论、实践经验的财富性质并没有改变和消失。

在前述我们关于政治的梳理中，研究思路不是从既定的“政治”概念出发，而是从社会的政治现象和事实出发，从人们关于政治的既有认识出发，以达到历史与逻辑的统一。在我们完成这种梳理之后，浓缩至当代，有两个人分别从历史与逻辑的角度所做出的研究，可供我们特别借鉴。

---

① 《马克思恩格斯全集》第 27 卷，人民出版社 1972 年版，第 450 页。

② 马克思：《1844 年经济学哲学手稿》，人民出版社 2000 年版，第 96 页。

1995 年，英国政治学学者肯尼思・米诺格出版了他的《政治的历史与边界》经典小册子，就是试图通过从历史角度给政治划界而确定政治最后是什么。他从真实的历史事实出发，一开始就把“专制”排除在政治之外。他以宗教信仰为历史轴线，通过古希腊、古罗马、中世纪人类政治事实的变革，最终对“现代政治”做了如下描述：

> 我们可以清楚地看到，由于宗教信仰的变化，现代国家已经把关于政治的整个观念颠倒了过来。古典时期的人们从为国家服务中得到人性的最大满足；现代欧洲人作为个体最关心的是灵魂得救，他们往往认为国家的作用只是保障和平，使国民能够推行自己的计划。自由派的国家观念只是以上态度的世俗翻版。人们也许认为这样的国家是软弱和涣散的，但实际上现代国家相当强硬、持久。德国哲学家黑格尔在《权力哲学》(1821 年）中称国家是“上帝在地球上进军”。这是一种夸张的说法，但却预言式地表述出继他之后许多欧洲人的看法：国家与宇宙命运之间存在着某种联系。过去两个世纪中发生的大规模战争证实了这个看法。接着，从日渐衰落的中世纪王国的基础上产生了一种令人惊异的新式制度机器，“国家”——这种新奇的政治形态立即席卷世界。它是人类的能力所创造出来的最接近无限威力的产物。在科技发达的时代，国家立即成为人们寄托各种美梦的支点。在正确理解之下，人类的哪种缺陷不能通过它来弥补呢？有两种对立的观点揭示出现代政治的发展的节律。第一种是对国家的自由派观点，来自中世纪自由和王权的观念，主张建立公民秩序保障良善生活。第二种观点认为国家是一种压迫工具，高高在上地从精神上压迫着受它奴役的民众，所以，国家是一种压迫人的东西，需要用人性来改造。这两种观点激发了这样一种设想：超越国家，创造一个完美的共同体，使政治中不可避免的那种统治者与被统治者之间的鸿沟能够最终被填平。现代政治在很大程度上就是在这两种观点所代表的倾向之间的沟通平衡。①

肯尼思・米诺格之后，同是英国学者的安德鲁・海伍德从国家、经济、社会

① 〔英〕肯尼思・米诺格：《政治的历史与边界》，龚人译，译林出版社 2008 年版，第 43 ~ 44 页。

的"综合维度"来认识政治,并把这种认识写进了他的经典教科书《政治学》中,他把现时代人们对政治的看法归结为如下四种:

第一种,明确地将政治与国家活动和政府艺术联系在一起。海伍德评析说:这可能是比较经典的政治定义,由"政治"第一次在古希腊时期的最初含义发展而来。从这种观点来看,政治本质上是国家范围内的活动,这意味着大多数人民、机构等社会活动都可以被认为是"外在于"政治的。

第二种,明确地将政治视为"公共"活动,因为与这种活动相联系的是对共同体事务的引导和管理,而不是个人的"私"事。这种观点可追溯到亚里士多德的一种观念:人类只有在共同体中才能过上"善的生活"。

第三种,明确地把政治视为是一种解决冲突的特殊方法,即通过妥协、安抚和谈判而非强制和赤裸裸的权力来解决冲突。在这种观点看来,政治的关键是权力的广泛分布。鉴于冲突难以避免,这种观点主张相互妥协而不是相互倾轧。海伍德认为,把政治的本质视为"妥协"是把政治作为一种文明和教化的力量。

第四种,将政治与社会存在进程中的资源生产、分配和使用相联系。由此看来,政治是关于权力的,而权力则是不择手段达到预期结果的能力。海伍德认为,这种观点最宽泛也最为激进,它已经企图将政治从特定的场域(国家、政府、公共领域)拓展出来,认为在所有社会活动和人类生存的每一个角落都有政治在发挥作用。政治发生在社会互动的所有层次,小至家庭,大到民族及全球交往都存在大量的政治现象。这样一来,政治广义而言是权力,狭义而言是围绕稀缺资源的争斗,权力是争斗的手段。海伍德把马克思的政治观列入这个行列。①

四、用何种范式来分析政治

当我们用历史与逻辑相统一的方法,对政治进行历时态与共时态的解读之后,需要总结一下对政治分析的基本范式。这种范式可以归纳为三种。其一,以个人为政治分析单位的古典自由主义政治分析。这种分析范式的理论认为,个人在社会和政治生活中是最重要的,因而崇尚的是"天赋人权"、"公""私"分明、政府合法性来源于民、政府(政治)为"恶"、制约权力等政治制度设计理念。

① 以上观点和分析,参见〔英〕安德鲁·海伍德:《政治学》(第二版),张立鹏译,中国人民大学出版社2006年版,第11~14页。

其二，以“阶级”为政治分析单位的马克思主义的政治分析。这种分析范式的理论认为，个人的本质是社会的，社会的个人，以“阶级”为经济和政治单位并以此构成社会的基本政治关系。这一分析理路中，着力于“阶级”这一看似为经济团体的政治意义，因而，以阶级为基本元素的政治理论可以分析解释任何阶级社会的政治生活，与此相应的政治制度设计也以阶级斗争为着力点。其三，以“团体”为政治分析单位的政治分析。这种分析范式的理论着力点是对“团体”去阶级化、去政治化，将社会中个人存在形态的“阶级”还原为价值中性的“团体”，其政治制度设计自然也就以满足于社会中多元政治团体利益为基本理念。这种分析范式中的“政治”成为一种凌驾于各种政治利益团体之上的、协调各种政治利益的管理“艺术”。简而言之，古往今来，人类对政治的认识和分析莫过于这三种基本范式，其后的种种新政治观，无非是就某一维度、某一层面的展开和细化而已。

五、政治体制的两大模型

以上对“政治”的探究，所预设的还是一种抽象的政治，而现实的政治总是以各种体制形态或模式运行。政治的体制模式多种多样，比如，美国政治学学者莫里斯·热诺维茨曾归纳为五种模式：权威主义—个人控制、权威主义—大众政党、民主竞争和半竞争性制度、文官—军队联盟、军事寡头。①

对政治体制模式的研究，学者们基本上围绕着“民主”与“专制”来归类。美国学者阿普特通过对“现代化的政治”的系统研究，掺进了诸多“变量”，最终把现代政治体制模式归结为“世俗—自由主义”与“神圣—集体主义”两大模式。这种说法，比一般我们所说的“民主政治”与“专制政治”或者“威权政治”或者“法西斯主义政治”或者“红色共产主义政治”更温和一些，似乎也更具体、更准确一些。鉴于之后我们对政治传播之“政治”的大量研究分析，也离不开在特定的政治体制模式中进行，有时还要进行比较研究，所以可以借鉴阿普特的政治体制模式理论。

第一，世俗—自由主义模式。

隐含于西方民主概念中的是我们称之为世俗—自由主义的政体模式。

---

① 参见〔美〕阿普特：《现代化的政治》，李剑等译，中央编译出版社 2011 年版，第 14 页。

在行为层面,世俗—自由主义的构成单位具有两种能力:理性推理的能力和理解个人私利的能力。据洛克的理论,这些都是人类的普遍行为特征,即使处在自然状态中的个人也具备这些特质。在结构层面,此系统必须尽可能地为理性的运用和追求私利创造尽可能多的机会。因而,该系统强调防止强制、提倡有限政府。这一目标往往是通过一个代议制系统实现,其分权制衡机制能够防止暴政。在规范层面,这样的系统视某些基本礼俗为既定的。例如,洛克认为人类行为的终极目标是宗教性的。他提到没有宗教也就没有社会契约,而后者是社会立宪的基石。没有这样的立宪,平等的政治基础便不存在。

世俗—自由主义模式是一个典型的自由主义式政治共同体形象。然而,我们必须区分模式和其衍生出的意识形态。例如,假如因为群体政治生活中出现了显性的垄断政治行为,或者宗教开始衰微,契约也失效,而使模式陷于失败,可能产生一种解决方式:它虽然被用来重建模式,看上去却像是在攻击模式。

世俗—自由主义模式更普遍的版本,是自由功利主义模式。这一模式发源于古典的自然神论时期,强调机械的和谐或均衡。该政体就像一个大型的市场。政府代表了卖方,政府职位的在任者和候选人致力于政策的制定或政策的讨论。公民是买方,他们在政治上是平等的,一人享有一个投票权。权力、忠诚与利益、特权不断地相互转换。选举机制便等同于市场。公民的偏好体现为在政治领域的选择。在这一模型里,首要的价值是自由。

世俗—自由主义模式的经济形式和政治形式还有别的相似性。信息对于选民和官员就像对买方和卖方一样都是自由开放的。信息使得理性成为可能。因而,政治自由首先体现着一种公开性的状况。对商品和政策的知识显示了公众见多识广。对公众情况的了解显示出政府的开明、开放。重视教育,与其说是因其功能价值,不如说,教育是信息的前提条件,信息是维持公众和政策之间关联的基础。稳定与和谐因此便水到渠成。

这样的系统,暗示共同体的价值已经融入了法律和习俗中,它们维持着政治境况。因此,正像完全竞争理论必须排除垄断一样,世俗自由政体的政治领域内也不能有权力的垄断。权力需要分散,而各种各样的制度被设计来达致此目标。

第二,神圣—集体主义模式。

神圣—集体主义模式最广泛的含义包含着三个层面。行为层面,它由具备独特潜能的个体单位构成。个体被认为是具有潜能的存在。结构层面,政治共同体是将潜能转化为现实的工具。因此,社群是社会生活的中心。此外,作为社会化的首要工具,政治共同体本质上是一个教育机构,它本身为共同体的提升而存在。个性仅仅是派生的,是一种派生的特性。规范层面,神圣—集体主义是一种伦理或道德单位,因而,个人的德性依赖于系统的德性,系统体现着更高的目标,如亲缘关系,或政治理想。可归入这一政治共同体中的有最传统的社会。

神圣—集体主义模式强调人民的一致性而非多样性。它以纪律化的方式集中精力于特定的政治和经济目标,而不依赖于观念的自由流动。它宣称自己是比世俗—自由主义模式更高的道德模式,因为社会生活目标被导向集体利益而非个体私利。它更为强调纪律,政体具有更优先的地位。经济领域的平等常常被认为只有通过废除私有制才能实现,虽然并非所有的集体主义系统都是社会主义的。还存在政治不平等,但平等依然是目标。

第三,"世俗—自由主义模式"与"神圣—集体主义模式"的比较。

两种规范模式指向相当不同的道德目标。世俗—自由主义模式接受社会的现实性,倡导一种允许温和变革的框架。它包含着一整套关于代议制政府应如何运转的预设:(1)如同市场不应有垄断一样,权力也不应有垄断;(2)规则适用于所有人,因而,作为法人,人人都是平等的;(3)偏好能在一种法律的框架下实现。在此框架里,执行权被立法所限制,行政权受制衡等等。法律、宪法、政府的实际运作机制被看作一个无缝之网,权威的象征是社会契约或一个政府的创建者之间的契约。

神圣—集体主义模式反对现状。它不可能像世俗—自由主义模式一样。认为一个教育系统应该创造某种理解现实问题的平台。足以容纳相反的观点,不同的观点都能被容忍,各种观点的沟通成为可能。神圣集体主义模式倾向于政治性地应对此类问题。它依靠一个权威系统,强制人们对特定的关键政治问题进行有选择的交流。如果原初的目标是引导人们形成一种共同的社会语言,那么其最终结果便是一致性的建立。这便是为什么神圣—集体主义模式政治系统所援用的那些政治语言总是如此重要:关键的术语被一再地强化,政治教义从此深入人心。这是一个共识不能被认为理所当然的存在,而是需要被建构的系统——这种状况和世俗—自由主义模式截然相反。[①]

第二节　从社会的深度理解传播

对于“传播”的研究，自然是传播学的使命。而现在所谓的传播学迅猛发展，我们已经很难像认识哲学、社会学、政治学等那样来认识传播学，难怪有人从这个意义上认为传播学“门槛”太低，什么都包含，但又什么都不是。据说，现在关于“传播”的定义很类似于当年讨论“文化”时那样有近130多种。

一、传播是一种交流

我很愿意回到最简单、最朴素的关于传播的认识上来。这一方法，有效而简单。在关于传播的研究中越是大师用得越好。让我们回到“传播学之父”施拉姆关于“传播”的认识上来。施拉姆并没有把传播神秘化，在他看来，传播就是一种交流。他当年就像给儿童讲故事一样告诉了我们什么是“传播”：

> 我在写这几行字的时候，把视线从纸上移开，抬头就可以看见夏威夷那犬牙交错郁郁葱葱的群山。如果向水天相接的海岸线望去，可以看到可能是第一批岛民登岸的地方。他们从石器时代走出来，在一千二百年前乘着用最简陋的工具制作的独木舟到达这里。他们从东南亚出发，带着信奉的神、孩子和食物，在浩瀚的大洋上，从一个岛屿漂泊到另一个岛屿，以我们今天无法想象的生存能力与风、水和泥土的自然环境相适应，似乎经历了令人难以置信的五千年漫长岁月的旅程于一千二百年前来到夏威夷。他们在这个熔岩的岛上登陆，撒下他们的种子，播下他们的文化，把这块土地归为己有。
>
> 那些最初的夏威夷人已经是灵巧的传播者。他们能够看懂天空中和海浪中的信息，利用这种信息来航海。他们已有发展得很好的语言，虽然能在图画和雕刻中记录下来某些信息，但实际上还不能把语言写下来。不过，他们利用口语作为有力的工具，用口说的语言建立

---

① 这两种政治模式及其比较理论，来自于〔美〕阿普特：《现代化的政治》，李剑等译，中央编译出版社2011年版，第17～21页。

了一个有效的政府和美满的家庭生活。他们令人不可思议地表达了微妙的想法和关系。他们说服别人跟他们航海到很远的地方去,在别人沮丧气馁的时刻消除别人的疑虑。他们带着所有的航海经验知识、信仰、仪式以及他们想要保持和不用书写的形式传给子孙的生活习俗。他们在夏威夷登陆,感到地球的震动,看见山里的浓烟和火焰以后,他们得到了帮助他们认识"火之女神佩莱夫人"的信息,因此他们还知道了怎样通过祈祷以及祭祀和舞蹈同女神交流。[①]

理解传播是一种交流、是深入理解传播的本质和功能的切入口,它决定着延展传播研究的路向。而这个路向,施拉姆用通俗的语言说得很清楚。

二、传播生成社会

施拉姆说到传播是一种交流之后,话锋一转,说道:"且慢。'他们知道同女神交流',这是什么意思?"这便开始了他"传播生成社会"的高深见解:

传播是社会得以形成的工具。传播（COMMUNICATION）一词与社区(COMMUNITY)一词有共同的词根,这绝[②]非偶然。没有传播,就不会有社区;同样,没有社区,也不会有传播。使人类有别于其它动物社会的主要区别是人类传播的特定特性。[③]

施拉姆推崇他之前的社会学家查尔斯·科关于传播是"人类关系赖以存在和发展的机制,是一切智能的象征和通过空间传达它们和通过时间保存它们的手段"的观点。为了论证自己的"传播是人类社会的特质"的根本观点,施拉姆又直接引用了人类学家爱德华·萨皮尔在《社会科学百科全书》第一版中关于传播的论证:

虽然我们谈起社会时往往好像它是一个由传统所限定的静止的结构,但是,从更本质的意义上说,根本不是这样,而是各种大小和复杂程度不同的有组织的单位的成员之间部分的或完全的了解所组成

① 〔美〕施拉姆等:《传播学概论》,陈亮译,新华出版社 1984 年版,第 1 ~ 2 页。
② 此处原书为"决",实际应为"绝"。此处改之。
③ 〔美〕施拉姆等:《传播学概论》,陈亮译,新华出版社 1984 年版,第 2 ~ 3 页。

的一个极其错综复杂的网状系统。诸如,从一对情人或一个家庭到一个若干国家结成的联盟,或者是报纸通过它超越国界的影响所及的人类中越来越多的人,都属于这样的网状系统。

它显然只是各种社会习俗惯例的静止的总和;实际上,它正从参与这个社会的个人中获得的带有传播性质的特定行为,被注入新的生气或创造性地肯定。……我们把这个例子扩大到每一个可以想象的领域,我们很快就认识到每一种文化形式和每一社会行为的表现都或则明晰或则含糊地涉及传播。①

事实上,施拉姆之后的传播学对传播的研究,就始终是以“传播是人类关系赖以存在和发展的机制”、“传播是人类社会的特质”为轴心而展开的。人们以“社会”为研究传播的独特视角,把传播分为所谓的“人类传播与非人类传播”,又把人类传播分为“社会传播与非社会传播”,在社会传播中又进一步区分为所谓的“人际传播、组织传播、大众传播”等等。

有一点是可以肯定的,综观传播及传播学的发展与研究史,从被施拉姆自己冠以“四大奠基人”的拉斯韦尔、卢因、霍夫兰、拉扎斯菲尔德,到从霍夫兰和拉扎斯菲尔德延伸出的达尔文进化论、弗洛伊德精神分析学、芝加哥学派、李普曼舆论学,再到马克思的政治经济学、欧洲批判学派、英国文化学派、美国实用主义学派等等,一条清晰的理论渊源和思想脉络,正是“传播是人类关系赖以存在和发展的机制”、“传播是人类社会的特质”。

所以,不必把对传播的诠释复杂化,抓住这条轴心线索即可。事实上,我们接下来要深入分析的传播与政治的关系也是从“传播是人类社会的特质”深入到“社会的特质又是什么”。

第三节　从政治与传播视界融合理解政治传播

政治如果不与传播关联,就无所谓政治传播;传播如果不与政治关联,也无所谓政治传播。所以,政治传播,首先需要在弄清政治与传播的各自基本含义的基础上,进一步弄清政治在何种意义上与传播关联,传播在何种意义上与政

① 转引自〔美〕施拉姆等:《传播学概论》,陈亮译,新华出版社 1984 年版,第 3 ~4 页。

治关联,或可学理性地表述为:解析政治中的传播要素与传播中的政治要素。

一、传播所生成之社会以政治为轴心

以上我们浓墨梳理近乎于政治学常识的关于政治的认识,旨在说明,从历史的"历时态"看政治的生成过程,可以归纳为政治的国家化、经济化、社会化过程。这种过程既是一种时间意义上的历时展开过程,又是空间意义上的横向扩展过程。这种过程正是政治从无到有、从己到人、从私到公、从内到外、从一到多的通过"传播"这一根基性路径的生成过程。在这个意义上,传播在被理解为"人类社会的特质"的基础上,与政治的本质取得同一性。可以通俗地表述为:没有不通过传播而形成的政治,正像不存在没有被统治者的统治者一样,即所谓的"政治即传播"。

这种看法的视角与深度,可能不同于现在人们对政治传播的理解与解释,尤其是传播学学者对于政治传播本质的看法。我们没有具体展示所谓政治传播的历史形成过程,比如,在中国历史上,尧、舜、禹及上古时期《尚书》、《左传》等所记载的"口传"政治,先秦诸子百家的"说服"政治,秦汉时期的"书刊"政治,唐宋时期的"进奏"政治,元明清时期的"特务"政治;在西方历史上,古希腊罗马乃至中世纪的辩论修辞政治,近代资本主义时期英法德的报业新闻政治,美国的宣导性政治,以及传播学创建后在传播技术与新媒体引擎下的说服政治、修辞政治、沟通政治等。

在我们看来,展示这样具体的对政治的传播过程,在理论上并不能揭示传播的政治本质和属性,而只能展示政治是怎样运用传播来实现自己的。毫无疑问,展示政治是如何运用传播手段,还是在政治范畴中讨论政治,无法说明我们上述的政治在"国家化、经济化、社会化"的过程中逐步生成自己的规定性这一理论见解。所以,这种理路,看来看去,还是一种传播学,而不是政治传播理论。

二、社会中政治始终统摄着传播

传播是一种交流,交流是一种过程,是一种信息流动的过程。在这里,实际上"信息"是传播的核心,比"流动的过程"更为重要。至少说二者同等重要。但传播学的研究在很大程度上预设了这种信息,即把这种信息当作一种既定的东西,认为传播的变化就是传播过程的发展,认为传播学就是研究这种过程之规律的学问。

毫无疑问,传播的“过程”本身随着人类社会的发展,确实越来越复杂,但是,传播学的研究者们把这种过程“研究”得更加复杂。打开现在任何一本传播学,浓墨描写的是过程,诸如线性的、非线性的、单向的、双向的、立体的、直接的、反馈的、系统的;还有所谓拉斯韦尔模式、神农—韦弗数学模式、奥斯古德模式、韦斯特利—麦克莱恩模式、德弗勒反馈模式、赖利夫妇模式、马莱茨克模式、鲍尔—罗克希依赖模式等等,纷繁复杂,眼花缭乱！说实在的,不仅仅是非传播学研究者们很难理解和消化,即使是有些研究传播的学者自己也未必能完全理解和消化。

为了使问题回归简单朴素,我们也就不古今中外地往前追索了,就让我们回到“传播学之父”施拉姆当年对传播的认识和研究上来。如前所述,施拉姆确认传播的“人类社会特质”的基本思想后,认为传播是一种信息流动的过程,他虽然之后对“传播关系”、“传播行为”、“传播契约”、“传播过程”等展开不断深入的研究,但是,这种研究,与他对“信息”的认知是同一的。就是说,传播过程的展开与被传播之“信息”的生成扩展相互依托,是同一个过程。这一点,被后来的传播学研究者忽略了,注意力都放在了对传播过程的研究上。这就是我们现在看传播学,只看到传播形式而看不到传播内容的原因。

事实上,施拉姆当年创建“传播学”时,首先研究了传播的内容——“信息”。在他的《传播学概论》里,专门有一节谈“信息的性质”。他指出“信息是传播的材料”,那么,“信息究竟指什么呢”?他借用香农和韦纳的思想,认为“凡是在一种情况下能减少不确定性的任何事物都叫做信息”。问题的重要性在于,施拉姆接着所讲的大量的通过信息流动“减少不确定性”而形成“确定性”的过程,正是信息的“社会性内涵”的生成与展示过程。换句话说,我们是要通过人的社会性本质的生成与展示过程,才能知悉“传播”究竟在传什么！这也是“传播”必须由哲学、政治学、社会学、历史学等诸多学科来说明的原因。

施拉姆当年的这种研究思路清晰易懂:

社会是各种关系的总和,在这些关系中,某些信息是共享的。我们要明确了解的一点是:人类传播是人做的某种事。它本身是没有生命的。它本身没有什么不可思议的,除非是传播关系中的人使之成为不可思议。讯息本身并无含义,除非是人使之有含义。因此,我们研

> 究传播时,我们也研究人——研究人与人的关系以及与他们所属的集团、组织和社会的关系;研究他们怎样相互影响;受影响;告知他人和被他人告知,教别人和受别人教;娱乐别人和受到娱乐。要了解人类传播,我们必须了解人是怎样相互建立起联系的。①

当我们认为传播过程受制于所传播的内容,而传播的内容即“信息”的内涵是人类社会性本质的具体生成与展开的时候,传播本质中的政治要素便凸显出来。也就是说,传播的“使不确定性不断地走向确定性”的过程,正是一个传播的内容不断地“社会化”的过程,也是一个传播在社会化的过程中不断地“政治化”的过程。

无独有偶,施拉姆在解释传播的“社会”功能时,所设想的场景与案例恰恰就被他命名为“政治传播”:

> 不妨设想这幅政治传播的图像所描绘的是住在洞穴里的石器时代的人。他们派驻一名观察者调查环境以防遇到危险和寻找机会。在哨兵带回他的报告(譬如说打仗的另一方正在逼近或者有一群可以捕猎的动物)后,可能要举行一次战争委员会会议或召集最好的猎手开会来制订计划。然后传达决定。这样的利用传播是及时的,以正在发生的事件为中心。但是,还继续有必要教集体中的儿童学会发挥他们在集体中应有的作用。男孩必须学打猎和辨认足迹,女孩必须学缝纫和制作食物。于是,最出色的猎人就成了教员,女孩则在母亲跟前学习。在我们的时代,监视的任务已有很大一部分被新闻媒介所接替;大部分协调工作已由政府、政界领导人、政治记者和分析家、权势集团所接替,传递遗产的很大一部分工作则被学校接替。②

传播的社会化过程,在一定意义上也可以理解为是一种政治化过程,这是我们观察与探究“传播究竟在传播什么”的一种理论视角。其实,现实发生着的传播历史也用事实证明着这一点。

2003 年,法国学者埃里克·麦格雷出版了他的著作《传播理论史——一种社

---

① 〔美〕施拉姆等:《传播学概论》,陈亮译,新华出版社 1984 年版,第 4 页。
② 同上,第 32 页。

会学的视角》,这部优秀的著作,从社会学的视角对西方传播理论史进行了系统的研究。麦格雷首先告诫我们研究传播所应持有的哲学上的“唯物主义”立场:

> 传播研究迈出的第一步,就是不再认为我们所居的这个世界受制于神圣的秩序或自然的规律,而是完全由人所维持的种种关系生成。社会现实的一切表现(家庭、军队、文凭、交通工具、经济活动、新闻媒体、服从某种语言秩序),都是促成社会内部团结或分裂的种种意义关系和权力关系的结果或凝华。①

在此基础上,他提出了研究传播的“三个维度”:

> 要更准确地定义传播这个词,必须选取不同于空想家和诡辩论的角度,接受社会科学奠基人和继承者以不同方式发出的邀请,把传播看成一个我们永久居住的三维空间。……我个人赞同的表述是:传播现象是一个“自然的”、“文化的”和“创造性的”现象,三层意思的重要性逐层递增,分别对应的是与客观世界的关系、人与人的关系和社会政治秩序。②

在关于三个维度的关系上,麦格雷突出了他的“政治统摄传播”的学术思想:

> 把握上述三个层面、三个世界的关系,是传播研究面临的一大挑战。……传播首先是文化事实和政治事实,其次是技术事实。③
>
> 客体、社会关系和政治秩序,是传播的题中应有之义。任何一种传播学理论都是由几个不可分割的部分组成的:人与人交流的功能化模型、对权力/文化关系的判断、统领全局的政治秩序观。……任何理论都是由科研预设以及意识形态、伦理观念和政治判断组成的。无视理论某个部分或多个部分事先已经纳入的观点,就可能冒倒退的风险。学术研究思潮的发展史已经充分证明了这一点。④

---

① 〔法〕埃里克·麦格雷:《传播理论史——一种社会学的视角》,刘芳译,中国传媒大学出版社 2009 年版,第 14 页。

② 同上,第 3 页。

③④ 同上,第 4 页。

可以看出，麦格雷在这里在已经突破了社会学的视角，讲的是研究传播所应坚持的哲学和政治学立场，是从传播的社会本性出发超越了社会学本身。他据此非常推崇马克思侧重于意识形态的关于社会关系本质的理论，推崇涂尔干关于社会共识与社会整合的理论，推崇韦伯关于社会行动的理论。麦格雷尖锐地批评了20世纪末21世纪初，由于互联网、新技术和新经济飞速发展所带来的传播学研究的"技术决定论"的死灰复燃，认为这种对传播的研究，偏离社会与政治的轨道，是传播研究的"回归客体"式的"不可能的倒退"。

三、政治传播与政治社会化

解析政治本质中的传播要素，躲不过的是如何理解这种理路与"政治社会化"的关系。在通常意义上，我们可以把政治传播过程理解为政治社会化的过程。美国学者弗雷德·雷格斯蒂在《政治社会化》一文中，把政治传播直接解释为政治社会化，把政治社会化直接理解为政治传播，并用拉斯韦尔的传播"五W"模式，来解释政治传播过程和所谓政治社会化过程。但实际上，深究其理，二者还是不尽相同的。

最早撰写了《政治传播学》的台湾学者祝基滢认为："政治社会化是指社会分子如何纳入政治文化，以及社会分子改变政治文化之能力。政治社会化也是指一个社会分子接受政治任务，和遵守政治规模之过程。如果用一个惯用的名词，政治社会化也可说是政治学习的过程。"①她借用美国学者道森和普勒威的观点，认为"政治社会化产生政治自我"。可惜，祝基滢以"政治传播与政治社会化"为题立论，理论上讲，这种立论本身就是以"政治传播"与"政治社会化"相区别为思想基础，然而却没有把二者的关系说明白。

前些年，国内政治学界也讨论了一阵子政治社会化。有学者把政治社会化的基本理论内涵的研究归纳为四种观点：一是社会教化论；二是个体学习论；三是文化传承论；四是社会环境论。他们把政治社会化理解为"社会个体在社会政治互动中接受社会政治文化教化，学习政治知识、掌握政治技能、内化政治规范、形成政治态度、完善政治人格的辩证过程；是社会政治体系的自我延续机制

① 祝基滢：《政治传播学》，台湾三民书局1982年版，第123页。

和功能运行机制”①。

毫无疑问,政治社会化属于政治传播范畴,政治传播内在地包含着政治社会化。但是,政治传播却不仅限于政治社会化,因而也不等于政治社会化。政治社会化是一个纯政治学的传统理论范畴,这个范畴的本质是在政治范围内讨论政治的机理。与我们所要讨论的政治传播最主要的区别有如下几点:

其一,政治社会化范畴的视角侧重于政治传播中的“客体”。这种视角,前提性地预设了一个可以让人学习或者接受的政治思想、政治任务、政治规范、政治理想、政治信仰等。而政治传播是以传播主体与传播受众互相依赖、互为前提为基础和出发点的。

其二,政治社会化范畴的着力点是政治共同体中的个体,强调社会个体如何通过学习而形成特定的政治人格。而政治传播,无论是传播主体,还是传播受众,不仅仅限于个体。

其三,政治社会化范畴比较强调经过社会化后的效果,即个体“政治自我”的形成。而政治传播虽然也强调传播效果,但是,同时也注重或者说更注重传播过程的研究。

其四,政治社会化范畴强调的“社会”本质上是指特定的“政治环境”,它还属于政治本身的范畴。而政治传播中的社会,如前所述,指政治通过国家化、社会化、经济化而超越狭义的政治本身的“社会化”过程,这里的两个“社会”,在内涵与外延上都有不同。

四、政治传播与传媒政治

在理解政治传播的内涵与廓清政治传播的边界时,还应该说清楚政治传播与“传媒政治”的关系。现在,很多的研究自命为“政治传播研究”,而其实质,是一种传媒的政治研究。现在的研究状貌,与其说是政治传播研究如火如荼,不如说是“传媒政治”研究如火如荼。

传媒政治研究属于传播政治学(如果能构成一种“学”)。这与我们这本书里所要讲述的政治传播有一定的关系,但不能把二者等同起来。通览现在关于政治传播的研究,尤其是一些传播学者没有把二者区别开来。

---

① 参见李元书:《政治社会化:涵义、特征、功能》,《政治学研究》1998 年第 2 期。

通过上述我们对政治传播的界说与诠释，可以看到，政治传播，着力的是人类社会中政治与传播的本质性融合，它立足于与社会“同一”的人类政治生活。这种理解中，政治与传播在人类的社会生活中均居“本体”地位；而所谓传媒政治，或传播政治学，是立足于被工具化的传播，以单纯的传播为“本位”，研究传播与政治的关系，研究传播在政治生活中的角色与功能。因此，这种研究的着力点是“政治的媒介化”与“媒介的政治化”。

最近出版的美国学者兰斯·本奈特和罗伯特·恩特曼主编的《媒介化政治：政治传播新论》，虽然以“政治传播新论”作为副标题（这种标题误导了很多读者），其实，正是一本研究“传播政治学”的著作。在我看来，作者在书中恰恰把“传播政治学”说得很清楚：“本书旨在探求媒介是如何通过影响信息交换，从而影响人们在政治活动中的思想和行为的。”①

这个“宗旨”准确地说明了传媒政治或传播政治学的研究对象和内容。那么，为什么会把“媒介”在政治生活中看得如此重要，作者声明道：

> 媒介化的政治传播已经在当今民主政治和公共生活之中占据了核心地位。尽管传统政治的诸多形式，诸如挨家挨户式的游说、政党活动及其他社会活动的开展等仍然没有消失，人们也依然可以在没有媒体参与的情况下直接进行政治讨论。但是很多的政治组织已经认识到，如果没有多方面的运用，政治统治以及一系列相关的步骤（诸如形成舆论等）是不可能以其现有的方式顺利实现的。②

政治传播与传媒政治或传播政治学的差别在于，如何理解人类社会生活中政治与传播的地位及其关系。那么，这里的传媒政治或传播政治学是如何认识政治与传播的，作者在书中的观点是颇具代表性的：

> 在此，我们将“政治”宽泛地定义为社会中“对价值的权威分配”，这里的“权威”指的是公众与政府之间的关系。决策者借由其权威地位，依靠公民自愿分配或强制行使权力，以控制、管理社会内物质、服务、卫生福利、人身安全和其他价值的流动。毋庸置疑的是，在任何民

① 〔美〕兰斯·本奈特等主编：《媒介化政治：政治传播新论》，董关鹏译，清华大学出版社2011年版，第2页。

② 同上，第1页。

> 主社会,从统治权的角度来看,个人的权力并不平等。因此在现代民主之中,传播顺畅与否是衡量权力大小与平等程度高低的重要指标。通过传播,人们不仅能够使自身的价值观念和利益(或"偏好")为人所知,而且还能够了解政府的活动在何种程度上影响了人们的这些偏好。传播可能会掩盖政治决策者背后的动机和利益瓜葛,从而对社会中的权力和政治参与产生负面影响。但传播也能够通过促进公众参与政治决策,在这些方面起到积极的作用。①

将政治传播与传媒政治或传播政治学区别开来,有利于回归政治传播的本原,沿着正确的方向深入研究政治传播。

第四节　区别几种涉及政治传播的学科

由于政治传播既涉及政治学又涉及传播学而自身又没有明确的学科归宿,导致了对政治传播的研究整体上缺乏理论源流、理论自觉和理论高度。人们关于政治传播的研究基本迫于人类政治传播的实践需求。所以,从整体状貌上看,关于政治传播的研究,可供实践操作参考的意义大于理论建构的意义。

正因如此,虽然政治学与传播学都涉及政治传播,但是政治学对政治传播的研究,随着基本理念的确立和基本理论建构的相对完成,便日渐式微。而随着传播或传媒在社会发展中作用的日益凸显,倒是传播学对政治传播的研究越来越深入,越来越专业化,越来越技术化。与此相应,对政治传播研究的"传播学褊狭"与局限也越来越突出。

一、政治学与传播学视界融合中的政治传播

前面的论述说明,政治传播这一范畴包含着双重的学科要素——政治与传播。现在学界对政治传播范畴的界定存在政治学和传播学两种视角:从政治学角度把政治传播视为一种政治现象与政治行为;从传播学角度则把政治传播理解为传播在政治过程中所扮演的角色。不难看出,这种"政治学本位"和"传播

---

① 〔美〕兰斯·本奈特等主编:《媒介化政治:政治传播新论》,董关鹏译,清华大学出版社 2011 年版,第 2 页。

学本位”分别对政治传播范畴的界定体现了鲜明的“学科本能”，即从各自的学科角度对“政治传播”范畴介入了必要的合理的本质要素。但是，问题可能恰恰出在未能从政治学与传播学“视界融合”的高度上来界定和把握政治传播这一范畴。从对政治传播理论更为系统的研究来看，这种“短视”所带来的“学科壁垒”和相应的“学科褊狭”已经贯穿在对政治传播的研究过程之中。

因此，对政治传播范畴的界定，要克服上述局限性，突破从“政治”与“传播”的关系上来界定的思考理路，分别解构“政治”与“传播”两个范畴，从“政治”的本质中探求其传播的要素，从“传播”的内容中探求政治的要素，二者有机结合构成元态的、具有独立而完整内涵的“政治传播”范畴。从这样一个视角来看，政治传播是指政治共同体的政治信息的扩散、接受、认同、内化等有机系统的运行过程，是政治共同体内与政治共同体间的政治信息的流动过程。

这个貌似简单的规定中，“政治信息”意味着从“政治”中解构出来的本质因素，即这种信息只能是“政治”的；“扩散和接受”意味着从“传播”中解构出来的本质要素，即政治信息是在“扩散和接受”状态中。二者的融合，形成元态的政治传播范畴。若进一步深入探究，该如何解释这里的“政治信息”？第一，“政治信息”的要旨是政治文明中能够传播和需要传播的东西，不包括政治全部；第二，政治文明和政治形态各有不同，因而其需要传播和能够传播的信息也各有不同，这就深入到了政治文明和政治形态的内部，当属于政治传播研究的内容。

需要进一步说明的是，对“政治传播”的这种界说中，即便存在“政治”与“传播”二者的关系问题，也不是讲某种既成“政治”中的既成“传播”，也不是讲某种既成“传播”中的既成“政治”，更不是讲二者的平行关系。而是从“生成”的角度，既强调“政治”形成中的传播因素或层面，又强调“传播”形成中的政治对象或内容，政治与传播作为一种要素内在融合，形成一个具有完整内涵的新的独立范畴，即政治传播。当然，若从关系上论，作为范畴的政治传播，其中的“政治”与“传播”要素的地位是不相等的。它首先强调的是“政治”的传播问题，因而“政治”是其基础；同时强调政治的“传播”问题，因而“传播”是其着力点。离开“政治是基础”与“传播是着力点”这种独特的关系，“政治传播”这个范畴无从生成，也无法解释。

二、政治传播与政治传播学

对政治传播的研究，我从来没有使用过“政治传播学”。因为，在我看来，目前，诸多政治传播的研究与著述，并未达到“政治传播学”的“学”的层次和境界。

应该指出，政治传播研究的繁荣，并不能表达和意味着“政治传播学”的繁荣，更不能成为确定政治传播学的形成标志。

这是因为：第一，政治传播内涵的特殊性使得对它的研究，要么被规限于“政治学”，要么被规限于“传播学”，而作为具有完整独立内涵的“政治传播学”始终被“湮灭”；第二，通过政治传播本身的研究要形成成熟的研究对象、理论基础、研究范式、基本原理、基本规律、普遍结论等。据此，中西方学者至今未能就一个具有经典意义的“政治传播学”达成共识。

现在，关于所谓政治传播学的研究，似乎已经“剑走偏锋”：不是深入探讨政治传播学的形成所应具备的条件，然后对照检查我们的政治传播理论研究的“差距”在哪里，而是热衷于探讨所谓政治传播学何时形成。我们没有看到这种争论对政治传播有多大的意义。

所谓政治传播学的形成，并不在于任何人在任何时间用“政治传播学”来标称自己的学说。当然，有史以来的对政治传播的研究，会不断地促成和积淀“政治传播学”的形成。

从一个学科形成的必备要素来看，按照历史与逻辑的顺序，首先应是这个学科的研究对象的独立性及其确定。德国古典哲学家康德当年就“学科的标准”指出：“如果想要把一种知识建立成为科学，那就必须首先能够准确地规定出没有任何一种别的科学与之有共同之处的、它所特有的不同之点；否则各种科学之间的界线就分不清楚，各种科学的任何一种就不能彻底地按其性质来对待了。这些特点可以是对象的不同，或者是知识源泉的不同，或者是知识种类的不同，或者是不止一种，甚至是全部的不同兼而有之。一种可能的科学和它的领域的概念，首先就根据这些特点。”①

对于所谓的“政治传播学”来说，20 世纪 60 年代，突破仅从传播学或政治学的“学科壁垒”，从“政治与传播的互动”来确立政治传播研究的独立对象，才有可能创立独立于政治学和传播学的“政治传播学”。这是那个时代政治传播研究对于所谓政治传播学的贡献。但是这并不能说政治传播学已经完全形成。

---

① 〔德〕康德：《未来形而上学导论》，庞景仁译，商务印书馆 1978 年版，第 3 ~4 页。

事实上，一个学科所具备的必备要素，是有待于其研究对象的首先确定之后才慢慢形成和完善的。所以，到了20世纪90年代，著名政治传播理论研究者丹·尼谋和戴维·斯旺森在其合著的《政治传播新动向》（其就没有使用“政治传播学”一词）一书中，还在苦苦研究政治传播的“研究方式、基本模式”等学科基本问题。

现在来看一看他们提出的“问题”有多么的基本：第一，在使分散的研究活动、研究主题和理论获得尊重的同时，使政治传播研究朝向有组织的框架发展，这一框架建立在传播与政治是如何相互交叉的基本问题上。第二，克服选举中心论，扩展政治传播研究的领域。他们认为，克服选举中心论，不等于不研究选举问题，也不是弱化选举问题研究，而是把它看成是政治传播研究领域的一部分进行研究，而不是当成唯一的领域进行研究。第三，通过跨学科的研究，寻求共同的主题和概念，形成独立的研究对象。他们要求政治传播学的研究者要像研究母领域那样研究政治传播，构建政治传播研究的概念，以区别于其他领域，使政治传播学形成独立的学科。第四，提倡主流理论与批判理论的相互交流。①

他们的这种呼吁，得到了一些研究政治传播学者的响应，比如，美国政治传播学者玛丽·E. 斯塔基在1996年出版的《政治传播的理论与实践》一书中就“回归基本”，重点研究了“政治传播学”的最基本问题，试图在总体上构建更系统、精确的“政治传播学”。然而，效果并不理想。时至今日，“政治传播学”研究的基本问题仍没有真正解决，共同的研究对象和领域没有形成，概念体系和理论框架没有建立起来，没有自己特有的方法和方法论。

三、政治传播与传播政治经济学

说到政治传播与政治传播学的关系，不得不说一下“传播政治经济学”。实际上，从外部形态看，传播政治经济学比前面所说的“传媒政治”的研究对象要规范、系统，因此，说到传播政治经济学，人们似乎容易接受，而把“传媒政治”当作传播政治学，人们可能还不以为然。

---

① Mary E. Stuckey, *The Theory and Practice of Political Communication Research*, University of New York Press, Albany, 1996.

传播政治经济学是传播学研究中的一个独特流派。“这个流派完全有别于美国的实证学派，它着重分析传播体制的经济结构与市场经济体制的运行过程，从而揭示传播与文化工业的复杂性，以及通过资本实现的传播与文化活动对社会过程的影响。通过对传播的所有权、生产、流通和受众消费等层面的分析，传播政治经济学试图展现传播的社会权利关系。”①一般来说，传播政治经济学是政治经济学范式在传播学中的具体应用，或者说，支持传播政治经济学的核心和基础性理论是政治经济学。政治经济学范式是从政治、经济即权力和资本关系的角度来看待社会现象的世界观及研究方法。它被定义为并聚焦于对社会关系尤其是权力关系的研究上。众所周知，这一理论的奠基人和集大成者是马克思。19 世纪的马克思对资本主义进行政治经济学批判，其核心的理论是唯物史观。具体到传播学领域，传播的政治经济学范式认定媒介及其信息传播是社会控制的一部分，把媒介的整个传播过程看作是一种包括传播资源生产、分配、流通、交换、消费各环节以及宏观决策的经济活动，把所有的媒介产品当商品，从而揭示出资本主义社会大众传媒支配和控制的权力关系。归根结底，传播的政治经济学关注大众媒介的所有权结构、所有制关系及其控制。到了 21 世纪，跨国传媒集团对发达国家尤其是发展中国家和地区的信息垄断或渗透，成为传播政治经济学的重点批评指向。

传播政治经济学是由北美传播政治经济学派和英国莱斯特大学大众传播研究中心共同确立起来的，其共享的学术旨趣在于对不断加剧的媒介私有化现象以及世界范围内媒介所有权的集中化和垄断现象的批判。在传播政治经济学的研究中，人们侧重于从权力或资本的角度来看待全球传播的不均衡现象，分析全球传播的发展态势。该理论认为，世界范围内的传播，根本上归因于资本主义经济利益最大化的市场法则。这种理论逐步衍生出了全球信息自由流通理论、传媒依附理论、媒介帝国主义理论、传播世界化理论、数字神话理论和跨国公共领域理论等。

传播政治经济学貌似是对传播的一种“经济机制”的分析，然而这种分析却是从“政治视角”出发，或者说，这种经济分析是建立在特定的政治立场上的。正像马克思的政治经济学是看到经济的政治意义，传播政治经济学的研究每每

---

① 赵月枝:《传播与社会:政治经济与文化分析》，中国传媒大学出版社 2011 年版，第 3 页。

得出的结论总是政治的。据此，它被命名为“传播政治经济学”，与传播政治学难解难分。对于传播的研究，当从“政治经济”的宽泛视角“浓缩”到独有的政治视角时就成为一种传播政治学。无论是传播政治经济学，还是所谓研究传媒政治的传播政治学，其着力点都是对“传播”的分析，因而自然地被划归到纯传播学的“流派”。而政治传播，既不能说是着力于单纯的“政治”，又不能说是着力于单纯的“传播”，它着力的是“政治传播”。这就是三者之间的联系与区别。

第五节　把政治传播作为一种活动来研究

政治传播的研究虽然还不能称之为“学”，但从各种视角对政治传播的各个领域、层面、维度等的研究，却也已经比较深入。我认为，综合这些研究，在整体上把政治传播作为人类独有的一种社会活动来研究，构建一种活动论的政治传播研究框架，为人们提供一种清晰的政治传播活动的轮廓，夯实政治传播研究的基础理论，对于目前的政治传播研究是一件很有意义的事情。

一、人类活动的基本特征

马克思曾指出：“人是最名副其实的政治动物，不仅是一种合群的动物，而且是只有在社会中才能独立的动物。”[①]马克思在这里把人、政治、社会统一起来。人、政治、社会，都不是一种静态的抽象存在，在现实性上，都是一种活动，这种活动具有以下特征：

一是社会性。人类活动的第一个基本规定是其社会性，社会性是人类活动的必要条件。其所以必要，是为人类个体的有限性所决定的。社会性不仅为人类活动赋予了一定的社会形式，而且在根本上还是人类活动自身的内在条件。人类个体在时间和空间两个维度上是有限的。克服个体活动能力有限性的方式，是在劳动中进行社会合作，结成超越个体有限性的社会。合作的实质是一种劳动成果和活动本身的交换。物质的交换关系是人们之间最为基本的社会关系，但人们之间的社会关系不限物质交换的基本关系，而是在此基础之上形成了诸多层面的社会关系，诸如伦理的、政治的、艺术的等等。所有这些社会关

---

① 《马克思恩格斯选集》第 2 卷，人民出版社 1995 年版，第 2 页。

系共同构成了结构复杂、内涵丰富的人类社会。人们之间的社会关系,既是人们活动的产物,又是人们活动的必不可少的条件。

二是物质性。物质性包含三重意义:活动具有感性对象、活动自身可为感性对象、活动具有受动性。人的活动具有感性对象。说人的活动具有物质性,首先是指人的活动总是具有感性对象,不是直接地具有感性对象,就是间接地具有。不具有感性对象的活动,绝不是人的活动,而只能是神灵的活动。活动具有可感对象,可逻辑地推出活动自身可为感性对象。如果活动的对象是可感性的,那么能与之对立的活动主体也必然是可感性的,既然活动的主体与客体都是可感性的,那么人的活动总体也是可作为感性对象的。人的活动的受动性,相对于能动性而言,人的活动的能动性必然伴随着受动性。这里的受动性,是指活动对象对于人的活动的异己性与抵抗性。

三是精神性。精神性是人类活动的最显著特征,人类活动的精神性可以从意识性、目的性和能动性三个层面去理解。意识性是活动主体对活动自身的自觉。目的性以意识性为前提,目的为意识的一种状态。说人的活动是有目的的,即是说活动的主体不仅知道所从事的活动,而且知道所从事活动欲达到的结果,并指向这种结果。人类活动的目的性,最初在实现目的的活动中表现为一种"有限目的论"意义上的目的性,而既非上帝或绝对精神之类的绝对目的性,亦非浪漫主义自然哲学意义上的自然目的性。它在获得有限满足之后,便试图超越这有限性。

四是中介性。人的活动总是具体的、现实的活动,抽象的要素或方面只是思维反思作用的结果。因此,仅仅抽象的精神性活动与物质性活动还构不成现实的、具体的人类活动,而必须有把两个方面连接起来、统一起来的中介。人的物质性活动与精神性活动可视为人类活动总体的两个抽象的极点,而中介,则是要把抽象的两端连接进来。中介自身必须与两端具有同一性,即一方面须与形式同一,另一方面又须与质料同一。只有一身兼具此两面性,中介才能完成把形式传给质料,即把形式赋予质料的任务,使抽象的两端结合起来。语言符号,作为中介,就是使人类的活动得以现实化。语言是一种现实的意识,只有借助于语言符号,才能象征性把握的对象。正是借助于语言符号,我们才从现实性领域突入可能性领域。正是由于语言符号,对象才对我们开放了其可能性空间;如若没有语言,人类便只能像动物一样,永远只拥有一个现实的世界。这可能性世界是比现实世界无比广阔的世界。现实世界只是可能世界中的一种可能,即一种实现了的可能。这样,人就能够在向他敞开的可能性世界之中去寻找、选择他所满意的真善美世界。

二、人类活动与政治传播活动

真实的、现实的政治传播,当然也是一种活动,因而从活动论的境界整体性地研究政治传播是不能忽略的功课。

政治传播当然是一种人类活动。按照现在学界对人类活动的研究,我们很难把它归结为哪种类型的人类活动,比如,实践活动?理论活动?物质性活动?精神性活动?但是,它无疑具有人类活动的基本特质。

综观现在学界对政治传播的研究,预设的研究领域十分宽泛,譬如,政治传播的本体系统、政治传播的行为系统、政治传播的内容系统、政治传播的载体系统和政治传播的外部环境等等。这种理论很难把政治传播用一种轴心贯穿起来。而我们的理路是把政治传播视为人类的一种活动,以“活动”为轴心贯穿政治传播活动。这样一来,以上从哲学高度把握的人类活动的特质,就成为对政治传播进行“活动论研究”的理论基础,它构成了政治传播活动展开的理论理念与逻辑依据。展示这些人类活动的哲学理论,意在铺展我们把政治传播作为一种活动的研究框架与逻辑进路。

政治传播主体论:将从人是传播主体的理念出发,在分析政治传播主体形态、主体意识的基础上,分别论述国家与政府、政党、社会共同体以及个人等政治传播主体。其中,深入涉及政治领袖、政治精英、意见领袖、草根百姓等具体的研究范畴。

政治传播内容论:以对政治信息的解析为基础,深入分析其坚硬的外壳——意识形态、可分层传播——政治价值、普适性内核——政治文明等。其中,深入涉及意识形态、政治价值、政治文明的种种理论和看法,从政治传播客体的独特视角对这些范畴进行理论剖析。

政治传播中介论:在对中介与媒介、媒体进行辨析的基础上,着力分析基础性中介——政治组织、核心性中介——大众媒介、外表性中介——政治话语等三种中介形态。其中,深入涉及政治组织的扁平化与网络化、新媒体的政治担当、政治话语霸权、政治话语的自我指涉、政治话语的妖魔化、政治话语的中国困境等诸多理论与实践性的话题。

政治传播客体论:在从哲学高度对客体、对象、受众进行辨析的基础上,从方向——政治传播客体的内与外、属性——政治传播客体的精英与群氓、形态——政治传播客体的臣民、市民与公民几个维度展开。其中,深入涉及国内对象与国际对象关系、政治精英与群氓关系、国家与社会关系等重要理论在政治传播中的机理。

政治传播效应论:在对传播学效果论研究全面检讨的基础上,从推进政治民主、形成公共舆论、构建政治合法性三大方面展开对政治传播效应的研究。深入涉及传播学效果研究与政治传播效应研究的区别与联系等比较深入的诸多理论问题。

政治传播形态论:着力分析政治传播的政治宣传、政治沟通、政治营销三大形态。深入涉及政治宣传的构成要素、政治宣传中的操纵、政治宣传与政治动员、政治宣传中的"议题构建"、政治宣传中的"认同聚合"、政治宣传的层次、政治沟通的基本机制、政治营销与民主关系的二律背反、政治营销与市场关系的二律背反、政治营销中的政治广告、政治营销中的政治公关等新的理论命题;逻辑与历史相结合,展示从政治宣传到政治沟通、从政治沟通到政治营销,以及政治营销对政治宣传的"升华性"回归过程;提出"新宣传"理论;最后,展示三大形态的实践过程,以期总结实践,升华理论,用理论有效指导实践。

第二章
政治传播主体

活动论意味着有活动主体、活动内容、活动中介、活动客体(对象)、活动效果(效应)、活动形态等,从活动论的视角与境界研究政治传播也不能例外,本章讨论政治传播主体。

第一节 人是政治传播活动中的主体

政治传播研究的活动论视角区别于其他种种视角的地方,在于活动论视角把政治传播视为人的活动。在这种活动中,人是唯一的活动主体。也就是说,政治传播的“主体”是人。这看起来似乎是个毋庸置疑的常识,其实不然。比如,一个很有趣的现象是,传播学中虽然大量论及传播的“主体”问题,但却几乎不使用“传播主体”一说。这正反映了传播学对“传播”的某些偏执。

一、“谁”是人不是物

在传播学之父施拉姆之前,被公认为“构建了传播学学科框架”的拉斯韦尔,提出了他名闻遐迩的“5W”传播模式。他认为,说明传播行为有一个简便方法,就是回答下列问题,见图 2-1:

谁?

说什么?

通过什么渠道?

对谁?

取得什么效果?

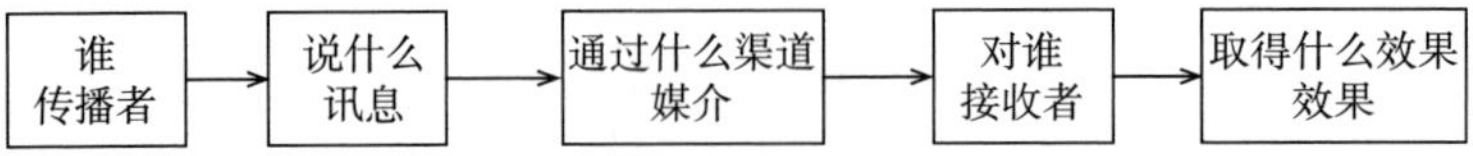

图 2 –1　拉斯韦尔公式及其相应的传播过程诸基本要素

在拉斯韦尔看来,研究“谁”的学者,探讨的是激发和引导传播行为的诸因素,被称为“控制分析”;研究“说什么”的学者,探讨的是传播内容,被称为“内容分析”;研究“通过什么渠道”探讨的是广播、报刊、电影及其他传播渠道,被称为“媒介分析”;研究“对谁”,探讨的是大众媒介的传播对象,被称为“受众分析”;研究“取得什么效果”,探讨的是对受众的影响,被称为“效果分析”,见图 2 –2。他还进一步认为,以上这样的划分是否有用,取决于为达到特定的研究目标而准确把握划分的细化程度。例如,在有的情况下,把受众分析与效果分析结合起来比分开研究更可行;反过来,我们为了集中进行内容分析,也可以把这个领域进一步细分为意义与样式——前者是关于讯息的内涵,后者是关于讯息的构成元素的组合。①

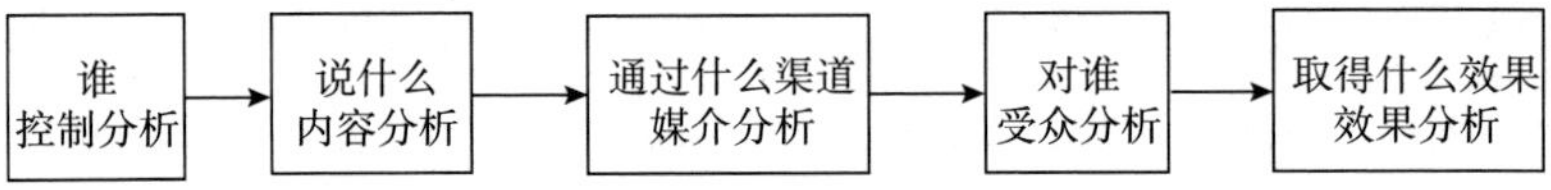

图 2 –2　拉斯韦尔公式及其相应的传播研究领域

其实,在我看来,拉斯韦尔这里的“谁”,本来就是作为“传播主体”的人,可是,他却把对“谁”的研究定位于“激发和引导传播行为的诸因素”。这种“因素”本来也是对“传播主体”的进一步分析,结果又被他定性为“控制分析”。

拉斯韦尔之后,人们就似乎不再分析“传播主体”了。对所谓传播的“控制分析”也渐渐远离了“人”。施拉姆的《传播学概论》对“传播”定义之后,本来他已经发现了“人”——

正如从古希腊哲人到法兰西学院的哲人所一致断言,我们既不像

① 参见张国良主编:《20 世纪传播学经典文本》,复旦大学出版社 2005 年版,第 199 ~200 页。

上帝那么完美，也不像动物那样低俗。我们的传播行为证明：我们就是普通的、地地道道的人。[1]

但是却不知为何不再继续讨论“人”，而是直接讨论“传播行为”（不知道在说“谁”的行为）、“传播关系”（不知道在说“谁与谁”的关系）、“传播契约”（不知道在说“谁与谁”的契约）、“传播控制”（不知道在说“谁”在控制“谁”）。

二、人是“传播者”

在传播学中，有“传播者”一说。这个说法也是出自于拉斯韦尔。拉斯韦尔在谈到“大众传播”时，使用了“传播者”一词，他对“传播者”的具体定义是：“传播者，又称传播人，是大众传播的信息发布者，由大众传播组织及其内部工作人员组成。大众传播组织包括报社、杂志社、电台、通讯社等，工作人员包括董事、发行人、主编、编辑记者等。”[2]

在“传播者”的基础上，库尔特·卢因把“传播者”规定为“把关人”，这是传播学中直接用“人”来说明“传播者”的理论。但是，卢因的“把关人”却遍布整个传播过程的各个环节，因而却又完全失去“主体”的规定和意义，因而“把关人”也不能被理解为“传播主体”。这期间，有人把“把关人”理解为“守门人”，这就与“传播主体”的意涵相去更远了。

现在对于传播的研究，存在着“见物不见人”、“只见过程不见主体”的严重偏执。在一些研究者看来，传播过程是不能用“主体—客体”模式来分析的，认为在传播过程“无所谓主体与客体”，是一个“无头无尾”的“截断面”，是一种没有主客之分的“场”。更不认为只有人才是传播中的“主体”，比如，媒体就可以是“主体”等。可以看出，由于对传播缺乏哲学高度的审视，强烈的“过程”意识，完全埋没了“主体”意识。

有幸的是，我国较早研究政治传播的邵培仁先生，在其主编的《政治传播学》中旗帜鲜明地提出了“人是政治传播的起点与终点”的观点：“人，政治传播的关键。政治传播，总是人在传播，人在受传。在从传者到受众的路上，不论是

---

① 〔美〕施拉姆等：《传播学概论》，陈亮译，新华出版社 1984 年版，第 36 页。

② 转引自陶涵：《新闻学传播学新名词词典》，经济日报出版社 1997 年版，第 28 ~ 29 页。

作为起点的传者,作为终点的受众,还是在传播过程中作为滤网的中介者,都是人。因此,政治传播过程中的人,就不能不是政治传播中的一个研究重点。"①这样的一个道理,不仅仅适应于政治传播,所有的传播都是这样的。可能在政治传播中,作为传播主体的人,其"主体"的地位更加突出,"主体意识"更为自觉。

第二节　政治传播主体形态

传播是人的活动,人是传播的主体,传播作为人的活动,不能抹杀人的主体意识和主体地位,更不能把人"物化",这种内在的哲学机理,是对传播及政治传播理论研究的理论基础。

一、主体的社会本质与传播的社会本质的契合

从哲学上讲,仅仅确定"人"是传播的主体还是不够的,因为,人还是一个抽象的概念。"主体"就是对"人"的进一步的规定。只有在具体的社会活动中的人才能成为"主体"。这个时候,社会性就成为抽象的人转化为主体的内在条件。就是说,社会也正是"主体"的现实存在形式。仅仅具有自然物质结构和功能的生命个体还不能成为主体。只有在社会化中,具有一定的自然物质结构和功能的生命个体,才能发展成为具有主观性、自主性和自为性的人,才能成为现实的主体。这样的主体,只能是在社会中存在的、具有社会性的人。

可见,社会也并不是许多生命个体的外在结合,而是在物质生产劳动基础上形成的、具有内在联系的个人构成的活动总体。社会关系就是个人结合的社会形式。讲到此,传播的社会本质与主体的社会本质就融合在一起了。

主体以种种形态而存在。我们可以从两个角度对主体形态进行划分。一是根据主体发展的不同历史阶段进行区分。处于不同历史发展阶段的主体,他们的力量、能力以及精神品质,都表现出不同的特征,他们对客体的关系也呈现出不同的形态。可以把它叫作主体的历史形态。二是就处于同一历史形态的主体来说,主体活动的具体关系的内容、形式及对客体的作用方式也表现出不同的状况。这种划分是在社会关系方面对主体所做的划分,它标志着现实主体

---

① 邵培仁主编:《政治传播学》,江苏人民出版社 1991 年版,第 151 页。

的具体社会存在形态,我们可以把它叫作主体的社会形态。依据主体的历史形态,主体可区分为原始状态下的主体、阶级异化状态下的主体和自由的主体;依据主体的社会形态,主体又可区分为个体、集体、社会总体和人类总体几种形态。传播活动作为人类的一种活动也依从于这两种划分。当然,"历史形态"的划分属于传播史的研究,因而"社会形态"的划分是本书考察政治传播主体的主要哲学理论依据。

二、主体的个体形态

主体是人,这是就人的总体或类而言的。在现实中,"人"总是表现为一个个具体的个人。个人具有"人"的一般特质;"人"只能在个人之中存在。离开个人,"人"不过是一个空洞的抽象,它只能在人们的头脑中存在,或者在神学家的天国中存在。个人活动是人类社会集体活动的基础和前提。马克思说:"全部人类历史的第一个前提无疑是有生命的个人的存在。"①所谓社会,就是由处于一定具体关系中的个人活动构成的活动系统。所谓人类历史,"始终只是他们的个体发展的历史"②。社会历史并不是某种"无人身"的抽象存在物,而是由无数个体的活动构成的。

承认主体的个体形态具有十分重要的方法论意义。第一,只有承认主体的个体形态,才能坚持主体的自然物质性;第二,只有承认主体的个体存在形态,才能坚持主体的现实性、具体性。个人是主体的一种重要形态,他是其他几种形态的前提和基础。在此前提下,才能进一步研究主体的其他存在形态。

三、主体的集团形态

集团、团体或集体是由个人构成的具有自我意识、共同目的和自觉组织的活动的群体。集体作为活动的主体,首先必须自觉意识到所有成员的共同利益,并且在此基础上形成统一的、共同的目的。集体活动必须在集体意识、共同目的的支配下才有可能。集体是由个人联合而成的,但不是个人的简单集合。在不同的关系和层次上,可以形成不同的甚至对立的集体。在经济关系中,存

① 《马克思恩格斯选集》第1卷,人民出版社1995年版,第67页。
② 《马克思恩格斯选集》第4卷,人民出版社1995年版,第532页。

在着不同的经济团体。在政治关系中，存在着不同的党派和政治团体；在不同的层次上，社会集团的区分是相对的；许多具有某种共同性的小集团可以联合成为更大的集团；而在同一集团内部，也可以存在着具有特殊性质的小集团。共同利益把小集团联合成为一个统一的系统；特殊利益又把它们区别开来，形成有别的相对独立的系统。

集团主体的作用是双重的：一方面，它把个人的力量、能力汇集起来，并超越了许多个体力量的局限，发挥了人的种属能力。共同的活动创造了一种新的力量——社会集体力，因而使集团的力量和能力远远超出了个体能力和人员的机械总和。另一方面，不同集团的形成和划分，又减弱了人的类意识；不同集团的对立和斗争，在一定历史条件下也减弱了人类社会总体的力量。因而，只有把不同集团的对立和斗争限制在一定秩序范围内，形成统一的社会总体，才能保证社会历史的正常发展。

四、主体的社会总体形态

主体的社会总体形态是指在同一地域、同一时间内，处于同一经济形态的不同集团和个人构成的主体活动。个人和集团必须在一定关系中结合成为一个统一的社会总体，这样就形成了主体的社会总体形态。

在阶级社会中，国家是社会总体的集中代表，恩格斯说："国家是整个社会的正式代表，是社会在一个有形的组织中的集中表现。"[①]国家是一种社会"公共权力"，是社会利益的自觉的集中的表现，是社会总体意志的体现。恩格斯说："社会创立一个机关来保护自己的共同利益，免遭内部和外部的侵犯。这种机关就是国家政权。"[②]这种"公共权力"运用武力抵抗外部的侵犯，保护社会总体利益；运用法律和暴力限制个人或集团的特殊利益对总体利益的侵犯。这样，才维护了社会总体的存在和发展。

国家的这种社会总体性与国家的阶级性并不是绝对对立的，而是内在统一的。在阶级社会中，经济上占统治地位的阶级必然也在政治上占统治地位。国家所体现的主要是统治阶级的意志，是经济上占统治地位的阶级实现自己的意

① 《马克思恩格斯选集》第3卷，人民出版社1995年版，第631页。

② 《马克思恩格斯选集》第4卷，人民出版社1995年版，第253页。

志,即按照有利于自己阶级需要的方式管理整个社会的政治组织。“一切政府,甚至最专制的政府,归根到底都只不过是本国状况所产生的经济必然性的执行者。”①这样,国家的社会总体性与阶级性在经济上占统治地位的阶级身上就实现了统一:国家既是社会整体的集中表现,又是经济上占统治地位阶级利益的集中表现。国家在实现统治阶级利益的同时,也实现了它的社会总体职能。面对自然,国家代表最强大的“社会整体主体”力量。

五、主体的人类形态

人类主体形态是主体社会形态的最高表现,是主体作为类的存在形态,其基本内涵是指地球上不同国家、地区和民族作为认识和改造自然的主体的内在统一性。人类主体形态,经历了一个逐渐形成、发展和完善的历史过程。资本主义大工业的发展,使人类开始形成某种全球性的联系,交通工具和通讯工具的发展、分工和交换的发展、世界市场的开拓,使一切国家的生产和消费都成为世界性的了。当然,人类主体形态还是一个漫长的历史形成过程。只有真正形成自觉为全人类利益而奋斗的全人类的自觉联合行动,人类才能成为一个完满的自由自觉的主体。

传播活动、政治传播活动作为人类的一种活动,其“主体形态”的划分,应基本依据这种划分标准。一般说来,“人类主体形态”是一种理想类型,就像现在流行的“全球传播学”,对“全球”即“人类”作为“隐形主体”也是一种理想性的假想而已。这样一来,主体的个人形态对应的就是政治传播的“个人主体”,包括政治领袖、意见领袖、政治精英、草根民众等;主体的集团形态对应的就是政治传播的“社会组织”、“各种共同体”;主体的“社会总体形态”对应的是“国家”、“政党”、“政府”。可能在一些传播学的研究者思想中,把“国家”、“政党”、“政府”对应到“集团形态”中,这是因为他们还没有能够严格、细致地区别出主体的“集团形态”与“社会总体形态”。

从传播学角度看,首先,政治传播主体是政治传播活动的起点,他们发动、组织、策划和推进政治传播活动的运行;其次,政治传播主体也是政治传播活动的终点,一次完整的政治传播活动最终的目的就是为了满足政治传播主体的目

① 《马克思恩格斯选集》第4卷,人民出版社1995年版,第715页。

标要求,当政治传播主体认为目标已经达到,即会宣告一次政治传播活动的终结;最后,政治传播主体通过控制其他因素进而控制整个政治传播活动,成为政治传播活动的核心动力。

第三节 政治传播活动中的主体意识

主体是一种自觉的主体,这种自觉性的表现就是主体意识。主体意识是一种贯穿于整个主体活动的精神基础和精神动力。

一、政治传播主体意识的哲学解析

政治传播主体意识是政治传播主体在进行政治传播活动时对自身特定政治目的的自觉意识。从哲学上讲,自觉意识首先是一种自我意识。就作为一种活动的政治传播而言,政治传播主体的形成和发展,同其自我意识的形成和发展是同步的。所谓"自我意识",就是政治传播主体对自我的反省意识,对自己区别于其他主体的性质、地位、作用以及由此形成的与其他主体关系的意识。只有意识到自身与其他主体的区别,形成主体的自我意识才有传播主体与传播对象及其他主体的真正区别,才能形成真正的传播主体。自我意识是政治传播主体的本质规定之一,是政治传播主体从事创造性政治传播活动的前提。

政治传播主体的自我意识最本质的特征是对自己传播目的的自觉性。恩格斯曾说:"在社会历史领域内进行活动的,全是具有意识的、经过思虑或凭激情行动的、追求某种目的的人;任何事情的发生都不是没有自觉的意图,没有预期的目的的。"①自觉性以政治传播主体的自我意识为基础。从一般理论上讲,政治传播活动包括两个方面的关系:一方面是政治传播活动与政治传播主体自身的关系;另一方面是政治传播活动与传播对象的关系。与此相适应,政治传播主体的自觉性也具有两个层次:初级的层次和高级的层次。初级层次是指在政治传播活动中直接指向传播对象的意识;高级层次是指在政治传播活动中通过指向传播对象而返回到自身的意识。见图 2 -3:

政治传播活动都出自于政治传播主体自身的某种需要。由需要所支配的

① 《马克思恩格斯选集》第 4 卷,人民出版社 1995 年版,第 243 页。

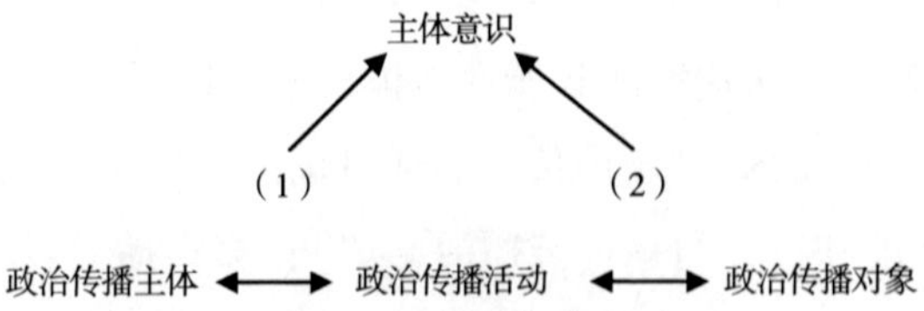

图2-3　主体意识关系

政治传播活动,可以是"有意识"的,也可以是"无意识"的。有意识的政治传播活动是有意而为之的活动,它不仅意识到传播主体自身的需要,而且意识到这种活动的意义。它通常表现为在一定目的意识支配下的政治传播活动。无意识的传播活动是下意识支配的随机性的政治传播活动。前者属于自觉的活动,后者属于非自觉的活动。

政治传播活动总要同传播对象发生某种关系。对象对政治传播活动的制约关系,同样可以是在活动之前或活动过程中为政治传播主体所意识到的,也可以是没有意识到的。在活动中主体意识到对象的性质、状态和它对活动本身的制约作用,这就属于自觉性的政治活动。相反,在政治传播活动中主体对此无所意识,就属于自发的和盲目的政治传播活动。

适应政治传播活动中包含的这两种关系和主体意识内容的两个层次,自觉性概念在运用中也具有两种含义:一是区别于无意识的或盲目性的政治传播活动的自觉性,在这一意义上的自觉性是指意识到传播目的的活动,或如通常所说的"有意如此"的传播活动;二是区别于自发性活动的自觉性,在这一意义上自觉性则指已充分认识到传播对象的种种情况而从事的传播活动。这两种自觉性具有层级区别,在政治传播活动中从较低层次的自觉性到较高层次的自觉性是有一个历史过程的,即使在全球化背景下的政治传播,虽然要求政治传播主体要"知己知彼",即具有较高层次的自觉性,但是,相对于过去那个年代盲目的政治传播而言,能清醒地自觉到政治传播的特有目的,在传播过程不失去这种目的而尽力实现这种目的,已经是不容易的事情了。

二、政治传播主体意识的表现形式

政治传播的主体意识,本质上还是一种抽象的意识或精神状态。在具体的政治传播活动中它必然通过一系列的形式和属性表现出来。学界从不同的角度多少对这些形式和属性都有一些研究,但却未必上升到"对主体意识的自觉"这样一个高度来把握。这些形式和属性大体说来有以下几方面:

第一,劝服性。"所谓劝服,即传播者通过论证说理试图让受传者接受其观点、态度并转变态度和行为的一种传播活动。"①诸多传播学者认为,劝服是政治传播的本质特征,其实,准确的理解应是:劝服性是政治传播主体意识最直接的表现属性。罗伯特·丹东就明确指出:"政治传播在本质上是劝服性的。"②政治传播之所以是劝服性的,最主要的原因在于它在运作过程中所表现出的强烈的目的性。任何政治传播活动的发生都不是无的放矢的,都带有政治传播者强烈的目的,其目的就是要受众认同政治传播者所倡导的政治观点、政治价值甚至是政治意识形态。

第二,灌输性和倾向性。从逻辑上讲,灌输性是劝服性的实现形式,倾向性是劝服性实现后的结果。政治传播活动的灌输性和倾向性主要表现在政治传播者对受众的说服渴望上。政治传播主体通过各种渠道将自己精心编制的信息源源不断地输给受传者,使受传者认同政治传播者所传递的政治观点、政治价值和政治意识形态,从而表现出鲜明的倾向性。

第三,强制性。强制性主要体现在对传播渠道的支配性要求上。对于占统治地位的政治传播主体来说,对媒介的支配性要求更为强烈。在民主国家的竞选过程中,竞选各方都是尽可能地占领媒介渠道,传播自己的政治纲领和政治主张,形成对自己有利的政治舆论。尤其是政治统治者将自己的政治价值和政治观念当作意识形态向受众传播时,这种强制性就更为明显。

第四,单向性。单向性是指政治信息从政治传播主体经由媒介发出到达受传者后基本停止的情况。单向性的传播活动缺乏反馈,没有或者很少有政治信息的回流,可以理解为我们上述所说的那种初级层次的"自觉意识"。一般情况下,传播者处于宰制地位,受传者是被动的。集权主义制度下的政治传播活动多是单向性的。其原因在于,集权主义制度下政治统治者处于全面的垄断地位,他不仅垄断了信息源,同时也掌握着信息发布的渠道——传播媒介。对于普通的民众来说,只能接受、顺从并改变态度,他们是一群"乌合之众"。即便是

---

① 邵培仁:《传播学导论》,浙江大学出版社 1997 年版,第 104 页。

② 转引自李元书主编:《政治体系中的信息沟通——政治传播学的分析视角》,河南人民出版社 2005 年版,第 36 页。

自由主义理念占主导制度下的政治传播活动也有其单向性的一面。现代社会大规模的信息轰炸,使人们时刻处于各种信息的包围之中,使人失去理性的批判能力,包裹在政治、文化、经济信息中的意识形态宣传,会把社会中的大众变成“单向度的人”。

第五,虚构性。政治传播活动往往围绕权力和政权而展开,有些政治集团为了巩固和扩展自己集团的利益不惜传递虚假的信息。马基雅维利式的传播观念在政治传播活动中是被屡屡使用的,正如马基雅维利所言:“胜利者不论是用什么手段取得胜利的,人们考虑到的只有他们的光荣。良心这个东西跟我们毫无瓜葛,不必考虑它。”①在中外政治传播史上,此类的政治传播活动比比皆是。

第四节 国家与政府作为政治传播主体

在人类政治传播主体的个人、集团、社会总体、人类四种形态中,作为“社会总体”主要形态的“国家”始终处于主导地位。换句话说,政治传播的主体始终是作为社会总体意义上的政治共同体——国家。这是因为,人类现实的政治活动以国家为主轴而展开。政治传播活动唯其“政治性”才是政治传播活动。所以与人类政治活动一致,国家成为人类政治传播活动的主导形态。

一、国家作为政治活动主体在政治传播中的凸显

对人类的政治活动,可以多学科、多向度、多线索、多范式进行考察和研究。但从政治学研究角度看,始终无法摆脱以“国家”为主体而对人类的政治活动进行有效的研究。在政治学的发展历史上,曾出现过诸如行为主义、制度主义、精英理论、多元主义、政治系统理论、公共选择理论等研究范式的转换,但最终又都回归于“国家主体”的轨道上。

从“传播”这样一个角度审视上述这种研究理路,对“国家主体”冲击最大的是所谓的“政治系统理论”。

第二次世界大战之后,自然科学中的系统论、控制论和信息论对包括政治学在内的社会科学研究产生了很大的影响。而社会学中的先行者——美国社

① 〔意〕马基雅维利:《佛罗伦萨史》,李活译,商务印书馆1982年版,第108页。

会学家帕森斯的结构功能理论为政治学系统理论的建构提供了成功的范例。“政治系统理论”大体包括伊斯顿的政治系统理论、阿尔蒙德的结构功能主义以及多伊奇的政治沟通理论。

政治系统理论将自然科学中的系统方法运用于人类政治现象的分析,将政治看作一个有自身边界并与外部环境发生输入输出作用的有机系统。作为一个复杂系统,它具有内在的调节机制,通过不断的反馈来调整其与环境的关系。将系统论用之于政治现象的研究,就是将系统分析框架的参数“政治学化”。例如,在伊斯顿那里,输入参数的政治化就是“要求”,输出参数的政治化是“公共政策”;阿尔蒙德则强调被伊斯顿黑箱化了的系统结构以及功能过程;多伊奇致力于研究政治系统的神经——政治沟通。

政治系统理论的一个特质,就是通过“高度柔塑性”的方法论把人类政治活动“去国家主体化”,所以,才有20世纪七八十年代政治学研究强烈的“将国家带回来”的浪潮。这种理论浪潮,尖锐地批评伊斯顿的系统理论抛弃了“国家”,是一种无主体的“社会中心论”。

伊斯顿为了回避这种批评,用“政治当局”这个范畴做了“泛国家化”的自我辩护,他说:

> 系统分析概念化伊始,所谓“国家”便担任着至关重要的角色。不过,鉴于系统整局设计的着眼点,国家未曾成为这样一个中心范畴,而是被分成了几个组成部分,其中之一即是“政治当局”。举凡谙熟系统分析的人都知道“政治当局”这一概念是何等的重要,其原因特别在于:为政治系统制造并实施政治输出、充任政治系统和其他社会系统之间中介行为者的,正是政治当局。……从这一意义上来说,在人们尚未喧嚣着要求使“国家”回归时,它就已经是政治分析的一个内在组成部分了。……因此,忽视“国家”或政治当局的独立作用自然是错误的,但是,……不应将这种缺陷误认为是政治科学的特性,亦不应将其特定地误解为是系统分析观点的专利。①

政治系统理论是对传统的政治分析国家主体理论的一种“革命”,试图将政治学各分支学科的所有研究整合起来,形成一个统一的理论分析框架,但最终

① 〔美〕伊斯顿:《政治生活的系统分析》,王浦劬等译,华夏出版社1989年版,第7~8页。

因“涸渗”人类政治生活中的国家主体使得政治分析陷入迷乱而遭到了摒弃。为此,伊斯顿也感到有些沮丧,为自己的理论申辩道:“系统分析是以最广泛、最一般的方式构成的,是故虽然近几十年内方法研究的方向已发生了变化,可是,系统分析对于当前政治研究中的若干问题,仍具发言权。实际情况也确实如此,有如此多的系统分析所提出的概念,都已被用来解决现下所提出的各种实际问题了。”①

当然,国家理论经过政治系统理论的冲击重新被“召回”到分析人类政治生活的主导地位之后,经过19世纪马克思主义国家理论宰制整个政治理论的高潮之后,在当代也有了长足的发展。当代经济学家、政治哲学家、社会历史学家从各自的学科立场出发,试图对现代国家理论作出新的解释。20世纪60年代以来,一大批新制度经济学家把国家作为影响经济绩效和制度变迁的内生变量纳入分析框架,并运用经济理论研究了国家;政治学领域,罗尔斯以一种更新西方古典社会契约论和古典自由主义传统的理论方式,力图为现代社会重建“公平正义”的“道德基础”,开启了对现代社会基本结构、合理性基础、宪政构成、社会组织与运作等一系列问题的研究;斯特雷耶从管理的角度、伯尔曼从法律的角度、埃里亚斯从军事的角度、安德森和巴林顿·摩尔从经济的角度,都对国家理论作出了突出的贡献。

二、国家作为政治传播主体对传媒体制的宰制

国家作为政治传播的主体,其强大的作用贯穿在整个政治传播的活动之中。除了自己是政治信息的制造者之外,还突出表现在其对传媒体制的宰制上。

关于传媒体制,传播学理论界众说纷纭。施拉姆归纳研究了“四种理论”:集权主义或威权主义体制、自由主义体制、社会责任体制和法西斯体制;威廉·哈克坦提出“五大理念”:集权主义理念、西方理念、共产主义理念、革命理念和发展理念;赫伯特·阿特休尔提出“三个世界”:第一世界即市场经济世界,第二世界即马克思主义世界,第三世界即进步中世界;卡尔·诺登斯特伦提出“五种范式”:自由—多元主义范式、社会责任范式、批判范式、行政管理范式和文化协商范式。

① 〔美〕伊斯顿:《政治生活的系统分析》,王浦劬等译,华夏出版社1989年版,第8页。

如此眼花缭乱，也许正是传播学的方法论特征。其实，作为一种“体制”，其核心要素必然与政治有关，即媒体与政治权力的一种关系而已。“如果从本体论的角度看，依据公权力行使的界限，一个社会要么以国家或政府为本位，要么以社会或个人为本位。由此，可以把国家的政治制度归结为两类：一类是国家本位型的全权主义制度，一类是社会本位型的自由主义制度。相应的，依据媒体的取向（或以国家为旨归，或以社会为旨归），可以把媒体体制归为全权主义体制与自由主义体制。其他媒体体制大体是这两类基本体制的异体、变种或混合体。应该承认，作为一种二元论式理论概括，对媒体体制的这种二分法并不能穷尽现实层面上世界各国的媒体体制（尤其是处于社会体制变革中的发展中国家的媒体体制正在发生转型），因而只有相对的理论参照意义。”①

在我看来，无论是施拉姆“四种理论”中的“自由主义体制”，还是哈克坦“五大理念”中的“西方理念”，无论是阿特休尔“三个世界”中的“第一世界即市场经济世界”，还是诺登斯特伦“五种范式”中的“自由—多元主义范式”，包括我国学者所说的“社会本位”中的“自由主义体制”，都不可能完全摆脱国家对媒体的宰制！媒体要么偏倚于政治权力，要么偏倚于经济利益集团，所谓“媒体自由”是一个彻头彻尾的伪命题，尤其对于政治传播来说。

其实，传媒体制的自由主义形态始终只是理论家们的理想设计与理想追求而已，是一种意义巨大因而具有感召力的理想信仰，在现实的政治传播中是不存在的。这一点，主张所谓传播自由、新闻自由的研究者们也是十分清楚的。

麦克奈尔在其《政治传播学引论》中以大量的事实为依据，尖锐地指出：“媒体当然不会以一种中立的不偏不倚的方式简单地报道政治领域中发生的一切。”②阿特休尔当年猛烈批评施拉姆等人从特定的框框中看问题，认为他们毫不费力地断定哪个媒介制度好哪个不好，妨碍了人们正确地理解媒介制度。阿特休尔自己认为，世界上的新闻媒介不可简单地分为“我们”、“他们”，因为全部媒介是由多种不同主题和旋律组成的交响乐。交响乐的“每一乐章都包罗了新闻媒介所处环境的全部现实，包括历史的、政治的、社会的、文化的，还有心理的现实”。阿特休尔要求不持有特定评价立场来研究和对待各种“媒介体制”，但是，他是有自己鲜明的主张的。他说：“在所有的新闻体系中，新闻媒介都是

① 李智：《全球传播学引论》，新华出版社2010年版，第99页。

② 〔英〕麦克奈尔：《政治传播学引论》，殷祺译，新华出版社2005年版，第12页。

掌握政治和经济权力者的代言人。”“新闻媒介的内容往往反映那些给新闻媒介提供资金者的利益。”甚至连新闻院系“最终也无不帮助当政者维持他们对新闻媒介的控制”。说某种制度下的媒介专用于宣传和发布指示，为实现统一服务，而另一制度下的媒介则专用于告知和自由传播，为公众讲话，这是片面的和武断的。如果人们认识不到“这个基本而又严酷的事实，就无法真正理解新闻媒介在人类事务中的作用”①。英国埃塞克斯劳顿学院的巴勒特指出：“新闻出版自由在很大程度上只是一种神话，即为了树立民主的形象由政府编造的神话。实际上没有一个政府——无论它是‘民主的’还是专制的，能允许大众媒介免受某种形式的规定或限制而自由发展。”②

因此，在国家作为政治传播主体宰制整个政治传播过程这个问题上，还是不要一味地“谴责”政治集权国家。事实上，所谓政治民主国家有时候更为过之。比如，近代史上，是英国首先确立了“全权主义”的媒体体制。当时的英国公布了第一个禁书法案，建立了第一个出版特许制度，发布了规定由大主教来管制出版的禁令和规定，对违反条例的出版者给予严厉乃至残酷的法律制裁的《星法院法令》，从而确立了一整套体现国家（包括教会）在信息传播上至高权威性的出版管制制度。到了20世纪，全权主义媒体体制在德、意、日法西斯里发展成为外向型的现代形态。譬如，在第二次世界大战中的德国不仅绝对地控制了全国所有的大众媒体，而且还通过行政手段把它们改造成为国家对外宣传的机器。

麦克奈尔在《政治传播学引论》中，从政治传播的角度，以美国、英国发动的越南战争、福克兰群岛战争、海湾战争等多次军事行动对媒体传播的精心控制为案例，就政治传播的“保育箱③与黑色宣传”做了深入仔细的分析。他以海湾战争为例最后警示我们：

---

① 〔美〕阿特休尔：《权力的媒介》，黄煜等译，华夏出版社1989年版，第337页。

② 〔英〕戴维·巴勒特：《媒介社会学》，赵伯英等译，社会科学文献出版社1989年版，第67~68页。

③ 保育箱的故事是麦克奈尔在其书中举的一个例子。这个例子讲述了当年伊拉克军队如何在科威特城的一家医院里，把312个婴儿从保育箱中拿出并丢弃在医院的地板上，然后又如何把保育箱运回伊拉克的故事。1996年10月，希尔·诺尔顿让一位目击者，一个名叫“纳伊拉”的年轻女子，在美国国会的人权会议（Human Rights Caucus）上声泪俱下地详细讲述保育箱的故事。故事很快流传开来，并在许多国家的媒体中作为“事实”出现。不久之后，美国国会就以仅仅两票之多通过了军事干预海湾的提议。美国观察员毫不怀疑“纳伊拉”的故事以及其他在媒体中流传的类似段子，大大集结了支持军事行动的舆论，并且促成了沙漠风暴行动。然而，后来，“纳伊拉”却被证明是科威特驻美大使的女儿，而保育箱的故事也是编造的。大赦国际（Amnesty International）曾在停战之后到传说中故事发生的现场检查，该组织却没有找到任何可以证明故事真实性的证据。（参见〔英〕麦克奈尔：《政治传播学引论》，殷祺译，新华出版社2005年版，第211页。）

作为政治传播，海湾战争带给人们最担忧的一点是：媒体记者那么轻易地就认可了类似于保育箱事件的故事，并且迫不及待地用这些素材来巩固他们心中侯赛因残暴的人权侵犯者的形象。当1998年第二次海湾战争有可能要爆发之际，媒体乐此不疲地报道了萨达姆·侯赛因正在制造生化武器以及神经毒气弹的传闻，声称这些武器能够彻底摧毁一个西欧城市。媒体的报道把这些事情视为无可辩驳的事实，却没有报道真正的事实，那就是这些故事只不过是未经推测的传闻，是公关机器用来鼓动舆论、企图推动另一场伊拉克战争的公关伎俩。虽然没有人怀疑从1991年以来，萨达姆·侯赛因一直是一个杀人如麻的暴徒，并且领导着一个法西斯主义政权；然而这并没有给予记者充分借口，允许他们在报道伊拉克政府以及西方反伊阵营的活动时放弃一定的客观性，允许他们不和报道对象保持一定的情感距离。而正是这种客观性与情感距离可能会带来和平，不是战争。未来的冲突中，是非善恶的区别或许要比在海湾战争时更加模糊。那么，随着媒体管理技巧变得越来越无所不包，作为21世纪公民的我们应当思考，如何给予我们的政府“知情同意”，又如何防止不公正军事冒险？①

当然，在所谓的“威权主义体制”、“东方世界体制”传媒体制中，国家对媒体的“宰制”更为极端些。在政治学里，即便是“现代国家”，也可能是专制国家。专制国家也有“全能国家”与“极权国家”之分。全能国家是指国家政治权力试图对社会的方方面面进行控制，将国家权力渗透到社会的每一个角落。国家通过意识形态、组织结构以及有效的干部队伍实现了对社会生活所有方面的渗透与控制。当然，全能国家并非就是“强”国家。按照学者施密特的分析，强国家意味着国家是自主的和独立的，国家独立与自主的前提是国家与市民社会保持清晰的界限。而“极权国家”指的是政治权力对非政治生活的无孔不入的政治统治，国家和社会的界限被取消，政治权力渗透到人的社会、文化、宗教生活的一切领域，社会秩序完全由政治权力来达成，个人不再有任何私人空间或自由。换言之，社会彻底地政治化，一切皆属于国家，没有任何东西存在于国家之外。全能国家与极权国家的区别在于，全能国家并不一定是极权国家，因为

① 〔英〕麦克奈尔：《政治传播学引论》，殷祺译，新华出版社2005年版，第212页。

尽管在理论上全能国家可以深入社会的各个领域，但在实际生活中，它可能并不如此去做，它也可以采取某种形式的分权。

三、国家作为政治传播主体面临的挑战

国家作为政治传播主体，是以国家是人类政治生活的主体形态为基础的。因此，当“国家”作为人类政治生活的主体形态受到挑战，可能作为传播主体的它也会相应地发生一些变化。

国家作为人类政治生活的主体，随着人类社会的发展受到两个方面的挑战，其一是全球化，其二是区域化。

全球化这个概念最早来自于经济学，指的是产品国际化，金融资本在不同国家的自由流动，世界经济在本质上变得更加一体化，更多的经济活动超越了民族国家的界限；随着全球性经济力量的强大，民族国家的权力正在逐渐下降。全球化从经济概念开始，逐渐演化成一个文化、政治概念。文化全球化指的是随着信息和商品的流通，不同文化之间的差异不断缩小而趋于一致的过程，比如卫星通信的传播、电信网络的发展、世界媒体的合作等。政治全球化是指超国家的国际组织在政治生活中日益重要，民族国家政府决策日益受到跨国跨地区政治组织的影响。“全球化会改变我们对政府（一个国家的政府）的定义，使其越来越不适应于不同国度（或通常称为民族—国家）的政府吗？我们正在迈向这样一个新的世界吗？在这里，一国政府再也不能成功地在其国家的边界之内对合法使用武力的权力保持排他性的管制以实施其统治。这些决策，对这些国家的公民有约束力，对这些国家的政府也一样。”[①]简而言之，全球化是指世界政治、经济、文化等各个要素超越国界和地域限制而互相影响并走向一体化的发展趋势。在这种趋势下，传统的民族国家之间的界限日渐模糊，世界性的、国家性的和地方性的事务互相影响，世界各个要素之间关系密切，世界变成了一个“无国界的社会”。

全球化对国际人类政治产生了深远的影响。第一，全球化带来了国际格局的变化。冷战以前的历次国际格局的形成和打破，都是军事实力发生变化的结果。全球化改变了国际政治格局转换的动力和方式，经济因素成为影响国家间

① 〔美〕达尔：《现代政治分析》（第六版），吴勇译，中国人民大学出版社2012年版，第42页。

关系的重要条件。第二,全球化改变了安全、权力等国际关系概念的内涵。传统的军事安全观受到经济安全观的冲击,经济安全成为各国的首要考虑。亚洲和拉美经济危机爆发后。世界各国深感经济安全的重要性,因为一旦发生金融危机,不仅会使国家经济倒退若干年,导致社会动荡和政权更迭,而且在国际经济组织的附带条件援助下,还会影响到国家主权的完整性。第三,全球化使原来属于一国的问题变成了全球性的共同议题,贫穷、环境、能源、生态等问题成为影响各国的问题,全球相互依赖与合作加深。第四,全球化对民族国家的主权提出了挑战,全球化使民族国家处理国内和世界事务的能力降低,有学者指出,这将会导致空心国家、无边界社会的出现。第五,世界社会体系要求用一种新的秩序来处理民族、宗教及全球问题,一种新的世界秩序正在形成。①

那么,全球化和传播进而与政治传播和政治传播主体是什么关系?可以看出,全球化与传播的关系近乎于"同质化"。与我们前面所述传播的"社会性本质"一致,全球化过程是"社会"超越特定"国家"形态而转化为"全球"(人类)形态的过程,"全球"(地球村)是"社会"呈现的全新形态。这一过程也正是一个传播的拓展过程。正像国外学者哈特所言:"传播不仅表达也组织着全球化运动,并通过各种手段在增值和结构其中的相互连接。它不但表现而且控制着所有传播连接中的想象的意义和方向。"②正因如此,传播学研究者直接把全球化理解和解释为传播的全球化。有学者认为,全球化所意味的,无论是社会关系的强化、地域的连接,还是事件的互为影响;无论是世界的压缩,还是世界整体意识的增强;无论是人类生活经验的相互联系和依存,还是世界的网络化;无论是图像和实践的流动,还是信息的集中,都源于传播,并表现为传播。把世界上所有的民族和国家都卷入其中的全球化过程,其实是一个传播全球化的过程。因而从本质上说,全球化是一个传播性概念。信息传播全球化的现实表征是:媒介生产和消费的全球化,以及全球和人类社会中事物的高度媒介化,全球传播语境下的人类共存于一个高度媒介化的世界内。正是因为全球化所带来的传播主体的变化,他们迫不及待地要构建一种"全球传播学"。③

在此我们不评价所谓全球传播学,就全球化对国家作为政治传播主体的影

① 参见景跃进主编:《政治学原理》,中国人民大学出版社 2010 年版,第 84 页。

② 转引自陈卫星:《传播的观念》,人民出版社 2004 年版,第 7 页。

③ 李智:《全球传播学引论》,新华出版社 2010 年版,第 99 页。

响和挑战而言还是显而易见的。第一,国家不再是政治信息的唯一发出者。在全球化的政治格局中,除了主权国家外,跨国公司、国际非政府组织、个人政治精英纷纷扮演起政治传播的主体角色,发出自己的政治主张与政治信息。在这方面最突出的是跨国公司,经济盈利似乎不再是他们的唯一目的,他们过去只是寻求机会搭乘政治的便车,而现在是纷纷制造政治之车,几乎成为经济与政治的混合体了。第二,由于国家界限的模糊,政治传播中的政治信息逐步突破"国家利益"的政治性和意识形态规限,所传播的超越政治国家意义的人类性、全球性、文化性、经济性甚至娱乐性的原本"非政治性"话题,都直接或间接地转化为政治性的话题来传播、讨论。第三,由于国家界限的模糊,国家作为政治主体的综合影响力下降,作为政治传播主体的国家的政治传播控制力和影响力也随之大大下降。

当然,"全球化"虽然使国家作为政治传播主体面临诸多挑战,但是,无论是对国内政治传播而言,还是对国际政治传播而言,毕竟还无法改变国家主体的主导地位。

国家作为政治传播的主体,一般情况下是就国际政治传播的理论场域而言的。国家对国内的政治传播往往以"政府"的形态实现。换句话说,政治传播中,国家与政府是合二为一的。我们平常所说的"政府"有狭义、广义之分,狭义的"政府"是指国家的行政管理机构,广义的"政府"是指由所有的国家公共权力机关(包括立法、司法、行政和军队等)所组成的整个政权。狭义的"政府"从属于国家,广义的政府即国家。"在一个由所有团体、协会、机构、集体与个人构成的政治体系中,政府的影响力是最大的,因为政府与暴力的合法使用有独特的关系,并且还可以运用或者少有可能运用与这种独特关系相伴而来的影响力。这就是现代政治分析聚焦于政府和国家的影响力的理由,这也是当代政治学家那么关注政府和国家的理由。"①政治传播中使用"政府"一词,还无法刻意把它与国家区别开来,所以,一般对内来说政府即国家。这就是我们为什么没有把"政府"与"国家"、"政党"并列为政治传播主体,进而对"政府"进行单独考察的原因。

---

① 〔美〕达尔:《现代政治分析》(第六版),吴勇译,中国人民大学出版社 2012 年版,第 43 页。

第五节　政党作为政治传播主体

国家的历史悠久。即便是“现代国家”，其在政治意义上与历史中各种形态的国家并无本质的区别。所以，一说到国家，人们就立刻从古希腊的城邦国家说到现代民族国家。但是，政党却不同，政党一开始就依附于国家。一般公认的是，现代意义上的政党组织雏形源于17世纪70年代的英国辉格党和托利党以及此后的美国政党。从形式上看，最早建立的英美政党都是经由政治派别衍生而来的。在英国，1679年至1680年间围绕着信奉天主教的詹姆斯公爵的王位继承权问题，议员们之间发生了激烈的争论。支持国王的“宫派”被对手指斥为“托利党人”，而反对国王的“乡派”则被对方贬称为“辉格党人”。尔后，这两个贬义词却分别被政敌双方“自豪地采用”。在此后的一系列议会争论中，双方形成了相对稳定的阵营，政治派别就此出现。

在英国，从“辉格党”和“托利党”的最初形成到演变为自由党和保守党的对峙，经历了一个漫长的历史过程。在这一过程中，政党组织形态和组织性质发生变化的主要动力，来自于社会政治制度的巨大变迁。一是19世纪所进行的两次议会改革，以及由此而来的选民数量的急剧增多。这促使原本只关注于议会议员且仅仅在议会活动的“议会党”开始转向普通选民并着手于议会外的政治活动，进而转变成为全国性的政党。二是随着“虚君政治”的出现和议会主权原则的确立，责任内阁制原则得以落实。这意味着在定期举行的选举中，选民投票支持政党而非候选人个人。赢得议会多数席位的政党掌握政府的全部权力，并对一切公共政策及其后果单独承担集体责任。因而民众对政府的控制，是通过选民每隔一段规定的时间重新给予执政党统治权或把它移交给反对党的方式来实现的。随着时间的推移和制度的成熟，现代意义上的政党和政党制度终于形成了。美国政党政治的发展，同英国相似，也同样经历了曲折复杂、时散时聚的过程。以英美政党为代表的早期政党，在政党发展史上占有重要的地位，对于我们今天认识政党政治具有重要的意义。

在英美两国首先出现的政党政治随后在欧洲其他国家也开始发展起来。在马克思、恩格斯的影响下，在最早的社会主义政党经验的感召下，19世纪末20世纪初欧洲许多国家都成立了社会主义政党。同时，欧美国家现代政党组织的发展也深刻影响着非西方的发展中国家。完整的政治主张、全面的组织形式和严明的组织纪律使得政党成为政治斗争中最有力的武器，因而亚非拉国家那些意图在政治上有所作为的人们，或是主动地模仿或是被动地卷入，纷纷在本国建立起各式各样的政党组织，展开了激烈的政治斗争，其结果就是现代政党组织在世界范围内的扩大和发展，以至于今天政党组织在几乎所有国家的政治生活中都扮演着极其重要的角色。

现在，无论怎样定义和认识政党，政党的基本性质由以下几个方面构成：首先，政党是指特定群体中的一部分。确切地说，政党是指这一群体中的活动分子，其实这是 party 一词本来的意思，也是中文传统词汇“乡党”或“同党”之中“党”的传统含义。其次，政党是拥有特定政治目的的组织。这一目的就是获取国家政权、执掌国家政权以实现自己的政治理念。近代以来的政治生活表明，在争取和巩固政权的过程中，唯有政党才是最有效的政治组织形式。再次，政党是具有政治性的组织。政党作为一个政治组织，其内部结构、权力关系和工作程序具有重要的意义。政党的组织不仅是稳定的，有着特定的层级结构，而且必须通过民主的组织原则才能使自身成为一个组织整体。最后，由上述特点所决定，政党必然是政治生活的主体。政党作为特殊类型的政治组织，其地位和作用是其他社会组织或政治团体所无法替代的。[①] 正因如此，人们普遍认为“现代政治就是政党政治”。

政党的类型非常复杂，在政治学的理论上，从历史起源和发展道路的维度被划分“内源性政党”与“外源性政党”；从组织结构和组织形态的维度被划分为“权责党”或“干部党”与“群众性成员政党”、“全方位政党”和“卡特尔政党”；从行动策略与政治行为偏好的维度被划分为“执政党”与“在野党”或“反对党”；从政党的组织形态与其行动策略等因素综合的维度被划分为“政党民主模式”与“理性—效能模式”，“群众—官僚政党”与“选民专家政党”；从社会基础和阶级特性维度被划分为“工人阶级政党”或“无产阶级政党”与“资产阶级政党”或“资产者政党”；从意识形态立场和价值原则以及相应的政策主张维度被划分为以马克思主义为理论指导的、主张共产主义的“共产党”，主张民主社会主义/社会民主主义思想体系的社会党和社会民主党，坚持保守主义价值观

① 参见景跃进主编：《政治学原理》，中国人民大学出版社 2010 年版。

念和理论主张的“保守党”，与保守党接近但又有独特的传统思想资源、主张基督教民主主义理论的基督教民主党，相信自由主义理论的“自由党”，以及诉诸民族主义的政党。

一、政党与国家关系的几种形态

说到政党与国家的关系，情况比较复杂，大体可以分为以下三种情况：第一，国家在政党之中，可以称为“党国一体”。19 世纪末 20 世纪初的社会主义政党，它们最初主要在议会以外展开社会政治活动，包括提出和宣传社会改革与改善社会福利的政策主张、教育和动员工薪阶层、利用各种组织活动吸引广大工人接近党组织、在工作场所或社区建立基层组织并吸收更多的积极分子入党等，它明显地不同于“权贵党”而被称为“群众性成员政党”，只是到了后来，随着它们逐步变为执政党，才演化成“党国一体”之党。

第二，政党在国家“之上”，可称为“党国平衡”。在近代西方，随着社会政治制度的变迁，政党组织也在发生相应的嬗变。一个突出的特征是，政党的意识形态色彩大为减弱，政党之间的分歧与对立开始淡化。政党内部上层领导集团的地位持续加强而党员的作用不断下降。政党有意或无意地减少其对某一特定社会阶级阶层或社会群体过多的倚重，而谋求在社会全体成员中更广泛地吸引支持者，同时亦减少其对某一特定社会集团的倚重而力图保持与各种利益集团接近的渠道。这被概括为“全方位政党”。“全方位政党”在国家与政党的关系上与“党国一体”非常相似，但是，政党以政治立场而在国家之上。

第三，政党在国家之中，可称为“国党一体”。20 世纪后半期，西方政党中出现“卡特尔政党”。这种政党在新的社会政治条件下形成。所谓新的条件在政治生活层面表现为，各派政治力量的目标不再是主张或反对大规模的社会改革，甚或不再是有限的微调改良，由于政治本身日益变得专业化和职业化，政党之间有限竞争的着眼点，变成争论究竟谁能提供更有效和更有利的政府治理。原先那种政党与国家相互分离的状态不复存在了，现有政党与国家相互渗透和融合，政党控制着国家，但政党也融入了国家。政党实际上已经成为国家机构的组成部分，尽管名分上有所不同，但都是“半”国家机构或“准”国家机构。在选举竞争层面则表现为，政党之间不再为争夺选民支持或瓜分支持基础而争斗不休，而是在有限度的范围内并且在有控制的条件下以有利于保证相互之间的组织生存为前提分享自己的那一份。由此,又对政党的政治行为和政党的内部关系产生了重大影响:政党不再依靠党员的财政支持和人力资源,不再谋求独立的政治传播组织和手段,相反却是依赖国家补贴进行资本密集型的政治活动,依赖国家所提供的特权而利用大众传播媒体进行政治宣传。与此同时,党员的权利与义务不清或实际上等于空白,与非党员的界限模糊,党员处于原子化的个体状态而不再是组织起来的。党的领导层通过自身机构设置而获得合法性,大权独揽,决定一切方针政策,于是,这时的政党完成了蜕变而成为一种全新的类型。对于每个政党而言,纲领已不复重要,党的地方组织和基层组织也失去原初的作用。[①] 可以看出,“卡特尔政党”在政党与国家的关系的形式上,似乎非常类似于“党国一体”,但是两者却有根本的不同:一个是政党全面“控制”国家,一个是政党全面“融入”国家。

政党在政治中的作用举足轻重,完全可以这样说,现实的政治是政党控制国家的政治。“在国家与社会关系方面,政党的一个首要功能是整理公共意见,检测公众态度,并将其传送给政府官员和领导人,以使统治者与被统治者、公众与政府,步调保持相当的一致。政府的完全代表原则依靠着这一关系。从这一角度,我们可以将政党首先视为公众和政府间的中介变量。”[②]

在这种政治中,政党的功能强大而全面,而政治传播无疑是其极为重要的功能。著名的政党问题研究者麦克雷迪将政党功能表述为代表(代理)功能、转换和聚集功能、整合(参与、社会化和动员)功能、劝说/压制功能、领导人的纳用和挑选功能、政策考量和制定功能以及控制政府功能等七项。从一般的理论上讲,政治传播是政党政治的十分重要的内容。按照政治学功能主义学者阿尔蒙德的理论框架,“社会化与政治动员”是政党在政治运行中的最重要功能之一。所谓“社会化与政治动员”就是政党作为特定人群的集合体,利用组织教育、培训、宣传、动员等手段,将自己的意识形态和价值观念灌输给党员大众,以期将这些意识形态和价值观念内化为党员和大众的个人性选择,同时动员党员和大众参与特定的政治活动,如募捐与捐献、竞选、投票、集会、游说、游行和签字写信等,以有组织的方式宣示和传播某种政治要求和政治意愿。通过这一功能,政党使民众了解政治常识,掌握政治技能,进入政治领域,参与政治活动。其

---

① 景跃进主编:《政治学原理》,中国人民大学出版社 2010 年版,第 290 ~ 292 页。

② 〔美〕阿普特:《现代化的政治》,李剑等译,中央编译出版社 2011 年版,第 115 页。

实,这只是一种狭义的政党的政治传播功能。麦克雷迪的七种功能理论,以及阿尔蒙德的目标制定、利益聚集和利益表达、社会化与政治动员、政治精英的形成与推选,都可以囊括在“政治传播”的功能之中。

当然,从理论上讲,政党作为政治传播主体应该不同于国家作为政治传播主体。譬如,国家通过政府而进行的政治传播,应围绕着政府的政治职能和政治任务而进行,可能内容更为具体、受众更为细分、效力更为强制。而政党的政治传播,可能内容更为宏观,主要起到动员和表达作用,其效力并不具有权力作用。

但是,现实的国家是由政党来领导的,因而,政治传播中政党的地位和意义更加凸显。如果说国家作为政治传播主体,主要适用于国际政治传播的理论论域(对内通过政府实现),那么,当政党控制国家之后,即“执政”之后,国家的政治传播就基本转化为政党的政治传播。在这种情况下,政党作为主体的政治传播就有两层基本的含义:其一,在自己竞争政权时以政治竞选为核心的政治传播,这往往是对民主政治的多党竞争执政的国度而言的。其二,执政后“党国一体”的政治传播,这往往是对集权政治的一党执政的国度而言的。

二、政治竞选的媒体操持:民主政治中的政党政治传播

政党作为政治传播主体,其功能的发挥和实现,在不同的政治体制中有着十分不同的表现形态。其中,在民主政治体制中与“政治竞选”有着本质性的联系,甚至完全蜕变为围绕着政治竞选的媒体操持。在此意义上,民主政治中的政治传播就是围绕政党政治竞选的媒体战争。

对于民主政治中的政党来说,选举是其通过得票率门槛而进入正式的政治舞台——代议机构,进而获得政权的关键环节。选举制度的具体设计因而又能够对政党与政府的具体形式产生决定性作用。在这个意义上讲,政党制度与选举制度以及政府制度之间形成了复杂的连带性关系,这也是人们经常提到的制度关联性问题。

对于民主政治中的政党选举与媒体之间的关系,英国政治学者唐纳德·萨松这样描述道:

> 当收音机和电视的影响较小时,左派政党依靠他们自己的组织和他们自己的亚文化群来传播他们的消息。即使在选举运动期间,相对

复杂的议事日程也会从领导到追随者这样被传播下去，后者会依次把这个消息传到他们的地区和工厂，对这个消息进行改编以适应特定的观众。20 世纪 50 年代，社会主义和共产主义的领导人能够在露天广场或在大厅召开的忠实的追随者的大会上直接进行演讲，并用一种加以相对选择的语言详细阐释党的政策。现在，政治信息通过一种复杂的由高到低的通讯系统加以筛选。领导者不直接同他们的忠实的追随者讲话，而直接同人数众多但缺乏注意力的观众讲话。他们同系列幽默剧、电影和肥皂剧竞争。政治家的消息必须言简意赅——是值得赞扬的"一针见血"，由于政治产品是相似的——繁荣、无通货膨胀、低税收、优良的公共服务，等等——政治家倾向于传播同样的消息。由于高层领导人较易获得接近媒介的机会，所以存在着一种明显的对个性的关注。相应地，通常要根据他们在电视上进行表演的能力来选择领导人。当必须当场表决时，成员们没有时间进行民主协商。而且对其对手的政策的反应必须迅速及时。这使得制定决议的权力极大地集中在领导者手中。现在，主要的政策是领导人在电视上宣布的，因此，实际上能够迫使他们的党接受新的路线——不论是布莱尔放弃党章的第四条，还是奥凯托改变党的名称的决定都是这样。与领导的决定不一致将会从总体上削弱党，并且会冒选举的危险。由于领导人在电视上争夺地位并从事口舌之战，所以党的政策的复杂性便化为乌有。①

德国的哈贝马斯对此也做过深刻分析。他指出："借助媒体和领导人与电视观众即时联系的方式实现的政治问题的个人化在相当程度上提高了政治的直接投票化倾向，并且减少了政党组织的重要性。随着公共劝说蜕变成市场研究，从外部主导的社会关系逐渐超过了党内成员的内部沟通。"②

可以看出，在政治民主的国家里，政党作为政治传播的主体，其政治传播的功能由"政治沟通"、"政治社会化"、"政治教化"逐渐向为了政治竞选的"媒介化政治"转变，"政治媒介化"几乎彻底转化为"媒介化政治"。政治在政党手里

---

① 转引自杨雪冬、薛晓源主编：《"第三条道路"与新的理论》，社会科学文献出版社 2000 年版，第 134 页。

② 同上，第 84 页。

完全变成了对媒介的操持。正像西方学者多丽丝·格雷伯所说:“不能否认,全世界政治圈子里的人们都认同媒体的重要性并且做出了回应……这种重要性……体现在世界每一个地方的政府行为上,不论是独裁集团还是民主政府,它们都试图控制媒体产生的信息流,惟恐现行政治体系遭到颠覆。”①

三、政治教化的媒体控制:集权政治中的政党政治传播

如果说,政治民主的国家里,政党作为政治传播的主体,将其政治传播转化为“媒介化政治”,“政治”变成了对媒介的操持,那么,“操持”是需要专业水平的,也就是说,对媒体的“操持”是以一定的政治文明为基础、以先进的传播技术为载体、以科学的传播理论为指导的。而在集权政治中,情况则不太一样。集权政治中的政党,是天然的执政党,作为政治传播的主体,它的主要目的是政治教化。政治教化通过政治宣传而实现。政治宣传中的媒体没有自己的规定性,是地地道道的“工具”而已。随着人类政治文明的进步,集权政治中的政治宣传也逐步向政治传播转变,这个时候,从整体上看,政党作为政治传播的主体一个最本质、最突出的特点是“党国一体”。党国一体,国家意志被洇渗在政党意志之中,政治传播就转化成对媒体的控制,被控制之下的媒体就是政党政治教化的“喉舌”。

“党国一体”的国家,在政治学中被称为“政党国家”。美国政治学者波齐专门研究了政党国家。他说:“过去以及现在存在着许多不同的政党国家。不考虑第三世界国家的特点,政党国家在20世纪的工业社会中主要有两个变量——法西斯政党国家和共产主义政党国家。”②波齐将政党国家视为一种新型的国家类型,由此形成的政党国家体制是一种不同于西方自由主义民主政治特征的政治国家。他以当年的苏联为例,认为在这种国家中,“或者是通过公开宣称,或者是通过建设制度安排,共产党享有不受挑战的惯例以及决定性的宪法权力所享有的永久性的、独占性的利益。共产党通过自己的机构行使权力,但是要通过制定日常的、约束性的政策,领导国家,利用国家资源产开展活动”③。

---

① 转引自〔英〕麦克奈尔:《政治传播学引论》,殷琪译,新华出版社2005年版,第48页。
② 〔美〕波齐:《国家:本质、发展与前景》,陈尧译,上海人民出版社2007年版,第149页。
③ 同上,第149~152页。

波齐之后,更为全面研究“政党国家体制”的政治学者是萨托利。他在《政党与政党体制》中认为,“党国体制”一词恰当地概括了一党制国家的权力机构与制度安排,以及执政党的空间结构。在党国体制中,“第一,公共行政大体上只是党务的副产品,政府官员虽然不都是党员,但取决于一党制下政党的党员制度安排;第二,凭才能任命的文官制度与党务职业体制同时存在,政党控制官僚的处理方式有利于效率的获得;第三,在技术工作上,党必须吸收技术人才,以便于调整政党官僚与技术专家的关系;第四,国家机构之间的关系也存在着相互调整的问题,但其复杂性存在着较大的变数”①。萨托利感慨地说:“尽管我们可以说社会塑造了政党体制,但是不能说社会塑造了党国体制,恰恰相反,正是党国体制塑造了社会。”②

党国一体的国家的政治发展,被匈牙利政治学家玛利亚·乔纳蒂讥讽为“自我耗竭式的演进”。在他看来,党国一体的政党国家是以包括苏联、中国、罗马尼亚、匈牙利等原来的“社会主义阵营国家”为代表的,他用极为复杂、具体的实证模型动态推演了政党国家的政治结构及其运行结果。他认为,政党国家体制首先是一种“具有科层要素的结构”,这种结构由政党科层、国家科层、国有经济部门、党国科层互联关系和结构性反馈五大要素构成,在“党”和“国”两个科层内部分别有自上而下的科层依附路线和自下而上的利益提升路线,党、国科层结构以国家垄断经济所有权以及因垄断而带来的可供攫取和分配的资源为基础。这样政党国家体制中各个互连关系其实是一种权力关系,通过组织结构、活动结构和录用结构,把党科层结构与非党科层结构联系起来,最终形成一个“网络结构”。因此,政党机关的执行力以及国家对经济组织的控制就被结构化与制度化了,反过来又在某种程度上模糊了科层结构的等级规则。更为重要的是,乔纳蒂指出:政党国家体制是一个具有成本和收益计算的“理性选择结构”,政党对权力的过度使用,最终会导致资源枯竭、权力瓦解和政治崩溃。③

---

① 〔意〕萨托利:《政党与政党体制》,王明进译,商务印书馆 2006 年版,第 72 页。

② 同上,第 74 页。

③ 乔纳蒂这本书副标题为“政党—国家体制的模型与验证”,其实应译为“党国体制”。“党国体制”不同于西方学者讨论西方政党政治所使用的“政党国家”的概念。因为现代工业民主国家有政党主导的国家体制,但没有专属于共产主义革命理论与政治实践中的“政党国家体制”。参见〔匈〕玛利亚·乔纳蒂:《自我耗竭式演进:政党—国家体制的模型与验证》,李陈华等译,中央编译出版社 2008 年版,第 24 ~35 页。

随着人类政治文明的发展，党国一体的国家也在“转型”。一个突出的特点是，这种政治体制中的媒介，已经不是阿特休尔所说的“不太重视其商业功能”，而是从单一的政治宰制中走向了政治与商业利益的“双重宰制”之中。政治权力与商业利益的博弈，已然成为这种媒介体制的最深陷阱。

当然，毫无疑问，随着人类政治文明的进步，这种体制的国家也在“转型”之中，总的来讲，是从专制转向民主。尽管所谓的“民主”的意涵和形式不尽相同，但毕竟都在“民主”。以中国为例，中国是很特殊的“党国一体”的国家，但是中国却是努力“收缩与调适”的国家。美国学者沈大伟就以《中国共产党：收缩与调适》为题，研究了中国共产党在作为政治传播主体方面的颇有成效的所作所为。他说：

> 在这里“调适”是关键的概念。所有政党包括共产主义政党就像植物一样，如果得不到足够的养分和阳光，就会枯萎死亡，但倘若受到“调适”的刺激，就会生机勃勃。事实上，正是这种枯萎死亡的危险，才能促使它们进行调适和发展。此外，僵化和调适并不必然会相互排斥，相反它们常常形影不离。
>
> ……作为一种建制，中国共产党对思想、社会、经济和政治生活各个方面的控制力已经不断减弱。长期以来，中国共产党的传统控制手段——宣传、强制和组织——全都出现了相当大的收缩和弱化，尽管它们仍然是有效的控制手段。全球化以及中国与外部世界的全方位交往进一步削弱了中国共产党对社会的控制。……最能够表明中国共产党处于收缩与调适的双重状态的地方，莫过于信息和意识形态领域了。较之于奥威尔式的毛泽东时代，宣传系统的效用现在已经大大退化了。宣传系统如今受到信息革命和全球化的冲击，但它仍然是一个有效工具，使党和国家能够控制公众和官员所接触的大部分信息。于是，在许多方面，宣传系统成为中国共产党收缩与调适过程的缩影，而收缩与调适如今已经成为中国共产党执政的特征。
>
> ……随着意识形态本身性质的变化，向社会大众灌输意识形态的手段也发生了变化。宣传系统是中国共产党执政（以及党的各种组织和压力政治）的基本工具之一，也必须适应中国对外开放的新环境。干部和群众如今可以接触到中国共产党宣传部门无法控制的信息来

源。这使得宣传部门自20世纪80年代以来一直处在不断收放的反复循环中。①

第六节　社会共同体作为政治传播主体

这里所谓的共同体,对应于我们前面对政治传播主体的分类,应是“集团”形态。“共同体”本是一个来源于社会学的概念,最早是德国社会学家滕尼斯把“共同体”从“社会”中分离出来,他据此提出区别于朦胧之“社会”的“血缘共同体”、“地缘共同体”和“职缘共同体”。现在,这个概念已经被用滥了,各个学科从不同的角度弄出了各种“共同体”。

一、两个层面的政治共同体

在政治学中,也有“政治共同体”之说。人们对政治共同体有不同的理解。如亨廷顿认为,政治共同体以种族、宗教、职业和共同的政治机构为基础,它有三个要素:一是对政治和道德规范的某种共识;二是共同的利益;三是体现道德一致性和共同利益的政治机构及政治制度。他认为,一个社会所达到的政治共同体的水平,反映了构成该社会的各种社会势力与政治制度之间的关系。多伊奇把政治共同体看作是类似于政治系统的东西,他说,政治共同体是“辅之以强制和服从的社会互动者”,它由形形色色的政治行为者构成。哈斯把政治共同体当作是一个理想的、典型的政治单元,认为政治共同体最主要的要素不是地理区域而是政治关系,尤其是公共的政治权利以及公民对核心政治机构的忠诚。伊斯顿把政治共同体看作是联结政治系统成员的一种纽带,最基本的要素是情感的联结。他对政治共同体所下的定义是:“政治共同体这个概念,指的是政治系统的一个方面,它是由政治分工联合在一起的人群团体。”②

“政治共同体”可以从两个层面来理解:一是从“本体结构”层面理解,可称为“狭义政治共同体”。像亨廷顿、多伊奇、伊斯顿所说的政治共同体都在这个

---

① 〔美〕沈大伟:《中国共产党:收缩与调适》,中央编译出版社2012年版,第6页、第4页、第153页。

② 〔美〕伊斯顿:《政治生活的系统分析》,王浦劬等译,华夏出版社1989年版,第206页。

层面上。对于现实的政治生活来说，这个层面的政治共同体的典型形态是国家、政府、政党。二是从"功能发挥"层面理解，即实际中发挥了"政治功能"的共同体，可称为"广义政治共同体"。

"广义政治共同体"，实际上就是在传播学中被冠以"社会组织"的许多社会共同体。毫无疑问，这些共同体都有强大的"传播"功能，比如，经济的、文化的信息传播，某些条件下及某些时候，它们也传播了"政治信息"，不但被赋予一定的政治传播功能，甚至据此而成为"政治传播主体"。

关于这一点，传播学专家罗伯特·福特纳进行了深入的研究。他以"国际传播"为研究对象，在他看来，"政治本质"是国际传播的最主要特点之一。他认为：

> 从某种意义上说，所有的国际传播都具有政治性，都带有政治色彩，传播可以公开带有政治性质，也可以隐含政治色彩，或者只是受国家政治经济政策的影响。但是，国际传播的政治因素是其本质固有的。即使某些特殊组织，如国际宗教广播电台，虽然通常不以针对政权为目的，但仍有其政治性，这是因为政治因素跨越了国家和民族的界线，是因为不加控制的信息威胁到了知识垄断这一政权统治的基础。①

以国际性的"社会共同体"为例，那些"公开的政治传播"自当不必多说——所有的传媒性的，特别是由政党或国家控制的传媒性的"社会共同体"无一不是一种"政治宣传"。"隐含的政治因素对联合国举办的各种活动和讨论产生的影响较多。这些活动包括和平利用外层空间委员会就有关缔结条约进行的讨论，国际电信联盟会议中所进行的讨论……隐含的政治因素还会影响到联合国各专门组织如联合国教育、科学及文化组织的其他活动，或一些委员会如研究传播问题的临时委员会的活动。尽管这些组织表面上与政治无关，但其工作进程和议题却受到各种国际势力的影响。"②

---

① 〔美〕罗伯特·福特纳：《国际传播："地球都市"的历史、冲突与控制》，刘利群译，华夏出版社2000年版，第8~9页。

② 同上，第9页。

二、中国特色的政治传播主体

多数学者认为，在当代中国，政治传播的主体也是多元的。有学者从“体制内和体制外”两个层面来分析。一为体制内层面，主要是国家、政党，体现国家和政党政治意志的各级政府，以及政府领导下处于半独立性地位的主流媒体。这些组织或他们的意志代言人是政治传播当然的主体，由于政治意志表达和政治统治与治理的需要，他们也是政治传播中占据主导地位的主体。这些主体在传播过程中担当的角色是复合的，政党在政治传播过程中既可以是决策者和领导者，同时也可以是直接的传播者；而政府在实际的治理过程中，也可以是一次政治传播的直接传播者，又可以是同一次政治传播的解释者；在政治传播过程之中，主流的媒体接受政府的领导，作为政府的“喉舌”居于半独立性的地位，亦可同时承担策划者、传播者和解释者的角色。二为体制外层面，主要指在宪法和基本法律框架下活动的来自于社会（狭义的社会）和民间的主体，包括各种社会和民间的组织和团体、利益集团、大家族等等。基于自身的和其代表的组织集团的利益要求，这些主体成为不可或缺的政治传播的主体，在正常的社会秩序下，这些体制外的主体处于体制内主体的领导之下，体制内主体的活动和体制外主体的活动则处于相互监督之下。与体制内的主体相似，体制外的这些主体在政治传播活动之中担当的角色也是复合的，并且在社会转型过程之中，扮演着越来越活跃的角色。①

在我们看来，目前的中国，国家（政党、政府）仍然是政治传播的主体，主导着政治传播的过程，因此，我们在认识上，仍然要坚持这种主体的主导地位不能动摇的理念。具体地说，政治传播的“多元主体”在中国还不现实，各种“社会组织”的政治传播功能还有待于挖掘和培育。至于政治传播的“无主体”说，更是一种对政治传播的误读，是把一般的大众传播无条件地生套在政治传播上。现在有一种观点认为，目前中国社会存在着政府、精英、平民三大政治话语传播系统，而且三大话语系统不交融，其后果是导致“社会撕裂”。其实，在目前的中国，并没有真正的“政治精英话语体系”。独特的政治与行政不分的体制，导致了所谓的政治精英一般都在“体制内”。共同的政治立场与利益，使得所谓的政

① 黄华莉：《当代中国政治传播的行为主体分析》，武汉大学硕士学位论文 2004 年，第 6 页。

治精英话语体系往往就是政府话语体系,或者说,政府话语体系往往通过自己的政治精英话语体系来表达与传播。至于“平民政治话语体系”在中国则还是一种“政治奢望”:场域很小、通道很窄、偶然性很强、影响很微弱,完全不能用与政府话语体系并列的“体系”来描述和总结。

我们的这种看法基于如下四点认识。第一,中国特色社会主义的政治体制有其特质。这种特质对于政治传播来说就是政治传播的主体是政党、政府、国家“三位一体”。中国共产党是来自人民群众的执政党,因而从根本上代表着民族和国家的利益;政府在政党的领导下管理和治理国家。这种政治体制决定了任何社会组织和个人都无法在与国家(政党、政府)等同地位和意义上成为政治传播的主体。第二,从现实的人类政治治理机制和政治生态来看,国家(政党、政府)仍然是政治体系、政治过程、政治传播中政治信息的元生成者,是政治信息传播的控制者和“把关人”。第三,政治传播的目的在于“政治社会化”和政治信息、政治价值观的输出,因而传播的权威性和影响力是其核心要素。而目前中国的政治传播,国家(政党、政府)的权威性和影响力无以取代。第四,在政治传播中,政治统领传播。其中,国家利益是政治传播特别是国际政治传播的“轴心”和“底线”。在目前的世界政治格局中,任何一个国家的社会组织乃至个人都无法实现对政治传播中国家利益的最大保护和捍卫。鉴于这些认识,我们还不太赞成无原则、无条件地在中国目前的政治传播中喧嚣一种削弱甚至取代国家(政党、政府)主体地位的观点。

当然,从理论上讲,国家(政党、政府)应该代表人民,因而在政治传播上应该实现国家与社会的高度一致。然而,能否在实际上做到这一点却是另外一回事。因此,在政治传播中,国家与社会的关系始终是一个决定政治传播整体状态的轴心问题。对于中国特色的政治传播而言,这个问题也不能回避。当我们强调中国特色政治传播中国家(政党、政府)作为“主体”的主导地位不能动摇时,并不排斥社会(包括社会组织和个人)的积极作用。相反,要进一步强调的是,努力培育和积极发挥“社会”的政治传播功能,实现国家与社会的良性互动,理应成为目前中国特色政治传播构建的重要战略理论之一。

从中国的实际情况看,我们长期坚持马克思主义的国家与社会观。马克思当年是批判资产阶级的国家至上主义的,因而马克思主义给我们的理想是国家与社会的高度融合,即国家的消亡、社会的高度自治。但是,马克思也说得很清楚，达到这种目标需要一个很长的社会主义过渡时期。也就是说，要达到国家与社会的高度融合，需要一个很长时期的国家与社会良性互动的阶段。我们现在面临的问题正是如何避免国家与社会的紧张，保持国家与社会的良性互动。

就政治传播主体意义上的国家与社会关系来说，我们要认识到，政治传播不只是国家（政党、政府）的事情，要在保持国家（政党、政府）主体的主导地位的基础上，承认"社会组织"在政治传播中的内在地位与作用。尤其是全球化背景下的国际政治传播，一般情况下，国家主导的政治传播极易被人理解为意识形态的宣传而产生天然的警惕和抵触，也很容易对由国家主导的政治传播产生不信任，而通过社会所实现的政治传播较少带有强烈的意识形态色彩，可能在国际受众眼中更为真实可信。因此，将社会中存在的多元利益主体，包括企业、非政府组织甚至个人的积极性发挥出来，拓展政治传播的渠道，改变过去由国家（政党、政府）包揽政治传播的局面，对当下中国的政治传播具有重大意义和迫切性。当然，发挥这些"社会主体"作用的一个重要前提，一方面，这些主体不被强大的国家权力吞噬，能够独立地发出自己的声音；另一方面，国家与社会也不能"各说各话"。这就是我们要强调的二者之间保持适度张力、实现良性互动的深刻内涵。而要做到这一点，需要我们努力培育和积极发挥"社会"的政治传播功能。

三、宗教组织是不可忽略的政治传播主体

在国家、政府、政党之外，具有政治传播功能的"社会组织"应该是宗教组织了。然而，学者们尤其是中国的学者们却都避而不谈政治领域里的宗教。有学者认为："社会组织还应包括宗教组织在内，但是宗教组织是一类特殊的组织，有着不同于一般社会组织的宗旨、目标，其布道、传教（传播）活动也有着特殊的规律与要求。因此，有关这类组织的传播行为不作专门的探讨。"[①]这可能是因为宗教与政治的复杂关系而不愿意触及宗教吧。但是，研究政治传播的主体，除却国家、政府、政党之外，最不能忽略的却恰恰是宗教组织。

政治与宗教密切而复杂的关系，是宗教组织在政治传播中可以成为"主体"的根源。从理论上讲，宗教和政治作为一定社会的上层建筑，它们既相区别又相联系。宗教和政治既是观念上层建筑，又是体制上层建筑。从人类社会的历

---

① 程曼丽：《国际传播学教程》，北京大学出版社 2006 年版，第 70 页。

史发展来看,宗教和政治的关系密切而复杂。宗教对政治的影响和制约主要表现为:一是宗教观念、信仰和情感对社会的政治思想、政治制度、政治权利、政治活动发生影响;二是宗教团体或宗教势力作为一种现实力量,通过影响甚至左右各派政治力量的对比而影响社会政治的现状;三是在有些情况下,宗教作为一种运动或社会事变影响政局。如欧洲 16 世纪的宗教改革运动,以及历史上的宗教战争都给当时的政治以很大的影响。恩格斯在谈到中世纪欧洲反封建的群众运动时总结说:“中世纪把意识形态的一切形式——哲学、政治、法学,都合并到神学中,使它们成为神学中的科目。因此当时任何社会运动和政治运动都不得不采取神学的形式;对于完全受宗教影响的群众的感情来说,要掀起巨大的风暴,就必须让群众的切身利益披上宗教的外衣出现。”①

宗教与政治的关系总是在特定的历史时代和特定的社会环境中进行的,发展到今天,已经形成了制度化的表现形式,即所谓政教关系。对全球化背景下政教关系的重新理解,是深入理解宗教组织作为政治传播主体的思想基础。政教关系既是一个国家中宗教的社会地位与社会作用的具体反映,同时又是一个国家中政治的一个重要方面。从历史及现实的情况看,政教关系的制度化形态主要有以下两种形态。

第一,政教合一。政教合一制度是进入阶级社会后政治和宗教结合最密切的形式。政教合一就其宗教与政治结合的紧密程度来说,虽然在不同时代和不同国家有所不同,但一般都表现为国教统治和神权政治两种形式。所谓国教统治是指由一个国家的统治阶级或执政当局规定一种宗教为全民信仰的宗教。这种宗教在社会意识形态中占统治地位,统治阶级用这种宗教来统治人民群众的思想意识,为现存社会制度作论证。它是维护统治秩序的精神支柱。从宗教方面来说,它并不能凌驾于国家政权之上来控制政权,而是通过积极满足国家政权的需要来求得国家政权的支持,维护自身的生存和发展。政教合一的另一种形式是“神权政治”,即教会与国家、神权与政权合为一体,宗教首领与政治首领合二为一,国家机关与宗教机构紧密结合,借用神的权威进行统治的政治体制。

第二,政教分离。政教分离是针对政教合一制度的落后性和专制性而提出的,是资产阶级对于民主、自由、平等的要求在宗教方面的反映。正因如此,政

① 《马克思恩格斯选集》第 3 卷,人民出版社 1972 年版,第 251 页。

教分离已成为世界上大多数现代国家处理国家政教关系的基本原则和制度。但是,即使在实行政教分离的国家,宗教与政治间的相互作用和相互影响,既是不可避免的,也是无法回避的。实际上,真正彻底实现政教分离的国家并不多。比如,美国的政教关系是"政教分离"的,被认为属于自由主义模式,然而实际上,美国又是一个以基督教精神为立国之本的国家。军队、学校、监狱甚至国会,都有基督教神职人员。就连美国人自己也强调基督教的价值观渗透在国家、社会生活的各个方面。美国国会两院的会议,常常以祷告开始,宗教宣誓盛行;国会有牧师,陆海军也有传教士;总统就职时,要手抚《圣经》宣誓;美国有42个州的宪法序言包含有祈祷上帝的内容。美元硬币上则铸有"我们信仰上帝"的箴言。从政治传播的特定角度看,在历次总统的竞选中,教会更是积极干预,竞选人也积极谋求宗教的支持。

上述可见,从政教合一到政教分离,并未从根本上改变人类政治生活中对宗教的依赖,反而充分显现了宗教在人类政治生活中的重要作用。既然如此,政治传播是任何一个社会统治、政治治理、政治社会化的重要基础,那么,宗教组织必然作为政治传播主体对政治传播的整个过程发生着重要的作用。

就宗教组织作为政治传播主体与政党或国家的关系而言,有两种情况:一是表面上看起来与宗教没有关系的政党或国家,巧妙地利用宗教组织进行特有的政治传播;二是宗教组织组建"宗教政党"直接成为合法的政治传播主体。

就第一种情况而言,政党或国家主体与宗教权力实现一种互补,即一方面政党或国家主体通过运用宗教资源巩固其对内统治,增强对外影响力;另一方面宗教资源借助政党或国家权力扩大其影响力,获得各种利益,这种现象已经比较普遍。

就第二种情况而言,即全球化背景下的"宗教政党"现象值得我们研究。宗教政党已然直接成为一种登上人类政治舞台的政治活动的"主体"。宗教与政治密切结合的最高形式,可以说就是宗教政党的出现。宗教政党的根本属性是政党,像其他政党一样是代表一个阶级或一个集团并维护其利益的政治组织。但是,宗教政党与其他政党的区别在于,它将宗教信条和教规等纳入党的纲领,它的党员也许分属于不同的阶级或从事不同的职业,但却有着鲜明的宗教属性和共同的信仰。宗教政党是在近现代社会政教分离格局中出现的宗教与政治结合的一种特殊形式。在宗教政党参与国家政治生活的过程中,宗教作为一种社会群体,通过自己的力量对社会发展的政治走向施加影响。在现代社会条件下,宗教政党的实力不可小觑。比如,现在欧洲的许多政党就直接以基督教命名,而且已成为同社会党相抗衡的一支重要的政治力量。它自称要在集体主义与自由主义之间、资本主义和社会主义之间寻找一条中间道路。这种政治主张借助于宗教的独特传播效力,不仅在信教的选民中有深厚的社会基础,而且对一些不信教的中产阶级和部分企业工人也产生了强大的吸引力,成为政治传播中一种独特的社会景观,具有很大的政治传播力。

政治传播不同于其他传播的特质,在于它贯穿着一种"制造同意"。然而,如何有效地"制造同意",又在于通过寻求话语体系的"最大公约数"所形成的政治共识。对于政治传播来说,要想说服不同政治立场、不同政治价值诉求的对象形成一定的共识,恰恰应在"政治"之外的宗教中去寻找。在此意义上,宗教成为政治传播中最大的"文化公约数"。

宗教之所以能成为政治传播中最大的"文化公约数",其根源在于宗教与文化的独特关系。近现代宗教学家、文化人类学家和宗教文化史家都非常重视宗教对各种文化以及对社会与历史的发展所发挥的重大影响,把宗教看成是人类文化的重要部分,甚至认为宗教是文化的核心。克里斯托弗·道森在《宗教与西方文化的兴起》中写道:"信仰看起来则远离人的世界及其成果,它引导人们走向一种更高的、更加广袤的实在境界,而不是走向政权和经济秩序所归属的有限而无常的世界。因而,它给人类生活注入了一种精神自由的因素,这种因素可以对人类社会的文化和历史命运,以及对人的内在的个人经验产生创造性的、潜移默化的影响。如果我们因而把一种文化作为一个整体来研究,我们将会看到,在它的宗教信仰与它们的社会成就之间有着一种内在的关系。甚至一种很明显地属于彼岸世界、似乎是否定人类社会的价值和标准的宗教,仍然会对文化产生刺激作用,并在社会变革运动中提供推动力。"①这是因为,从发生学角度看,宗教与文化的发生存在着内在关联。宗教与文化的发生都是人类自由自觉的类本质的体现。只有当人类在思维上实现了对动物性思维的超越,真正意义上的文化才会产生,人才会成为真正意义上的人。人类最早的思想是借助宗教的形式表达出来的,在原始文化中最早出现的就是原始宗教。不同的宗教

---

① 〔英〕克里斯托弗·道森:《宗教与西方文化的兴起》,长川某译,四川人民出版社 1989 年版,第 4~5 页。

是不同文化传统的体现。正因如此,宗教才是一种独特的文化现象,是文化中特殊的表现形态。相对于其他的文化样式,宗教的独特性主要在于它具有巨大的包容性,它不仅是一个观念体系、一种社会意识形态、一种上层建筑,它还是一种社会生活、一种历史文化现象。宗教对文化有着广泛而深刻的影响,在文化的不同层面、不同样式中都投射着宗教的影响,因此在一定程度上可以说,不懂得宗教,也就无从了解人类文化。

人类文化是在不断的交流中发展的,一种自我封闭的文化不可能保持其活力,只有通过与外界的接触和交流,文化才能获得持续发展的动力。从世界文化的发展历程看,宗教在文化交流与传播中担当着十分重要的角色。一种宗教尤其是世界性宗教发展到一定程度就必然会产生向组织外传播教义、发展信徒、扩大组织的要求。它们往往派出教职人员跨民族、跨地区、跨国家、跨文化地进行传教活动。由于进行传教的教职人员一般都有较高的文化修养,他们在传教的过程中往往扮演着文化交流使者的角色,既把本民族、本地域的文化带到异域,又通过吸收异域文化的成果充实本民族、本地域的文化,从而在一种传播、交流和融合中逐步形成了具有普遍"通约能力"的"文化公约数"。在现代政治生活中,这种最大文化公约数已然成为"政治人"动员、说服、凝聚各种复杂多样的政治力量、政治派系的不可或缺的政治话语元素。

作为一种政治共同体的民族、国家,如果固守自己特有的政治立场,在政治传播中自说自话,甚至强加于人,形成特有的文化或者政治话语体系的"帝国霸权主义",就必然形成一种"政治紧张"。由于没有宗教作为文化公约数,政治上不但不能达成什么共识,而且会直接导致政治冲突。美国"9·11 事件"典型地说明了这一点。最近,美国学者尤尔根斯·迈耶,超越亨廷顿的"文明冲突论",提出了"宗教民族主义与世俗政权张力论"的新的解释理论,令人耳目一新,其新意就是从宗教出发,以宗教为最大"文化公约数"传播他的政治观点。在尤尔根斯·迈耶看来,如果要描述冷战结束后全球政治的特征的话,不应该把它描述为"文明"之间的"冲突",而应是"宗教民族主义"与"世俗政权"或"世俗民族主义"之间的冲突。因为在二战后,西方人所赠与那些落后的民族和国家的"政治遗产"并没给那些新独立的世俗民族政治国家带来社会稳定和繁荣,反而激化了像北非、中东地区的阿拉伯国家的宗教与世俗政权之间的矛盾。在这种情况下,反对者以宗教的名义振臂一呼,就应者云集,极度宗教信仰中凝聚成了高度一致的政治行为，进而产生了极端的政治行为。美国“9·11事件”就是如此。从政治实践角度看，这是政治与宗教的冲突；从政治传播角度看，则是西方政治国家未能寻找到宗教这一文化最大公约数而将自己的政治制度、政治文化生硬地“植入”到别的民族和国家所带来的不可避免的“现代性苦果”，而美国首先尝到了这种苦果的滋味。

“文化公约数”在传播过程中，既是一种“中介”，又是一种“源头”，当我们明白宗教与文化在发生学意义上同质同源的时候，就不难理解在现实的政治中，宗教组织是具有强大功能的政治传播主体。

第七节　个人作为政治传播主体

其实，国家、政党、政府、社会组织、宗教组织都是由个人组成的，从这个意义上说，作为政治传播主体的这些群体和组织，其任何需要传播的政治信息和政治思想都首先产生于某个个人。区别在于，虽然产生于某个个人，但是，倘若这个个人属于某个组织或群体，那么他的思想需要在组织和群体中通过一定的程序进行“再生产”，之后以集体的面貌和形态出现，这个时候，就很难说这是哪个个人发出的信息和思想。而在很多情况下，个人的“发声”并不需要某个组织或者群体的“再生产”，可以直接以其个人名义、面貌、形态而出现、传播。这就是我们需要单独研究个人形态的政治传播主体的原因。

个人形态的“传播者”，在现在的传播学中也是被搞得眼花缭乱的。这可以理解，因为讲泛泛的“传播”，那可以说人人都是传播主体。在政治传播的研究中，传播学的研究者们没有把注意力放在作为个体的政治传播主体的具体研究上，而是争论一些无关要紧的话题。比如，争论在政治传播中作为“传播者”的“群体”重要还是“个体”重要——个体政治传播者和群体政治传播者，在政治传播中究竟谁占主导地位的问题，并不完全受社会学上的个体与群体关系的规定，而更多地取决于个体政治传播者和群体政治传播者所处的政治生态环境，即“民主制”、“独裁制”给研究者们所带来的一种“研究偏好”而已。其实，放在政治传播中，能够传播“政治”的个人可能不少，但是能够作为“主体”产生并传播“政治”的却不是一般的个体。现在，随着互联网带来的传播技术和传播时空的革命，作为政治传播主体的个体形态在不断地扩大，亟须我们进行特别的研究。在此,我们拟将作为政治传播主体的个人形态分为政治领袖、政治精英、意见领袖、草根民众进行论述。至于划分依据的合理与否等问题就不去考虑了,大致能把问题说明白就够了。

一、政治领袖是依赖权力获得地位的传播主体

人类的政治过程是一个领袖领导民众、民众追随领袖的过程。这是人类政治的"铁律"。政治学家米歇尔斯对此有非常深入的研究。他在考察政治组织的经典形态——政党组织的过程中,同时剖析了政治领袖产生的主客观原因,系统地阐述了著名的"寡头政治统治者的铁律"。这条"铁律"指出,极少数政治精英对绝大多数群众的统治是通过组织实现的,组织尤其是大型组织出于维持自身正常运转和追求既定目标的需要,必然在内部建立起等级制的官僚体系,而官僚制所具有的中心化趋势又必然导致大型组织的寡头政治倾向。米歇尔斯定义了大型组织中导致寡头政治倾向的具体变量:(1)组织的技术和管理上的特征。即在任何政治组织中都必须有自己的政治代表和技术专家,而这两部分人一旦(事实上也经常)合二为一,就会产生寡头。(2)大众对领导者的心理依赖。由于绝大多数的组织成员在政治上是冷漠的、盲从的,离开了领袖人物的领导和控制,组织就无法达到预定目标。(3)领导者出色的能力。由于先天禀赋和后天条件的差异,总有少数人以其超群才能脱颖而出,形成寡头。有鉴于此,人类的一切党派组织,进而一切政治系统和社会系统,都必须也只能由少数寡头统治,这是万古不变的"历史铁律"。①

政治领袖不同于一般的政治领导,政治领导对社会政治的发展以及人类政治文明的进步也可能起阻碍的作用,但对于政治领袖而言,他们对人类社会政治的发展以及政治文明的进步只能是起进步性的作用。政治领袖不是一般意义上的政治活动家、政治思想家或政治理论家,也有别于政客;政治领袖不同于一般的政治人物或者是普通的政治成员;政治领袖是为其所在的阶级、政党乃至国家利益而从事各种政治性事务活动的领导者,应是杰出代表和政治精英。

按照政治学的一般原理理解,政治领袖是政治生活和政治进程中掌握政治

---

① 参见〔德〕罗伯特·米歇尔斯:《寡头统治铁律:现代民主制度中的政党社会学》,任军锋等译,天津人民出版社 2003 年版。

领导权并能够影响和控制他人的人。正像弗洛伊德所说:“人类内在的、不可消除的不平等性的一个例证就是,他们分成了领袖和追随者这两个阶层。后者占绝大多数。他们渴望有一个权威,来帮他们作出决定,而他们在多数情况下又都无条件地服从这些决定。”①在政治学理论中,人们对政治领袖的类型做了各种各样的划分。比如,根据政治领袖的产生方式和作用形式将政治领袖的类型分为魅力型、传统型、理性—法律型、授权型和政治型等;根据政治领袖在社会历史进程中所起的作用将其分为保守型、反动型、改革型和革命型等;根据政治领袖的领导行为模式,划分为暴力强制型、非暴力影响型、控制型、积极影响型、消极影响型、负责型、冲突型、认同型、分权型、联合型、沟通型、技术型、创造型、道德人格型等。伯恩斯在其《领袖论》中对各种类型的领袖做了深入的研究。

政治领袖是在社会政治活动中自然形成的一类特殊政治主体,在政治活动和政治进程中具有特殊地位。美国学者詹姆斯·麦格雷戈·伯恩斯在其名著《领袖论》中认为:“领袖和追随者最初的源泉,在于人类需要的汪洋以及将需要转变为需求、社会抱负、集体期望和政治要求的过程。人类从一出生便有了这些需要和其他动机。”②

毫无疑问,政治领袖的作用是巨大的。就连一贯认为“人民是创造历史的动力”的马克思主义,也不否认政治领袖人物在历史上的重大作用。米歇尔斯指出,领袖可以创建一个组织,也可以毁灭一个组织。以“政党”组织为例,“党组织的解散——尽管常常是客观条件使然——几乎总是政党领袖一手促成的。只要领袖间达成和解,普通党员大众从不提出异议。毫无疑问,后者之所以如此,部分原因在于:领袖之间的分歧(只要它们是客观存在的)在很大程度上与大众的直接利益无涉,而且是他们所无法理解的”③。伯恩斯认为:“领袖的作用是塑造更加美好的未来,也就是说去追求尽可能广泛的目标和尽可能高的道德水准。”④“对于领袖来说,最重要的一条是创立一个即使在创始者去世很长时间后仍能继续实行其道德观的机构:国家、社会运动、政党、官僚政治。”⑤“领

① 转引自〔法〕莫斯科维奇:《群氓的时代》,李继红等译,江苏人民出版社2003年版,第48页。

② 〔美〕詹姆斯·麦格雷戈·伯恩斯:《领袖论》,刘李胜等译,中国社会科学出版社1996年版,第70页。

③ 〔德〕罗伯特·米歇尔斯:《寡头统治铁律:现代民主制度中的政党社会学》,任军锋等译,天津人民出版社2003年版,第131~132页。

④ 〔美〕詹姆斯·麦格雷戈·伯恩斯:《领袖论》,刘李胜等译,中国社会科学出版社1996年版,第527页。

⑤ 同上,第534页。

袖的地位是显赫的。他们有着在其国内发号施令的权力;他们的任何行为可能导致一些人的受损或者受益,可能导致一个国家的兴衰,也可能导致整个世界格局的变化,甚至可能会改变人类历史发展的走向。”对于任何政治组织来说,没有了政治领袖,“他们便纷纷作鸟兽散,他们似乎天生就缺乏重新组织起来的能力,除非有新的领袖出现并取代原来的领袖,他们始终是一盘散沙”①。

从政治学上讲,政治领袖之所以能成为政治领袖,在于其拥有政治权力。政治权力是政治领袖规定性中的必要性和基础性条件。没有政治权力,他们可能是“英雄”或“精英”,但不能成为“领袖”。伯恩斯认为:“要想了解领袖的实质,需要了解权力的本质,因为领袖是一种特殊的权力形式。”②领袖是权力的化身,因而也是政治资源的掌控者。尽管权力和政治资源来源于“人民”,但权力和政治资源如何运用却是由领袖或者领袖们决策的。这种决策往往决定了政治发展的方向与成败。是否拥有“英明”的政治领袖是政治发展保持正确方向的关键所在。

就此而言,政治领袖作为个人形态的政治传播主体,其特质也在于政治过程中他或他们拥有“政治权力”。就是说,他们的政治思想的产生与传播紧紧依赖于他们所拥有的政治权力。伯恩斯说:“领袖们还可以通过对领袖来说极为重要的教导作用来塑造、改变和提高追随者的动机、价值观和目标。”③凭什么来“教导”、“塑造”、“改变”、“提高”——正是“传播”的过程——追随者的动机、价值观和目标?凭的正是政治权力。

政治领袖作为政治传播主体,主要是产生可供传播的政治思想。当他或他们的政治思想产生之后,便会进入其作为领袖的政治共同体的传播系统,通过诸如组织传播、人际传播、大众媒介等传播出去。正像拉斯韦尔所言:“由于统治精英通常掌握着物资的支配权,领导群众的反体制精英必须更多地依靠宣传,而不是物资或暴力。群众的潜在经济实力或战斗实力可以通过耐心和持久的宣传将其集中起来。物资的控制在一定程度上,对任何革命行动都是至关紧要的。但是,在实际夺得政权之前,控制物资的重要性更多地表现在象征方面,

---

① 〔德〕罗伯特·米歇尔斯:《寡头统治铁律:现代民主制度中的政党社会学》,任军锋等译,天津人民出版社 2003 年版,第 50 页。

② 〔美〕詹姆斯·麦格雷戈·伯恩斯:《领袖论》,刘李胜等译,中国社会科学出版社 1996 年版,第 13 页。

③ 同上,第 502 页。

也就是宣传方面,而不是特指的经济方面。”[①]法国学者莫斯科维奇指出,领袖“把易受暗示影响的群体转变成一个由信仰和共同的目标结成的集体活动。他的艺术领域是社会生活,他的艺术就是统治的艺术,正如木工就是木匠的艺术,雕塑就是雕刻家的艺术一样。正是他——这位在生活最具体、最紧张领域工作的造物者——使群体为接受一种思想做好了准备,这一思想将使群体具体化并具有目标。领袖的秘密就在于他既体现了群体的思想,又是思想所代表的群体的化身,两者激活了领袖的威力。”[②]至于政治领袖本人的“直接传播”,形式并不多样,主要的形式是“政治演说”和发表、出版文选。政治辩论只是政治民主时代围绕政治竞选而做的事情。政治演说,在政治专制的组织里往往就是“政治教导”,而在政治民主的组织里则可能是政治辩论。

政治传播并不是政治领袖的全部职能,最多也只能说是主要职能之一。因此,政治领袖作为政治传播主体发挥其功能的时候,往往会把自己的政治思想转化为意识形态而传播。这一点正像达尔所说:

> 政治体系中的领袖通常信奉一套或多或少具有连贯性与完整性的主义,其主旨是为他们在体系中的领导地位提供说明和辩护。一套这样的主义常常被称为一种意识形态——莫斯卡称之为“政治公式”。领袖们之所以要提倡一种意识形态,一个显而易见的理由是:赋予他们的领导地位以权威与合法性,并因而使他们能够在一个惯常与可持续的基础上来运用这种最经济的政治影响力形式。……某些领袖,包括那些最高的政府官员和他们的盟友,通常信奉一种不仅可以为其领导地位也可以为政治体系本身辩护的意识形态。因此,他们的意识形态也就是官方的或主流的意识形态。一种主流意识形态意味着:道德的、宗教的、事实的和其他的假设是专门用于证明本体系的合理性的。一种高度发展的主流意识形态,通常既有评价体系中的组织、政策和领袖的标准,又有描绘体系实际上如何运行的理想化图景,以及缩小现实与意识形态所规定的目标之间的差距的解说词。[③]

① 〔美〕拉斯韦尔:《政治学:谁得到什么?何时和如何得到?》,杨昌裕译,商务印书馆1992年版,第56页。

② 〔法〕莫斯科维奇:《群氓的时代》,李继红等译,江苏人民出版社2003年版,第159页。

③ 〔美〕达尔:《现代政治分析》(第六版),吴勇译,中国人民大学出版社2012年版,第80~81页。

对于政治领袖来说，在不同的政治体制中，其作为政治传播主体也有不同的“约束”。一般说来，在政治专制的体制内，政治领袖的政治思想不需经过“辩论”、不要进行修改，透过灌输式的教化与宣传渗透于追随者的“心灵深处”，大有“一句顶一万句”之传播效果。而在政治民主的体制下，政治领袖的政治思想就可能会受到相反方面的消解、制约和检验。这一点，从希腊民主政治中就奠定了“骨子里的血脉”。

我们知道，古希腊是民主政治的滥觞和典范。那是一个“英雄辈出”的时代。但是，人们在崇拜英雄、追随领袖的同时，却从民主的本意出发，时时提防英雄、领袖对民主的遮蔽和侵害。美国实用主义哲学家悉尼·胡克在其《历史中的英雄》一书中论述“民主制度与政治领袖”的关系时就警告过我们：“一个民主社会对于英雄人物必须永远加以提防。……因为天才和能力时常会被滥用，……民主社会往往非到英雄人物已经逝世以后，不会轻易给他们以赞颂的。这似乎可以说是民主社会政治上的忘恩负义，但这种恶名昭著的现象确乎包含着一种很大的明智。在民主社会里，尊敬这些领袖人物的最强有力的理由就是他们不受权力的诱惑，也就是说，即使他们明知自己是正确的，而大多数是错误的，他们也随时准备着放弃他们既得的权威和地位……一个民主社会，即使是在利用这些英雄人物时，也得时常加以提防，免得受害，不可信赖他们的意图，尽管这种意图一般是可敬的，而其中也往往含有救世主的成分。民主社会所应该信赖的乃是，自己的民主制度的结构，权力和利益中心由大多数来掌握的原则，教育和道义精神等。”①

二、政治精英是依赖政治思想获得地位的传播主体

所谓精英是指在特定社会生活的各个领域中凭借他们自身所拥有的特殊才能与优越的社会条件，诸如超人智力、胆识、能力以及其在财产、资源占有、社会地位等方面的优势，对社会生活的各个方面具有较大影响力和控制力的优秀人物或杰出人物。政治精英可以定义为在社会政治生活领域中因自身所具有的超人智力、胆识、能力以及其在财产、资源占有、社会地位等方面的优势，从而对社会政治生活的各个方面具有较大影响的优秀政治人物。政治学家兼传播

① 〔美〕悉尼·胡克：《历史中的英雄》，王清彬等译，上海人民出版社 1964 年版，第 159～165 页。

学家拉斯韦尔在政治学中是对“政治精英”最有研究的。他指出,政治研究是对权势和权势人物的研究。而权势人物是在可以取得的价值中获取最多的那些人。可望获取的价值可以分为尊重、收入、安全等类。取得价值最多的人是精英,其余的人是群众。①

在不同的社会条件下,政治精英所具备的各种因素因当时社会要求不同而有所侧重。譬如,在原始社会,英勇善战或许成为政治精英的关键因素;在中世纪社会,披上合法的宗教外衣或许是政治精英;在近代资本主义社会中,财富或许是成为政治精英的重要条件;在现代工业化社会,专门技术知识则是成为政治精英的必然要求。前述政治领袖一般由政治精英分子组成,但是,并不是所有的政治精英分子都能成为政治领袖。

一般来说,不同的政治精英造就了不同的政治领袖。在特定的社会政治生活中,根本利益的差异或对立,导致不同政治精英之间利益追求、价值导向、意识形态等的差异或根本对立,这在客观上造就了代表不同利益的政治领袖。可见,政治领袖既来源于政治精英,又高于普通的政治精英。

政治领袖比政治精英多了一个最为关键的要素——政治权力。如果说,政治领袖依赖“政治权力”而获得自己的规定性,那么,可以说,政治精英依赖“政治威望”而获得自己的规定性。政治领袖可以有权,但不一定就有“威”;政治精英有威,但不一定就有“权”。这就是“权”与“威”在政治领袖与政治精英身上的辩证法。政治精英不一定都能成为政治领袖,但从政治传播的角度看,政治精英由于受到的政治约束要远远少于政治领袖,因而其思想可能更为深刻,传播得可能更为广泛。这就是说,政治精英作为政治传播主体更值得我们关注和研究。

精英和相应的精英理论现在很风靡。“精英”一词最早出现在 17 世纪的法国,原意是一年收获中的“最佳部分”,指用来酿造上等酒的葡萄或形容质量精美的商品。后被社会科学家用于对社会中优秀的个人和人群的指称。比如,意大利社会学家帕累托认为,在任何社会中都存在占统治地位的一小撮和被统治的广大群众的对立,前者就称为“精英”。② 与其同时代齐名的盖坦诺·莫斯卡则说得更为露骨:

① 〔美〕拉斯韦尔:《政治学:谁得到什么? 何时和如何得到?》,杨昌裕译,商务印书馆 1992 年版,第 3 页。

② 〔意〕帕累托:《精英的兴衰》,刘北成等译,台北桂冠图书公司 1993 年版,第 149 页、167 页。

在一切政治有机体中，都可以发现某些经久不变的事实和趋势，而其中的一个更是如此明显，以至于连最漫不经心的人也能看得清清楚楚。一切社会，从很不开化、文明曙光初现的社会，直至最发达和最强盛的社会，都有两个阶级的人构成：一个是统治阶级。另一个是被统治阶级。第一个阶级的人总是少数，履行所有的政治功能，垄断着权力并享受着权力带来的好处。第二个更为庞大的阶级，忍受第一个阶级的指挥和控制，这种统治方式或多或少是合法的，或多或少又是专横和残暴的；第二阶级至少在表面上还要供养第一个阶级，为其提供生活资料和维持政治有机体生命力的基本工具。①

精英的分类从不同的角度划分也很复杂，诸如政治精英、经济精英、文化精英、知识精英等，但实际上人们所谈论的精英，基本上是指政治精英。现在，对政治精英的研究，其实质就是对政治领袖的研究。可以看出，人们不再对政治领袖与政治精英加以区别。如上所述，当我们试图在作为政治传播主体的意义上把政治领袖与政治精英加以区别的时候，所依据的要素是“是否拥有政治权力”。这里的政治权力，是指在政治体制内通过民主选举或者组织委任的政治官员所拥有的权力。

拉斯韦尔曾把政治精英分为鼓动者、行政官和理论家三种类型。很难说这三种类型的政治精英都是政治领袖。马克斯·韦伯从政治社会学的角度对政治精英区分得更为详细：第一，传统型政治精英，其建立在对于习惯和古老传统的神圣不可侵犯的要求之上，主要由族长、部落首领等来行使权力。西欧历史上的长老制，东西方历史上都存在过的家长制和世袭制，其政治精英统治的合法性基础都建立在传统的规则上。第二，魅力型政治精英，其“建立在非凡的献身于一个人以及由他所默示和创立的制度的神圣性，或者英雄气概，或者楷模样板之上”。人们相信政治精英具有真理启示的个人能力、超凡品质等，相信他能带领他们走向幸福，因而愿意服从他的政治统治。但是，这种信任的关键不在于某个人是否真的具有某种素质，而在于拥护者是否以为政治精英具有这种素质，先知、圣徒和革命领袖便是标准的范例。第三，法理型政治精英，其权威建立在对于以正式制定的规则和法令为基础的行为之上，政治精英只有在法律

① 转引自〔美〕达尔：《现代政治分析》（第六版），吴勇译，中国人民大学出版社2012年版，第75页。

规则的约束下才有发布命令的权力。在这种政治统治秩序中，人们服从“掌权者”的命令，是因为他们信守法律。如果政治精英没有合法的政治职位，或丧失合法的政治职位，人们将不再服从他的命令。[①] 同样可以看出，在马克斯·韦伯的分类中，第三种即“法理型政治精英”才可能是政治领袖。

当然，若要研究得仔细些，我们这里的“政治精英”是否就没有一点“权力”呢？这涉及对“权力”的理解，比较复杂。我们在前面试图用“权”与“威”做一界分，不是政治领袖的政治精英可能没有政治领袖那样的权力，但是却可能有超过政治领袖的威望。政治领袖也有威望，这种威望来源于权力，而政治精英的威望可能来源于其他的品质。

法国学者莫斯科维奇在研究与“群氓”相对应的“领袖”[②]时，把这种品质视为包括信仰、勇气在内的“特有魅力”。他认为这种品质“当然不是他们的能言善辩、强壮的体魄、非凡的智力、英俊的相貌或他们的年轻有为，因为很多领袖都不具备这样的品质。尽管他们的体魄、语言、智力都显得平平常常，并没有什么诱人之处，但他们却高高在上、魅力四射。因此，肯定有某种选择标记或特别的烙印使得一个人成为群体的主人。……除了信仰和勇气外，我们在领袖身上还清楚地看到另一种难以定义但却非常有效的特征，那就是他的超凡魅力。超凡魅力难以描述，勒邦把它说成是一种神秘的力量，一种基于崇拜和尊敬之上、掩盖了领袖其他主要才能的魅力。拥有这种魅力的人具有无法抗拒的优势和对他人的自然控制。他的一言一行就足以让人服服帖帖，也足以让他获得其他人通过大规模战争或完全的官僚统治才能获得的东西。甘地只需说几句话，就可以让几百万人组成的情绪激昂的武装群体平静下来，并放下手中的武器”[③]。

现在流行的“体制内”与“体制外”一词或许可以从一个角度说明一些问题。体制内与外，显然只是指政治体制。如果说政治领袖有什么特质，那可以说他在政治体制内，而政治精英可以是体制内，也可以是体制外。之所以是“政治精英”，是其无论在政治体制内还是在政治体制外，都必须对社会的“政治”产生影响，否则，可能是“精英”但不是“政治精英”。

一般说来，体制外精英拥有非制度化的“威力”，这种“威力”并非政治制度

---

① 参见毛寿龙：《政治社会学》，中国社会科学出版社 2001 年版，第 63 页。

② 这里的“领袖”不同于我们上面所说的“政治领袖”，而是指“精英”。

③ 〔法〕莫斯科维奇：《群氓的时代》，李继红等译，江苏人民出版社 2003 年版，第 168 页。

所赋予,而是来自民众的拥戴和官方的尊重,这种“威力”使他们可以在政府权力达不到或不易达到的领域实行“统治”。体制外政治精英拥有的这种“威力”使他们既有民间性,又有权威性。在很多情况下,政治精英人物成为民众的代言人,民众对他们的信任和其自身的影响力使政府不得不尊重他们的意见。政府借助民间政治精英的力量,可以使民意顺利上传,政令有效下达,大大节约行政成本。对于统治者而言,可以利用政治精英的“威力”来管理社会,也可以利用他们规范民众的政治行为。

拉斯韦尔当年“创造运用象征的技能”理论来解释这个问题。在他看来,就体制内精英而言,创造运用象征的目的在于巩固体制的合法性,而就体制外精英而言,创造运用象征的目的,则在于以象征反对象征,批判现有体制的合法性,并寻求新体制的合法性,即“批判性”是体制外政治精英的基本品质。“任何精英都以共同命运的象征作为旗号来为自己辩护和维护自己的利益。这些象征就是现行制度的‘意识形态’,即反对派精英所谓的‘空想’。精英利用各种已经约定俗成的言词和姿态从群众中骗取血汗、劳动、税金、赞扬。在政治制度运转正常的情况下,群众对这些象征推崇备至;向来伪善而大胆的精英从不会因为感到不道德而产生痛苦。总之,‘上帝在天——世上一切都好。’”①“在精英们使用宣传手段时,一个战术上的问题就是要选择那些能够产生希望中的共同行为的各种象征和方法。不断采用的方法常常是重复或分散注意力。公众不断变化的感情需求——有时是顺从的情绪,有时是自作主张的情绪,都使得控制群众中各色人等的任务变得非常复杂。在为了共同事业而严守纪律的时期过去之后,群众的趋势是倾向于个人主义与多样化;在自作主张的时期过去之后,群众趋势又转向纪律严格的原教旨主义(传统信仰主义)。这就意味着,当惯常的习俗被大家遵守时,反惯常习俗的态度受到压制;而当反惯常习俗的态度受人迷恋时,惯常习俗又被压制。被禁止的东西并没有真正消灭;这样就产生了人们多变的情绪在方向上发生突变的现象。”②

与体制内政治领袖(政治精英)相比,这类政治精英具有一些显著的特征:第一,有意识地给大众造成其与政治权力特别是行政权力保持一定距离的印

① 〔美〕拉斯韦尔:《政治学:谁得到什么? 何时和如何得到?》,杨昌裕译,商务印书馆 1992 年版,第 19 页。

② 同上,第 25 页。

象。体现在其使用的特殊符号和话语体系工具当中，就是特别强调非政治化和价值中立性原则。第二，其关注的社会政治问题主要集中于那些带有较多公共性色彩的领域，这既与其所具有的专业性知识技能方向有关，同时也是其作为体制外和反体制成员发挥影响力的必要条件。第三，特别强调其运用特殊符号和话语体系工具中的批判性功能。这是因为其主要职责就是通过否定旧的象征神话，创造新的象征神话，为新的合法性铺平道路。同时，作为体制内精英的“异己分子”，体制外和反体制知识精英已经无法从现存体制那里得到所需的价值，只有在反体制力量那里才能得到满足，这就迫使体制外和反体制知识精英必须始终保持其话语的针对性和否定性特征。

精英主要是指政治精英，因而，精英理论主要应用在政治学之中。形成于19世纪的古典精英理论，是对西方民主政治的一种否定性回应。如果将民主界定为人民群众当家做主，那么精英理论的回答是：这是不可能的。在他们看来，有史以来的人类社会都区分为少数居于统治地位的精英和众多被统治的民众，现在是这样，未来亦当如此。这一“精英—大众”二分法是精英理论的前提和基石。米歇尔斯通过对德国政党的研究，又将这一区分引入了社会内部的官僚化组织，其“寡头统治铁律”已成为一句流行的格言。如果说古典精英理论家对民主基本上持否定和怀疑的态度，承接韦伯的熊彼特则通过对民主概念的改造而将两者结合了起来。熊彼特接受了古典精英理论关于人民群众当家做主是不可能的这一主张，但并不由此否定民主。在他看来，尽管民众不能实行自我管理，但是他们的投票还是非常重要的，因为通过投票过程民众可以选择领导人。换言之，民众虽然不能当家做主，但有权选择谁来当他们的家，谁来做他们的主。由此，民主被理解为在竞争环境中通过定期举行的公开大选，由民众来选择政治精英的一种方式。[①]“精英民主论”也由此脱颖而出。

精英理论曾引发了“社会政治中的权力配置”这一长期而激烈的争论。米尔斯在他的《权力精英》一书中认为，多元主义将权力硬块打碎，它“意味着寡头统治已被打败，已转变为由各权力集团所组成的多元的、分散的和——充其量——开放的一团星云”[②]。在多元主义者看来，现代社会中存在着无数的彼此竞争的精英，在大多数场合下，并不存在强大到足以支配关键性决策或对整个

① 参见〔美〕熊彼特：《资本主义、社会主义和民主主义》，绛枫译，商务印书馆1999年版，第21～23页。
② 转引自〔美〕萨托利：《民主新论》，冯克利等译，上海人民出版社2009年版，第172页。

社区或社会发挥控制作用的单一类精英。在某一议题上,某一类精英也许具有压倒性的优势,但是局限于相应的领域,而其他精英在其他领域占主导地位。在广泛一点的问题上,各种精英为支配权而彼此竞争。权力竞争的胜利者是经常变化的。通过这两种方式权力得以保持适度的分散。因此,无数相对分离的精英之间的冲突足以防止权力的集中,并确保政治民主。严格地说,多元主义将精英"多元化"了,利益集团之间的竞争其实主要是精英之间的竞争。这样一来,这种激烈的争论以和解折中为结局。"多元精英主义"理论诞生并实际地说明和解释着人类政治生活。

精英理论所说明的政治精英在政治过程中的重要作用可以明显看出,政治精英已经担当着政治传播主体。这种传播主体的作用,一方面内在地洇渗在国家、政府、政党作为政治传播主体的作用之中;另一方面,正好对国家、政府、政党以及社会共同体作为政治传播主体的作用形成补充。很多时候,他们可能是站在国家、政府、政党的对立面,对社会的政治形成"砥砺性"的作用。从柏拉图《理想国》的哲学王到亚里士多德的政治学术,从西塞罗的"武器屈服于长袍"到马基雅维利的"伪君子原则",到丹尼斯的"政治说服论"……一部政治统治史和政治学说史,从一个特定的侧面看,也是一部政治精英作为传播主体的思想史。

三、意见领袖是汇聚与分流信息的政治传播主体

"意见领袖"一词,现在诸多学科都在使用,诸如,市场营销、创新扩散、政治选举、公共决策、政策执行、公共事务、医疗、外交、管理、旅游、时尚等,似乎各行各业都有"意见领袖"！最近,还有人提出所谓"新意见领袖",本来一个很规范的概念被用得较为混乱。

"意见领袖"本来只是政治传播理论中的一个概念,现在仍然最适合用来分析政治传播。

"意见领袖"最早由拉扎斯菲尔德、贝雷尔森和哥迪特在《人民的选择》一书中提出。人们在做投票决定的时候往往会从朋友、亲戚和熟人那里受到影响,而这种影响比广播、报纸等大众媒体要大得多。这些"朋友、亲戚和熟人"起到了意见领袖的作用,他们接触大众媒体中关于竞选的信息,然后将信息传给媒介接触度、知识水平和兴趣度较低的人。这样的信息流动方式被称为"两级传播",即"观点经常从广播和印刷媒体流向意见领袖,然后再从他们流向不太

活跃的人群”①。随后，伊利休·卡兹和保罗·拉扎斯菲尔德进一步调查了意见领袖是如何在市场营销、流行时尚、公共事件和选择电影方面发挥人际影响力的，其研究成果收录在了两人合著的《个人的影响：大众传播流中人民的作用》一书中。“意见领袖”理论一经提出立刻引起了学术界的广泛关注，西方学者对其进行了长达60年的理论探索和应用研究。

从传播学或者政治传播理论角度看，“意见领袖”作为一种形象，它所抽象出来的具有突破价值的理论是“两级传播”。“两级传播”理论对于传统的线性传播理论是一次“革命”。它意味着对传播主体、传播受众一种崭新的认识。②

当年施拉姆在其《传播学概论》中已经对“两级传播”理论做出了全面的评价，分析了其优点，也分析了其不足之处。对它的优点，施拉姆给予了很高的评价：“首先，自从这项理论出现以后，就很难再把传播对象看作是一伙‘毫无个性’的人，也不能再把他们看作是彼此互不相关而只同传播渠道相联结的个人了。人们逐渐发现这些一个个的人是彼此相联的。他们不但不是毫无个性或者消极被动，相反，他们非常主动积极。在传播对象内部进行着大量的讨论、劝说和传递消息的活动。其次，两级传播论还引发了有关传播对象的行为，特别是同运动和传播媒介有关的行为的研究活动。……这一切研究工作都多少受到两级传播假设的启迪或影响。尽管每一项研究都指出了这项理论的不足之处，以致它原来的概念几乎已经荡然无存，然而今天人们对情况与想法的流传所具有的了解，有许多是两级传播的观点提出以前不存在的。造就是一项好的理论假设的作用：它能起抛砖引玉之功。”③说到“两级传播”的不足，施拉姆总结道：“首先，它忽略了这样一个事实，即大量的信息是直接从传播媒介流向媒介使用者而无须通过中间人的。……在近年来的政治运动中，大量的信息和说服教育是通过传播媒介直接传送给个人的……其次，认为社会是区分为领导者和追随者，或者说主动的和被动的参加者这样两个部分的观点显然是站不住脚的。……第三，农村社会学家已经表明，有可能采取一项新的想法或一种革新

① 参见〔美〕洛厄里等：《大众传播效果的里程碑》，刘海龙等译，中国人民大学出版社2004年版，第67页。

② 非常有趣的现象是，几乎所有的传播学研究者都把“意见领袖”置放在传播的“受众”部分进行研究，这当然可以，也没有什么错误。但是，“意见领袖”同时也是一种“传播者”（传播主体——二级主体）。现在的趋势是，意见领袖的“主体”作用越来越大于其“受众”的作用。其作为“领袖”所对一般受众发挥的种种功能和作用，其实恰恰是一种一般受众面前的“主体”（传播者）的作用。据此，我们这里把意见领袖置放在“主体”位置进行描述。

③ 〔美〕施拉姆等：《传播学概论》，陈亮译，新华出版社1984年版，第130～131页。

项目的人,更可能在这个过程的很早的阶段,也就是当他们还在打听能弄到什么东西的时候,先寻求或接受大众媒介传来的信息,然后,在他们感兴趣而且想要进一步了解这个事物特别是别人使用的经验的时候,才在采用过程的较晚的阶段去向懂行而且受到尊重的人请教。……最后,关于'意见领袖'的观点本身也已证明是过于简单了。"①

施拉姆最后自己总结道:

> 信息与思想在整个社会上川流不息。大众媒介对于流经其中的信息直接或间接地产生巨大的影响。有些人也影响信息的流动,他们与人分享在某一课题上的专业知识、技能或信念,也可能因能言善辩而产生影响。事实上,所有人大概都在影响信息的流动,只是时机、方式、领域、角色不同而已。有些人的影响大于其他人。然而,领导与被领导这两个阶层是不存在的,而且在大多数情况下,从媒介到领袖再到追随者这样的两级传播流程也是不存在的。你可以把它想象为一种多级流程。更好的是把它想象为一种系统流程,也就是说,信息连续不断在社会体制中流动,受这个体制约束,服从其需要,由角色来定型。在社会机构的推动下加速流动。②

可以看出,包括施拉姆在内,有人不完全同意"两级传播",更有人在"两级传播"之后提出"多级传播"、"系统传播"等等,但是,这些"创新"却无一不奠定在"两级传播"的理论基础之上。

"两级传播"理论确定了"意见领袖"的"传播主体"地位,也据此与前述政治领袖、政治精英相对区别开来。这种区别在于:意见领袖既不是原始政治信息的产生者和发布者,也不是原始政治信息的丝毫不变的传送者,它是"受众"与"主体"在传播过程中的"合二为一"角色。作为"受众"它是"汇聚者",作为"主体"它是"二次创造"后的"分流者"。意见领袖的魅力正在于此。

在互联网出现之前的政治传播过程中,作为政治传播主体的意见领袖的地位与作用是毋庸置疑的,尤其是在政治竞争与民主选举的政治民主体制中。邵培仁在他主编的《传播学》中,把意见领袖置放于传播过程中,总结为"五维互动

---

① 〔美〕施拉姆等:《传播学概论》,陈亮译,新华出版社 1984 年版,第 131 ~ 134 页。
② 〔美〕施拉姆等:《传播学概论》,何道宽译,中国人民大学出版社 2010 年版,第 125 页。

模式”(见图2-4),认为意见领袖具有“加工与解释的功能、扩散与传播的功能、支配与引导的功能、协调或干扰的功能”①。

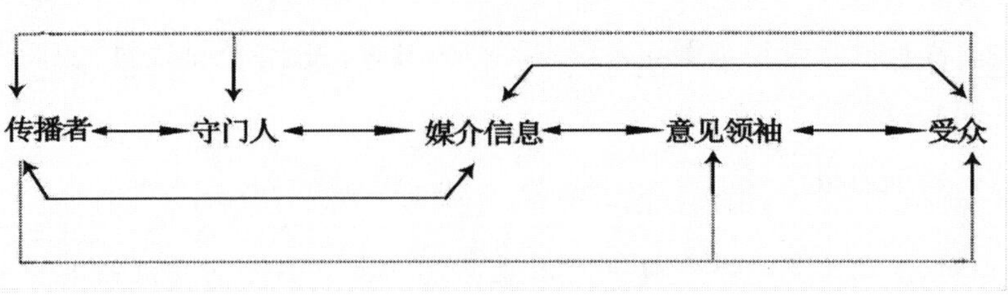

图2-4 五维互动模式②

在互联网出现之后,传播的立体化与网络化“革命”,使意见领袖作为政治传播主体受到一定的挑战,但是,这并不意味着意见领袖的消失,也不意味着意见领袖作用的式微,更不意味着在互联网时代就“人人都是意见领袖”。可能相反,在这样信息爆炸的传播时代,人们可能更需要意见领袖,对意见领袖的依赖性更强,当然,意见领袖也更难“当”。

有学者对互联网传播时代的意见领袖做了很深入的研究,认为在传统媒体的传播环境下,意见领袖由于在信息占有或解读上占据优势地位,从而拥有影响其他社会网络成员的功能。社群媒体环境下受众拥有了更多的信息选择,在理论上有了更丰富的社会资源,对于媒体的使用也更加公平。这在一定程度上暗示了传统意见领袖群体的扩展以及其中的单一个体功能的弱化,但意见领袖作为一个概念并非消亡,只是它相对于以前的定义展示了不同的内涵与维度,其基本功能如下:第一,信息“母港”功能。信息“母港”即信息的“集散地”。意见领袖针对某些议题发布原创性的意见,别的媒体将这些信息进行更广泛的传递,这样,信息“母港”成为在一定社群媒体网络中传播的中心“节点”,即总信息源。在政治传播中许多终端受众以及各级的再传播者首先从这些信息“母港”中获取信息,而通过搜索引擎来追寻相关信息往往发生在此之后,是对信息“母港”发布的信息的确认、反映或者解释。第二,“解读者”功能。意见领袖在两级传播模式中,他们是一级信息的积极消费者,同时承担了对所掌握的信息进行解读的职责。在现实中,作为信息“解读者”的意见领袖是否可以保持这种

①② 邵培仁:《传播学》,高等教育出版社2000年版,第312页。

角色,受到终端受众的反馈的影响。来自于受众的正面评价,表示支持或赞赏态度的回应,可以成为激励解读者的外部动能。第三,“过滤器”功能。政治传播研究者麦克肯娜将这种功能划分为“过滤信息、提供专业、网络告知、赢取注意、框架争论、机遇之窗”六种形态。第四,“传递者”功能。作为信息传递者的意见领袖在新环境下的效能是非常显著的,在某些情况下甚至比信息的始创者对终端受众的影响更大。作为一种特别的意见领袖,是信息传播的“相变点”,信息传递在这一临界点传递速度发生几何级提升,经过他们,信息在实践上可以实现最大范围地到达“大众”。相对于信息“母港”中信息的首创者、“过滤器”中信息的筛选,以及“解读者”对信息的重构,信息“传递者”在互联网时代的传播中的功能实现所需要的资源更少,因为“传递者”不需要对信息进行再处理,甚至传递者本身无须对信息加以深度认知。第五,“协调人”功能。意见领袖的作用通常发生在政治传播过程中群体讨论的环境下。在最初的拉扎斯菲尔德与其他合作者的研究中,意见领袖比别人更有影响力的特点就是展现在社会网络中。在社群媒体环境中,成员的互动与讨论通常需要有效的协调。这些协调是虚拟社群中表现为议题讨论参与的激励行为。这些协调行为是意见领袖功能的一种展示。①

当然不是什么人都可以扮演意见领袖的角色,意见领袖有其最基本的素质要求,诸如价值、信源、知识面、责任感、人际交往、社会地位等②。当然,也不能把意见领袖神秘化。“在互联网时代,出现了一个突出的变化,即‘意见领袖的民主化’。甚至可以说,在网上,凡是持续提供信息和意见的个人都在某种程度上扮演着意见领袖的角色。进一步,我们还可以说,凡是有志于成为意见领袖的人,只要付出足够的努力,就可能在网上成为意见领袖。”③

四、草根民众是互联网时代的政治传播主体

“草根”的说法产生于19世纪美国寻金热流行期间,盛传有些山脉土壤表层、草根生长的地方蕴藏有黄金。引申到社会科学中,其最基本的含义就是具有顽强生命力的社会底层民众。我们这里索性就用“草根民众”。

---

① 参见〔美〕柳旭东:《意见领袖在社群媒体传播中的维度》,《新闻与传播研究》2011年第6期。

② 邵培仁:《传播学》,高等教育出版社2000年版,第311页。

③ 胡泳:《我们需要什么样的网络意见领袖?》,《新闻记者》2012年第9期。

从政治传播主体这样一个独特的视角来说草根民众，首先的一个规定性就是，草根民众是“个人”形态的传播主体。人类的传播伴随着人类的“社会”过程，人类“社会”从生成之日就是一种传播，当传播还不能清晰地界分出“政治传播”的时候，即没有区分为“统治”与“被统治”、“精英”与“大众”的时候，草根民众只是扮演着一般传播主体的角色。这种历史是很悠久的。莫说是“族内”、“国内”，就是“国际”、“全球”，最早的传播活动是由个人开启的。个人跨出本氏族、本部落、本地区、本国范围的第一步就是全球传播的开始。在历史上，个人一直是信息传播的最通常的载体。比如，众所周知，中国唐代玄奘、公元13世纪的意大利人马可·波罗，分别在古代中印和中欧之间的信息交流中发挥了至关重要甚或不可替代的作用。自20世纪70年代以来，随着个人化信息传播科技的发展，个人在传播中扮演着越来越重要的角色。

从政治学的角度看，草根民众作为政治传播主体是崭新的事物，它有两个必要的条件：一是人类的传播技术发展到“互联网”时代，二是草根民众民主意识与民主身份的生成。二者相辅相成，缺一不可。

作为20世纪的重大发明，互联网的出现改变了社会。美国著名学者曼纽尔·卡斯特在《网络社会的崛起》中写道：“网络建构了我们社会的新社会形态，而网络化的逻辑的扩散实质性地改变了生产、经验、权力与文化过程的操作和结果。”①互联网的出现当然给人类的政治带来了深刻的影响。托夫勒就乐观地认为，信息技术将把政治民主推进到一个新的水平。他说：“电子计算机给政治体系带来了难以数计的冲击。那些集中化的大型电子计算机也许将增加国家对个人的控制能力，但非集中的、小型的电子计算机网络却会加强个人的力量。”因此，计算机网络“可能是自有投票箱以来实行民主的最可依赖的工具”②。前互联网时代，政治传播中的草根民众仅只是与其“被统治、被教化”的政治身份相一致的“受众”，互联网的兴起和广泛使用产生了颠覆性的变化。当政治信息伴随着政治民主成为一种普遍的政治需要的时候，互联网使所有人都可以接近、享用政治信息。由此，草根民众从作为全球政治传播的单纯受众提升为同主权国家、共同体组织、政治领袖、政治精英等并立的主体。互联网的低成本降低了政治信息传播准入的门槛，个人只需一台计算机、一个调制解调器

---

① 〔美〕曼纽尔·卡斯特：《网络社会的崛起》，夏铸九等译，社会科学文献出版社2006年版，第568页。
② 〔美〕托夫勒：《托夫勒著作选》，贾旺等译，辽宁科学技术出版社1984年版，第309页。

和一根电话线或网线（当无线互联网普及之后，连这些条件也不需要了）就可以参与网络政治信息的传播过程。这就一举打破了大众传媒的霸主地位，将“受众”由信息传播中的“赤贫阶层”变为传播资源的拥有者；互联网所具有的双向（或多向）交互式传播的特点，又使网络传播的参与者在接收信息的同时，可以进行信息的生产、加工和发布，成为信息传播的主体。[①] 从传播技术层面将传统传播模式中的“受众”变成可以掌握主动权的传播者，这就是互联网在个人身上所发生的革命。草根民众“大众化”地成为政治传播主体，是互联网传播技术给人类政治传播主体带来的最大变化。据此有学者甚至认为，在互联网这一带有人际特性而使个人可以便捷使用来展开跨境信息交流的新型大众媒介的技术支持下，公民个体作为全球传播主体的地位显著提升。普通人可以以低廉的费用向全世界自由发布和传播信息，还可以自由地选择信息。在此，个人不仅独立自主地成为传播信息的发布者，而且还有可能成为全球传播中的舆论领袖，对全球社会政治、经济和文化生活产生重大影响。[②]

草根民众作为政治传播主体最显著的特点有两点：第一，政治身份的模糊性。说草根民众是主体，但是究竟是“谁”（追究到自然人层面）却不能准确而清晰地确定。无论在传统媒介还是在新媒介中，国家、政党、社会共同体、政治领袖、意见领袖等都是以真实的身份出现的，有据可查的。这些主体往往以明确的政治目的“亮明身份”。与之相对，作为政治传播主体，草根民众的情形则较为复杂。在网络媒介诞生前，处于人际传播和传统大众传播中的个人，在参与政治传播活动时，其身份虽然相对“弱势”和“边缘”，但都是公开的；而在网络媒介中，个人的身份则是模糊的。虽然任何合法用户都可以通过通信线路在公共信息存储区里存取信息，向全社会自由发表言论，各抒己见，但是这些个体用户的真实身份往往都是隐匿的。一个人可以完全随心所欲地选择和扮演现实生活中不可能体验的角色。当然，关于这一特征现在遇到了挑战：网络要不要“实名制”陷入剧烈的争论之中，这与特定的政治环境紧密相连，甚至涉及了政治中最根本的矛盾，诸如人权问题、自由问题、民主问题，这就是我们上述所讲，草根民众作为政治传播主体必须具备的另一个条件：政治民主的发展。第二，政治内容的虚幻性。身份的隐藏带来的是所传播政治内容的虚假性，当然

---

① 参见程曼丽：《国际传播学教程》，北京大学出版社 2006 年版，第 77 页。

② 李智：《全球传播学引论》，新华出版社 2010 年版，第 118 页。

这并不是说草根民众所传播的政治内容都是虚假的,而是说"真实与虚假"无法对他们形成硬性的法律性的约束。正像卡尔森所言:"在一种没有社会约束力的匿名状态下,人可能失去社会责任感和自我控制能力。"①在草根民众作为政治传播主体的过程中,其所传播的内容要不要"真实"并在法律的意义上对这种真实负责,已然成为一个严肃而又无法定论的政治问题,这个问题的解决同样也要伴随着政治民主的发展。

草根民众作为政治传播主体其形式是多种多样的。互联网出现之后,当个人拥有了具备即时传播能力的各种"自媒体"时,几乎所有的新媒介传播形式都被公民运用到政治传播活动中。夸张一点讲,对个人来说,使用多少种一般意义上的新媒介传播形式,就有可能拥有多少种政治传播形式。在当前——想象不出来之后会出现什么传播形式——毫无疑问,微博是最为突出、传播力最强、影响力最大的传播形式。

微博是在信息技术和媒介技术融合中呈现的,它融合了媒体、移动通讯、互联网的特性和优势,成为当今媒介生态的重要组成部分,同时也展现出了传统大众媒介所不具备的一些特点。微博的进入门槛低,迎合了人们对于信息寻求的心理,满足了网民作为一个信息接受者同时也是信息发出者的双重性身份要求,反映了信息传播"去中心化"的时代趋势。微博的传播方式在时间维度上是即时传播,在空间上是裂变式传播。当年的麦克卢汉认为:"媒介是社会发展的基本动力,也是区分不同社会形态的标志,每一种新媒介的产生和应用,宣告我们进入一个新的时代。"②微博的产生与发展,虽然不能像麦克卢汉所说的那样宣告我们进入一个新时代,但也着实改变了传播形态,尤其是对政治传播。有了微博,似乎草根民众均成为关心政治、传播政治甚至参政议政的主人了,人们通过微博比任何时候都关心政治,人们在微博上关于政治的话题、议题比任何话题都多而深。难怪一些搞新闻的人甚至呼吁"新闻执政"。某种意义上可以说,微博时代意味着"全民政治时代"的到来。

① 〔美〕卡尔森:《表演与后现代》,《国外社会科学》1998 年第 3 期。

② 〔美〕保罗·莱文森:《数字麦克卢汉——信息化新纪元指南》,何道宽译,社会科学文献出版社 2001 年版,第 12 页。

第三章

政治传播内容

政治传播是政治共同体的政治信息的扩散、接受、认同、内化等有机系统的运行过程，是政治共同体内与政治共同体间的政治信息的流动过程。也就是说，政治信息是政治传播的核心内容。然而，政治信息只是一个非常宽泛、带有指称性的范畴，需要仔细解读。我认为，可以从意识形态、政治价值、政治文明三个层面来解读。

第一节 解读政治信息

当我们认为政治传播是政治共同体的政治信息的扩散、接受、认同、内化等有机系统的运行过程，是政治共同体内与政治共同体间的政治信息的流动过程的时候，这里的“政治信息”意味着从“政治”中解构出来的本质因素，即这种信息只能是“政治”的；“扩散和接受”意味着从“传播”中解构出来的本质要素，即政治信息是在“扩散和接受”状态中。这就是对政治传播中的“政治信息”的基本规限：第一，“政治信息”的要旨是政治文明中能够传播和需要传播的东西，不包括政治全部；第二，政治文明和政治形态各有不同，因而其需要传播和能够传播的信息也各有不同，这需要深入到不同形态的意识形态、政治价值、政治理想的内部。

一、信息与政治信息

政治信息首先是“信息”，信息在传播学中的地位举足轻重，不能想象解释不了信息“传播”该怎样理解。施拉姆当年对传播中的信息的“性质”曾有明确的规定和解释：

> 信息是传播的材料。传播之所以有别于游泳或拍球，正是因为传播以信息为内容（当然，游泳时水的环境的信息、拍球时球在哪里的信息，也是游泳和拍球行为里不可缺少的一部分）。所有这些传播事件都有这样那样的目的：传送、分享或加工信息。…… 我们所说的信息究竟是什么意思呢？显然，我们不只是在谈论“事实”或“真相”（如果在特定情况下确有真相的话）。我们所谓的信息并不仅仅是指新闻或指导，或百科全书里的那种数据。我们所谓的信息与香农和维纳在他们的信息论和控制论著作里所说的信息并无不同那就是：凡是能减少情况不确定性的东西都叫信息。……人们在大多数传播活动中寻求的信息（倘若他们寻求的是信息而不是斯蒂芬森所谓的游戏）就是传播活动的内容，其功能是有助于他们构造或组织环境，即与传播活动有关的环境。因而可以说，信息使决策容易进行。①

政治信息是指以中介形式对各种政治关系相互作用以及运动过程的表征，它反映了人类社会生活中政治活动的内容、形式、特点和规律，以及人们对以国家政权为核心的政治制度、政治实践的要求和态度。② 正像施拉姆认为传播中的信息给决策以“确定性”一样，政治信息的表现形态虽然各异，但对政治组织的决策、政治系统的控制、政治问题的解决等都具有决定性的意义。在现代化信息社会里，充分利用政治信息对保证国家机器的正常、高效运转至关重要。政治传播的基本内容是政治信息的传递。

二、政治信息的分类

政治信息也是非常抽象而宽泛的，没有一个共识的标准可以对其进行分类。依据学者的研究，分类如下，见图 3－1。

显而易见，在政治传播中，“实体形态”与“流动形态”的政治信息都是一种特殊的“支流性”研究，比如政治象征、政治仪式、政治场景、政治建筑等，不太容易从“传播”的角度进行描述和研究。事实上，政治传播中的政治信息主要是指

① 〔美〕施拉姆等：《传播学概论》，何道宽译，中国人民大学出版社 2010 年版，第 40～41 页。

② 参见景跃进主编：《政治学原理》，中国人民大学出版社 2010 年版，第 268 页。

表现形态	含义	具体形态	作用
观念形态	表现为关注政治理论、学说、思想、观念、意识等方面的政治信息	对政治实践的总结；对时事政治的阐述；对政治系统的评价；对政治斗争的论断等	了解一定政治行为主体在处理各种政治关系时的态度和见解
实体形态	反映国家机器及其运转状况的那部分信息	政治制度及其性质；政治系统及其结构、功能；政治关系构成，如国家形态、政治组织形式及活动方式等	了解一定的国家制度的性质、体系、特征及政治生活和关系
潜在形态	通过一定的状态及行为表现出的各种政治心理状态	表现为一定的情感、习俗、信念、态度与行为	对社会政治关系及政治生活的一种不系统、不定型、带有一定意识倾向的反映
流动形态	不断运动变化的政治信息，比如政治运动，也包括在经济、文化、军事等社会生活领域发生的一些事	政治斗争、政治变革、政治行动等	引起政治关系和政治局势的变化

图 3－1　政治信息的分类①

“观念形态”和“潜在形态”的政治信息。在我看来，观念形态的政治信息主要是意识形态，潜在形态的政治信息主要是政治价值和政治文明。从另一个角度看，设想政治信息为一个圆，那么其表层结构就是意识形态，中层结构就是政治价值，深层结构就是政治文明。三层结构的“可传播性”是十分不一样的。

第二节　作为一种政治信息的意识形态

在整个社会科学研究中，最凸显的领域就是意识形态。关于意识形态的研究已经完全可以构建一门“意识形态学”了。

一、意识形态的属性是一种观念信息

对意识形态的研究构成了意识形态理论的历史。其历史发展的第一阶段从培根到马克思，第二阶段从马克思到 20 世纪 60 年代，第三阶段是 20 世纪 60 年代迄今。马克思是意识形态理论史上最重要的思想家，因为对意识形态研究

①　参见景跃进主编：《政治学原理》，中国人民大学出版社 2010 年版，第 268 页。

的两个最重要的方向或领域——认识论的和社会学的——都要追溯到马克思。随着时间的推移，意识形态研究大有“遍地开花”之势，使得几乎每个学科都在使用意识形态这个词。

那么，我们重新仔细研读马克思的著作，其关于意识形态这个概念本质性结论出自于其所著《〈政治经济学批判〉序言》一文中①：

> 我所得到的，并且一经得到就用于指导我的研究工作的总的结果，可以简要地表述如下：人们在自己生活的社会生产中发生一定的、必然的、不以他们的意志为转移的关系，即同他们的物质生产力的一定发展阶段相适合的生产关系。这些生产关系的总和构成社会的经济基础，即有法律的和政治的上层建筑竖立其上并有一定的社会意识形态与之相适应的现实基础。……随着经济基础的变更，全部庞大的上层建筑也或慢或快地发生变革。在考察这些变革时，必须时刻把下面两者区别开来，一种是生产的经济条件方面所发生的物质的、可以用自然科学的精确性指明的变革，一种是人们借以意识到这个冲突并力求把它克服的那些法律的、政治的、宗教的、艺术的或哲学的，简言之，意识形态的形式。②

在这段话里，同时出现了两个概念即“意识形式”和“意识形态”。在相关的研究中，有学者认为：在马克思的思想深处并没有“意识形式”和“意识形态”之别；认为马克思是在完全相同的意义上使用这两个概念；认为马克思在用词上前后不一致，出现了矛盾。我们认为，这种认识，忽略了马克思这种区别所表达的意识形态本质观的重要意义，未能意识到马克思在这里区别这两个概念是一种理论自觉，体现了他的历史唯物主义的哲学立场。在马克思所创立并终生坚持的历史唯物主义看来，社会意识形式和社会意识形态都来源于“社会意识”，都是对社会意识进一步的逻辑上的规定。马克思主要以与经济基础的关系为根据，来界定意识形态的本质的，即以是否反映经济、是否受经济基础决定的角度把社会意识区分为意识形态（属于上层建筑）和非意识形态（不属于上层建筑）。

---

① 此前学术界基本认为出自于马克思与恩格斯合著的《德意志意识形态》一书中。

② 《马克思恩格斯选集》第2卷，人民出版社1995年版，第32～33页。

从被传播的政治信息的角度理解马克思这种区别具有重要意义:意识形态的本质不是一种独立于社会存在的“实体”,而是附着于经济基础的一种“属性”。从逻辑关系上看,意识形式是对社会意识的进一步“规定”,意识形态又是对意识形式的进一步的“规定”,它们是逻辑递进关系而不是同时并列关系。形成它们之间区别的条件是:意识形式对社会意识来说,是社会意识要经过专门的“劳动”,使之在“形态”上理论化和系统化,没有这个条件,社会意识就只是散乱的思想意识而已,不能成为社会意识形式,比如,哲学、宗教道德等等;而意识形态对社会意识形式来说,是社会意识形式是否受“占统治地位”的特定经济基础的决定并为其服务,没有这个条件,社会意识形式就不是意识形态。

从逻辑上讲,社会意识、社会心理、社会意识形式、意识形态,它们都不是“体”,只有“社会存在”才是它们的“体”。但是相对来说,社会意识是社会意识形式的“体”,社会意识形式是意识形态的“体”。质言之,意识形态,是“社会意识形式”在获得了某种功能——上层建筑的功能——以后的表现形态或称谓形态,它本质上还是一种社会意识形式。“意识形态性”只是它的属性或功能。作为“功能”或“属性”,从其哲学本性上看,它永远不会具有和这个事物本身的“体”同等的涵盖域,因此它不会具有绝对的普遍性。事实上,“意识形态性”并不能“套”在任何一种社会意识形式上,离开“意识形态性”,并不影响社会意识形式作为社会意识形式而存在,比如,逻辑学、语言学等。如果全部的社会意识和社会意识形式都具有这种功能或属性,那么就可以把它们都视为“意识形态”,但社会生活的实际却不是这样。

上述可以看出,马克思对“意识形态”的贡献是:赋予其“政治”的本质属性,并进一步由于其“政治性”而成为不易传播的包裹在政治信息上的“坚硬的外壳”。

二、意识形态的三个维度

正是由于人们都生活在特定的意识形态之中,所以,人们总是从特定的价值立场和意识形态来论说、描述意识形态。我们认为,可以从科学、价值、特定政治信仰三个维度把握意识形态。科学维度的意识形态有虚假与否问题;价值维度的意识形态有正当与否问题;政治信仰维度的意识形态有欺骗与否问题。

第一,科学维度的意识形态。前面已经陈述,意识形态的本质内核是人的

“社会意识”,而人的意识则是对外部自然或社会或外部对象的反映。因此,应该首先从科学的维度即意识是否正确反映了外部自然或社会的角度来把握意识形态的本质属性。既然是对外部自然或社会的反映,那就存在一个这种反映的“真实”与“虚假”问题。一般情况下,对外部自然反映的真实与虚假被列入自然科学,对“社会”反映的真实与虚假,情况就比较复杂——有些“虚假”,仍属于类似于自然科学探索过程中的认识“错误”,它属于一般认识问题;而有些“虚假”属于“故意虚假”,这就属于特定的政治问题。

学术界沸沸扬扬的“意识形态虚假性”问题,需要从新的角度和新的境界来认识。我们认为,可以从“来源”与“功能”两个角度认识“虚假性”问题。从来源上讲,是不是真实地反映客观生活决定了意识形态的虚假与否。在这个意义上不能认为所有的意识形态都是虚假的,即是说,不能把虚假性视为意识形态的本质;从“功能”的意义上说,是不是用特定的意识形态去虚假性地影响甚至“统治”别人决定了意识形态的虚假与否。为区别这两种“虚假”,我们把前者称为虚假,把后者视为“欺骗”。就是在这个意义上,也不能认为所有的意识形态都是欺骗人的,即是说,同样不能把欺骗性视为意识形态的本质。

第二,价值维度的意识形态。意识形态并不都是虚假的,更不都是欺骗的,科学维度的意识形态说明,并不能仅仅从“科学”的虚假与真实这一单一的维度来把握意识形态。意识形态其本质是作为人的一种“意识”,又是一种不能完全脱离人的主体状况的价值意识,就是说,我们还必须从价值的维度来把握意识形态。

价值维度意识形态与科学维度意识形态的主要差别在于,价值维度意识形态是从价值论的角度考察意识形态的,而科学维度意识形态是从认识论的角度考察意识形态的。从科学认识论的角度考察意识形态,就是要考察意识形态的虚假与真实,以及导致虚假意识的认识和社会根源。而从价值论的角度来考察意识形态就不是探讨其“虚假与真实”的问题,而是要考察其正当与否的问题。科学研究中,探讨自然、社会、人类思维客观状况的知识体系,是用来探求真理的,它们不是价值观体系,没有正当与否的问题。而各种“学说”和“主义”都是价值观念体系,都可以视为价值维度的意识形态理论。

第三,特定政治信仰维度的意识形态。作为一种政治信仰的意识形态,是对价值维度意识形态的进一步约限,其特质在于意识形态与特定政治理想和政治信仰的内在关联。一般地说,这种意识形态是真正的“占统治地位”的意识体系。这种意识形态无所谓“虚假和真实”,也无所谓“正当与否”。它是刻意和自觉所为,它公然申明自己的政治立场。要说“主观故意欺骗性”,只是这个维度的意识形态才可能具有。当然,也不是必然具有。马克思所揭露的当年的“虚假性”的德意志意识形态,正是这种意识形态。

意识形态作为一种特殊的精神现象,是一种充满着理想的精神诉求。意识形态天然地包含由特定政治理想所驱动的信仰旨归。意识形态作为“占统治地位”的思想意识,其实质必然是这个社会的一种广义的政治思想,直接表征社会的政治理想,成为某种政治话语系统及其政治行为的思想预设。因此,解释意识形态,必须深深植根于社会的政治使命、政治理想、政治信仰。意识形态常常是作为社会主体阶级权利的合法性论证。

意识形态作为一种政治信仰,深深地洇渗于社会的政治统治之中。意识形态作为一种政治理想,总是在不断地进行着由经济而政治、由市民而国家、由思想而制度的信息传递和社会编程,为其所属的那个阶级的精神王国礼赞。重温马克思、恩格斯当年以资本主义社会的政治为例对资本主义意识形态的批判就可以深刻领会这一点。马克思、恩格斯认定,正像“封建的教会组织利用宗教把世俗的封建国家制度神圣化”①一样,一切意识形态都或多或少、或直接或间接、或理性或工艺、或观念或形象地把国家制度神圣化,变成世俗化、刚性化的宗教。

作为特定政治信仰的意识形态,在现实的政治生活中最容易成为一种“社会性的幻象”和“虚妄的精神生产”。仍以当年资本主义德国的意识形态为例,马克思、恩格斯指出,“所有的德国哲学家们都断言:观念、想法、概念迄今一直统治和决定着人们的现实世界,现实世界是观念世界的产物”,因而“德国唯心主义和其他一切民族的意识形态没有任何特殊的区别。后者也同样认为思想统治着世界,把思想和概念看作是决定性的原则,把一定的思想看作是只有哲学家们才能揭示的物质世界的秘密”②。他们把社会存在决定社会意识的原则贯彻到对意识形态幻象思维的分析中,认为其虚幻性来自于对生活世界的颠倒反映,这种反映方式最终是由它所反映的那个颠倒了的世界决定的。在针砭德

① 参见《马克思恩格斯全集》第21卷,人民出版社1965年版,第545页。

② 《马克思恩格斯全集》第3卷,人民出版社1960年版,第16页注①。

意志意识形态的幻象思维痼疾时，马克思、恩格斯曾给出了一个破解其隐秘的总体性方法：要说明意识形态幻象思维“这种曾经在德国占统治地位的历史方法，以及它为什么主要在德国占统治地位的原因，就必须从它与一切思想家的幻想，例如，与法学家、政治家（包括实际的国家活动家）的幻想的联系出发，就必须从这些家伙的独断的玄想和曲解出发。他们的实际生活状况、他们的职业和现存的分工非常明白地说明了这种方法”①。

三、现代意识形态的五个特征

当代世界仍然是一个意识形态的时代：

> 意识形态的时代，既是一个充满希望的时代，也是一个困惑失望的时代。乌托邦式的幻想接踵而来，然后暗淡无光地接踵而去。正像许多其他方面所证明的，我们的现代世界又被意识形态证明，确是一个不断变化的世界。②

这是克拉莫尼克与华特金斯在其著作《意识形态的时代》中的看法。他们认为现代意识形态仍不失其“革命性”和“民众性”的本质性特征。认为自从美国革命和法国大革命以来，政治意识形态一直立足于一个革命的信念。这个信念深信：人类的知识和力量可以让人世间的生活臻于完美。因此可以断言，“好斗的革命性”是现代意识形态的典型特征。因此，自觉地唤起民众，强调民众是进步与意识形态胜利之后的最终受益者，进一步显示了现代意识形态的革命特征。与历史上的任何运动相比，现代意识形态运动由于宣称权威的合法基础是民众的赞同，因而是史无前例的从根本上属于民众的运动。

在他们看来，现代意识形态不仅具有革命性和民众性这两个特征，而且具有三个其他的特征：第一个特征，现代意识形态致力的目标是典型的乌托邦式和天启式的。由于让人民群众期待一个明确的建立新的理想秩序的胜利，能够比较容易保持人们的勇气，现代意识形态家一般倾向于用确然而乐观的措辞来界定他们的目标。第二个特征，现代意识形态家惯于按照简单的“我们与他们”即朋友与敌人的关系思考问题。而这一特征，实际上，正是他们立足乌托邦主

---

① 《马克思恩格斯全集》第3卷，人民出版社1960年版，第56页注。

② 〔美〕克拉莫尼克等：《意志形态的时代》，章必功译，同济大学出版社2006年版，第8页。

义的一个自然结果和自然征兆。相信自己的目标符合民众利益,因而他是绝对不能抗拒的人,总是怀疑反对者的动机包藏祸心。第三个特征,虽然普遍性不及刚才提到的两个特征,却也值得我们牢记于心。在19世纪结束之前,成功的意识形态运动一直从它们对人类进步所抱的乐观积极的展望中吸取了许多力量。直至今天,大抵上,也还是这样。①

四、被传播的意识形态(一):对大众媒介的浸染

在任何形态的政治系统中,意识形态都具有强大的功能。以上关于意识形态理论演变的梳理,可以明显看出,学术界对意识形态的探究,其思考理论的核心还是意识形态的功能问题。无论是从政治学角度,还是从社会学角度,抑或是从心理学角度;无论是论说意识形态的真与假、教化与蒙骗,还是论说意识形态的政治动员发动、政治价值凝聚、政治信仰塑造、政治理想认同等功能,都是在静态地认知和思考意识形态。然而不能忽略的是:离开动态的传播过程,意识形态的这些功能将不复存在。

从传播的角度,或者说,把意识形态作为一种政治信息作传播学考察的是英国学者汤普森。他的《意识形态与现代文化》一书开辟了对意识形态研究的崭新路径。汤普森对意识形态研究的贡献,与其说是意识形态与现代文化的关系②,不如说是他从政治传播的角度探讨了意识形态。

汤普森首先突破了传统意识形态批判将意识形态概念中性化或彻底消除的思路③,将意识形态问题视为某种更广泛的问题域的组成部分,权力与统治的形式、社会结构的性质、社会再生产与社会变革,尤其是象征形式及其在社会生活中的作用,构成了这种更广泛的问题域。所谓的"象征形式"源自文化人类学

① 参见〔美〕克拉莫尼克等:《意志形态的时代》,章必功译,同济大学出版社2006年版,第5~8页。

② 在我看来,这一个论题一点也不新鲜,此前有太多的人都从不同的角度探求了意识形态与文化的关系。

③ 他的原话是这样的:"提议对意识形态概念作重新阐述,使我们能避免败坏许多近来理论著作的若干倾向。首先,它使我们避免先前提到的那种倾向:把意识形态视为一种'社会胶合剂',它通过把社会成员联合到一起并提供集体共有的价值观与规范,成功地稳定社会。这种设想盛行于当代著作中,然而它所根据的设想是可疑的而且不可行的。没有什么证据能说明某种价值观或信仰是现代工业社会中全体(或者即使大多数)成员所共有的。而且,没有理由认为复杂的工业社会的稳定要求并依靠对特定价值观与规范的一种共识。"〔英〕汤普森:《意识形态与现代文化》,高铦等译,译林出版社2005年版,第8页。

家格尔兹的“象征性概念”，即文化是体现于行动、语言和各种有意义的事物中的意义形式，人们依靠它们进行相互交流并且分享某些经验、观念及信仰。汤普森在借用格尔兹的“象征性概念”分析意识形态和文化现象的同时，进一步深化了这一概念，强调象征形式的生产与被接受是发生在结构性社会背景内的过程，即在具体社会——历史背景和进程中产生、传输和接收。如此，意识形态便不再是简单的“社会胶合剂”或某种寻求集体共有价值观的努力，而是某种象征形式通过政治系统中的产生、传输和接收在社会中的应用，是意义服务于创立和支撑政治统治关系的方式。

在他看来，任何象征形式的意识形态要“价值化”即成为具体发生影响的象征形式，不仅需要生产，还必须传播。因此，汤普森将近现代以来大众传播的发展与转变，作为透视意识形态与现代文化本质的独特视角。他认为，在现代大众传播时代，意识形态象征形式的传输与交换，已经不再局限于面对面的互动场景中，而是由大众传播作为中介所左右。由于大众传播的流动主要是单向度的，因此势必在生产者与接收者之间发生某种基本的“断裂”，这种因技术媒介的部署而造成的“断裂”使得社会互动与具体的场所分开。这一方面最大限度地提高了潜在的、不可见的受众的被覆盖率，通过意识形态的传播极大地影响了他们的政治生活；另一方面却也带来了新的威胁，即传媒对意识形态的再造与控制。

汤普森把意识形态置放于大众传播时代大众传播内容的核心位置，向我们详尽展示了意识形态在传播过程中被媒介化的状态：

论点一：现代社会中的意识形态分析必须把大众传播的性质与影响放在核心位置，虽然大众传播不是意识形态运作的惟一场所。在以大众传播的发展为特点的社会里，意识形态分析应当集中关注大众传播的技术媒体所传输的象征形式。意识形态分析不应集中于由政治集团所制定和信奉的世俗信仰体系，而应首先面向象征现象在社会领域中流通并与权力关系相交叉的多种复杂方式。大众传播的技术媒体是中心关注点，它不但是象征形式的流通与传播渠道，而且是一种新型社会关系的机制。

论点二：大众传播的发展，大大扩大了意识形态在现代社会中运作的范围，因为它使象征形式能传输到时间与空间上分散的、广大的潜在受众。如果我们根据象征形式所传达的意义用于建立和支撑统治关系的方式来构想意识形态，可以看到大众传媒尤其是电子媒体的发展对意识形态现象的宣传与传播具有巨大的影响。

论点三:我们不能只通过分析传媒机构的组织特征或传媒信息的特点来分析大众传播的意识形态性质,传媒信息也必须联系它们被接收时的具体背景和过程加以分析。大众媒体在我称之为国家组织的和意识形态保证的社会复制总理论中,一般都被赋予复制机制的中心地位。

论点四:大众传播的各种媒体,以及它们造成和支持的准互动的性质,界定了这些媒体所传输的信息具有意识形态性质的广泛参数,但它们并不构成这些信息是意识形态的。①

五、被传播的意识形态(二):砥砺与“终结”

自从人类社会有了意识形态,人类社会的政治就被绑在这架“战车”上滚动、传播、砥砺。由于人类政治的相容性,意识形态形成并传播了人类的政治文明;又由于人类政治的不相容性,意识形态越来越形成坚硬的政治外壳。终于意识形态成了如下这个状貌:

> 意识形态是一套有或多或少内在一致性的思想观念,不管目的是维护、修正还是推翻现存的权力关系体系,它都提供了有组织政治行动的基础。因而所有的意识形态都(a)通常以世界观的形式解释现存秩序,(b)提供一个理想未来的模式和美好社会的构想,(c)勾画政治变迁何以产生并应该如何发生。但各种意识形态并非封闭的思想体系,相反,它们是由流动的思想观念组成,这些思想在某些方面互有重合。在“基础”的层次上,意识形态类似政治哲学;在“操作”层次上,它们表现为一般的政治运动。②

意识形态经过滚动、传播、砥砺的历史,基本上可以以“国家与社会”、“国家与个人”的关系为轴线划出“自由主义”与“保守主义”两大阵营。种种“主义”形态的“意识形态”无一不是这两大阵营的延伸和变种。“自由主义”与“保守

① 参见〔英〕汤普森:《意识形态与现代文化》,高铦等译,译林出版社2005年版,第286~291页。

② 〔英〕安德鲁·海伍德:《政治学》(第二版),张立鹏译,中国人民大学出版社2006年版,第51页。

主义”支配并伴随着人类的政治走过了“热战”、“冷战”、“博弈”、“亲和”的历史。在这种历史过程中,人们在特定意识形态支配下的一个共同愿望是“终结”意识形态——一种意识形态“消灭”另一种意识形态。意识形态终结论并不只是一种思想和理论领域的斗争,而是紧密伴随着现实的政治斗争,在这一点上,无论“国内”不同政治派别间的意识形态还是“国际”上不同国家的意识形态都一样。

1960 年,美国社会学学者丹尼尔·贝尔发表了《意识形态的终结?50 年代政治观念衰微之考察》为标题的文章。他认为法西斯主义和斯大林式的政治意识形态在整个世界已经失去了吸引力,而其他政党之间的分歧仅仅在于它们当中谁更有资格或能力领导国家和社会,促进经济增长和繁荣,因此经济压倒了政治,而政治则简化为怎样实现繁荣及诸如此类的技术性问题,或者是什么样的社会是好社会这样的道德和哲学问题。显然,当丹尼尔·贝尔只是将法西斯主义或斯大林主义看作意识形态,而认为自由民主并非意识形态时,这种观点本身就是意识形态的。从当时国际政治的实际情况看,西方社会度过了 20 世纪 50 年代和 60 年代初期的“黄金时代”,到 60 年代后很快见证了意识形态的汹涌。“冷战”时期的历史表明,意识形态冲突始终运行在政治之中。1989 年,苏联和东欧国家的政权发生巨变,“意识形态终结论”又卷土重来,美国学者弗朗西斯·福山再次发表《历史的终结》。福山并不是认为意识形态变得不重要,而是说某种意识形态——自由主义民主——业已战胜敌手,并且这是决定性的最终胜利。福山仍然将一种意识形态占主导地位的格局称为意识形态的终结——只是这回显得更加有信心了,连带历史也终结了。福山之后,安东尼·吉登斯则认为,传统的“左”与“右”的意识形态,在一个以全球化、传统衰落和社会反思性扩展为特征的社会中愈发变得不适用。“后现代主义”以另外一种方式解释上述发展,该理论指出,主要的意识形态——或者说“宏大叙事”——本质上都是过去现代化时期的产物。关于“意识形态终结”的意识形态之争可以看出,“所谓意识形态终结、历史终结以及现代性终结的论断本身也可看成一种意识形态,它们不仅没有带来意识形态的最终消亡,反而显示出意识形态争论仍然存在且很激烈;意识形态的演化还在继续,或许这是个永无休止的进程”①。

“无休止的进程”意味着意识形态会被无休止地传播。同一般事物均有产生、发展、灭亡一样，意识形态不会终结是指意识形态的斗争不会终结。对于任何一种具体的意识形态而言，虽然政治统治者即意识形态的创立者极力维系旧有的意识形态，但是最终也免不了特定意识形态的灭亡。这其中，意识形态的“传播”（宣传）在其中具有举足轻重的作用。正像我们过去十分不理解当年的法西斯意识形态，明明很荒谬却依赖“宣传”而那样地深入人心，使人“弯曲了脊梁”；就像现在，一些国家的意识形态，明明也很愚昧，却同样依赖“灌输”而那样地凝聚人心，使人“鬼迷了心窍”。当然，文明最终会战胜野蛮，意识形态的生命，依赖于传播与宣传但是却不取决于传播与宣传。当年拉斯韦尔教授在他的《政治学》中说到意识形态，曾无比感慨地写下这段精辟的文字：

> 一种公认的意识形态是能够自己长期存在下去的，不需要那些受益最多的人去进行什么有计划的宣传。当有人为了寻求传播某种信念的方法而煞费苦心的时候，就表明该信念早已奄奄一息了，社会的基本前景已经衰败了，要不就是一种新的胜利的前景还没有获得男女老少各色人等的自发的忠诚。一个对自己毫无忧虑的国家多么幸福啊！至少少数几个从普遍默认中得到主要好处的人多么幸福啊！在群众受着信心的驱使，而精英又满怀自信的情况下，那些将特殊利益给予他人的生活制度是没有必要去搞什么阴谋诡计之类的活动的。②

第三节　作为政治信息的政治价值

人们长期以来把意识形态与政治价值不加区分，认为政治价值就是意识形态，其实不然，意识形态蕴含着政治价值，但并不等同于政治价值。政治价值是一种政治规范，或者说是从规范分析角度对政治生活的规定，其要旨是建立在

① 〔英〕安德鲁·海伍德：《政治学》（第二版），张立鹏译，中国人民大学出版社2006年版，第79页。

② 〔美〕拉斯韦尔：《政治学：谁得到什么？何时和如何得到？》，杨昌裕译，商务印书馆1992年版，第19页。——当我再次在经典著作中看到这一段话，将其置放于当今的意识形态环境之中时，有着比那时的拉斯韦尔更为激荡而复杂的感慨。

现实政治生活基础上的面向理想政治生活的诉求。而意识形态虽然也包含着面向未来政治理想、政治生活的政治信仰，但是，其要旨是用于指导、约束现实政治生活的经验性诉求。在政治传播中，二者均属于可传播的“政治信息”范畴。但是，如前所述，意识形态由于其特定政治经验所裹挟的坚硬的“政治性”，在被传播中充满着拒斥和斗争。而政治价值，由于其“面向未来”所提供的“理想空间”，虽然在被传播中也有一定程度的“歧见”，但总体上相容性更强。

一、政治价值的三个级态

政治价值作为洇渗于政治制度、政治行为和政治心理这些表层结构之下的深层意义规范，对人类的政治生活更是有着举足轻重的地位。西方政治学者对这一概念有着不同的理解。如拉斯韦尔认为，权力、尊重、正直、仁爱、财富、幸福、技能和启迪等，人们希望得到的事物都是有价值的事物。伊斯顿认为，价值指权力、财富、技能、知识、安全、声誉等有形或无形的事物，而政治就是对“价值的权威性分配”。多数西方学者主要用“政治价值”指人们对政治活动和政治现象的道德、伦理的评价和判断，以及人们“应该做什么”的信仰、规范等观念，如欧洲大陆哲学的代表人物赫费、英美哲学的代表人物罗尔斯等，认为政治价值就是政治的正义性。我国国内学者对于政治价值的看法更是众说纷纭。

在此，我们不陷入这种争论。在我们看来，政治价值可以分为“三个级态”：经验价值极态、规范价值级态和终极价值级态。

经验级态的政治价值，是人们从功利主义的立场出发，以满足自己的感官欲望为尺度，对政治生活采取的一种价值评价态度。凡是政治上“有益”的东西，能满足人的感性层面的政治需求的，即是有政治价值的。经验级态的政治价值主要诉诸人的感性行为，诉诸个体的感性层次需要，因此，在这里，政治价值的普遍有效性被湮没于感性经验之中，政治价值形而上意义被经验的物质性取代了。规范级态的政治价值则是一种依附理性命令而建立起来的社会性、规约性极强的价值系统。规范级态的政治价值，是靠理性逻辑来建构的规约性的社会价值系统，虽然它使政治价值具有了普遍有效性，从而消除了经验级态层面的价值差别性与不可靠性，但是，规范级态政治价值的确立，并不是像康德所说的自律性的价值确立，而是一种外在的他律性的规约甚至强制。规范级态政治价值的实现必须通过“命令”的形式。但是，倘若规范级态的政治价值只能建立在“命令”的基础上,那么谁来“命令”命令者呢?命令者“命令”的根据又是什么?这将是一个“恶的无限”。在一个不民主的政治社会里,这种命令者往往依附特定的政治意志。康德也正因如此才赫然转向“自律”——依靠自己内心的信仰而规范自己。因此,从价值本体论的角度看,无论是诉诸感性经验的经验政治价值,还是诉诸理性规范的规范政治价值,都无以对人确立一个真实可靠的政治价值系统,都无以安置一个人所真正能够栖居的政治价值世界。这样,终极级态的政治价值便应运而生。与诉诸经验感性的经验级态的政治价值不同,也与诉诸理性规范的规范级态的政治价值不同,终极级态的政治价值要诉诸人的超验的、超理性的政治信仰。而且,经验级态的政治价值和规范级态的政治价值,其作用和意义也只有在终极级态政治价值的感召和牵引下才具有现实性。

据此,政治价值往往与宗教信仰瓜葛在一起。美国著名宗教哲学家蒂利希认为,宗教就其最广泛和最根本的意义而言,是指向一种终极的关切。其实,这种理论同时也为政治价值中的政治信仰作了最好的注脚。对终极政治价值的关切和追问展示了人的政治的全部可能性,它使人类政治向未来和无限敞开胸怀,使人类能够具有足够的勇气来承领政治价值虚无所带来的精神漂泊和放逐。它成为人类心灵流浪荒原之所企望达到的永恒绿洲,成为真善美的最高展示。这永恒的终极级态的政治价值,显现于未来中,它使人成为一个永远趋赴于未来召唤的敞开的政治存在物,在这一过程中,一切碎裂的政治异化的伪价值状态,都将被这永恒的趋赴宣判为偶然的不可靠的东西。

二、政治价值与政治价值观

政治价值是人们对政治的价值和意义的一种肯认,可传播的是这种“肯认”的观念和形态,即政治价值观。所谓政治价值观,是人们对政治价值基本判断的观念形态。不同的国家有不同的政治价值观,处于不同经济地位的人们在政治价值观上也显然有别。在社会政治生活中,每个政治个体或集团都会面临这样那样的价值选择,政治价值的选择是在政治价值判断的基础上进行的,即对一定政治目标,如政治观点、政治理论、统治行为、政治系统及运作的肯定或否定。在这方面,不仅不同的国家、民族的政治个体及不同的社会集团的选择取向大不相同,而且在同一地区、国家、民族的不同的历史时期,人们的选择也会大异其趣。正因如此,政治价值需要通过不同的政治价值观进行传播。

政治价值观是伴随着人类政治行为的历史悠久、弥久而新的政治信息。与人们对政治的判断相一致,政治价值观的形态也是多种多样的。我不太赞同现在流行的以意识形态为依据的划分方法,诸如什么“社会主义政治价值观、资本主义政治价值观、自由主义政治价值观、保守主义政治价值观”等等,我赞成我国学者张昆的综合历史与现实、西方与东方,从“传统”与“现代”两个维度做简单划分的做法。一般来说,传统政治价值观的主要内容包括:其一是崇尚权威,其二是忠君爱国,其三是等级观念,其四是秩序与纪律。“传统的政治价值观就其核心内容和基本取向而言,是重社会、重集体、重国家,强调整体的利益高于个人的利益,为了集体、社会乃至国家,必须牺牲个人自身的利益;同时,传统政治价值观还十分地尊重权威,重视服从,而在很大程度上忽视了个体的自主性、能动性和创造性,忽视了个体的自由。”①现代政治价值观是在传统政治价值观基础上,适应现代政治系统的形成而建立起来的。现代政治价值观既来源于传统政治价值观,同时又明显地超越了传统政治价值观。两者在内涵上既有相同相容的部分,也有截然不同乃至相互排斥的内容。与传统政治价值观一样,现代政治价值观作为公民政治认知的基础和核心要素,同样影响着公民的政治态度、政治情感和政治行为,并在很大程度上决定了现代政治系统的运行机制及其模式。现代政治价值观首先有许多方面保留、继承了传统政治价值观,诸如,爱国主义精神、实现与维护国家的统一、追求政治系统的稳定等。当然,“现代政治价值与传统政治价值除了以上的共同点外,更多的还是前者对后者的超越,还是后者适应新的政治现实、新的政治变化所作的新的发展。现代政治价值不同于传统政治价值的主要内容,集中表现在对法治、自由、民主、人权、平等、公正诸价值的追求上”②。可以说,正是政治价值观的交流与传播,“在政治社会化对象的心理世界建构现代的政治价值体系,即爱国主义理念、国家民族统一的目标、政治系统的稳定和法治、自由、民主、人权、平等价值,对于丰富公民的政治认知,形成正确的政治态度,塑造健全的政治人格,进而推进政治发展,保持政治系统的有序运行,具有积极的推动作用”③。

---

① 张昆:《大众传媒的政治社会化功能》,武汉大学出版社 2003 年版,第 171 页。

② 同上,第 175 页。

③ 同上,第 181 页。

三、政治价值能不能传播

一种事物的“可传播性”，取决于这种事物的“有用性”的可扩展性。有些事物十分有用，但是可能仅适应于其原发环境和系统而不适宜扩展。产生于特定政治系统中的政治价值，除了在本系统的“内传播”之外能不能在本系统之外传播，取决于对别的系统是否有用，多大程度上有用。这是在意识形态纷争基础上，政治价值传播首先遇到的一个问题。

美国政治学家达尔在分析现代政治时曾指出，对一个问题的研究中存在着四种“取向”和相应的分析方法，它们是规范分析、经验分析、政策分析与意义分析，每一种关于“政治”的理论以这种或那种方式同时包含了它们，只是构成的比例不同而已。他是这样说的：

> 每一个问题代表着对世界的一个不同的取向，提出第一个问题，人们的取向是要发现一项政策。提出第二个问题，人们的取向是要寻求规范，亦即价值或标准，去判断可供选择的政策。提出第三个问题，人们力图找出现实世界中各种因素之间的经验的关系。提出第四个问题，人们力图澄清意义。因此，我们可以说政策取向、规范取向、经验取向以及语义取向。根据政治分析在特定时间里注重于哪一个问题，人们分别可以说政策分析、规范分析、经验分析和意义分析（有时称为概念或语义分析）。①

达尔的这种理论适合于我们对政治价值的可传播性的分析。四个取向中，“政策”与“语义”层面我们暂且不论，仅就其规范和经验两个层面对其可传播性作以分析。所谓政治价值规范层面的可传播性，是指首先在西方或东方社会形成的政治价值是否具有普遍性。比如，首先产生于西方社会的“民主、自由、平等、人权”等术语所体现的基本政治价值，许多东方国家也已经吸纳或逐步吸纳，努力使之成为自身文化的组成部分。在这一意义上，这些政治价值是全人

① 〔美〕达尔：《现代政治分析》（第四版），王沪宁等译，上海译文出版社 1987 年版，第 10 页。——这里我们之所以引用了达尔《现代政治分析》的旧版本，即“第四版”，因为达尔在此后的新版本中删去了分析政治“四种取向”的理论。但我们认为，这个理论很有价值。达尔虽然不再提了，但不等于说就否定了这个观点。

类的财富，是政治文明的结晶。这可称之为政治价值的普遍性。政治价值的普遍性具有相对的独立性和超越性，而不依赖于经验政治的实证。即使政治经验生活中不存在承载这些价值的制度安排和经验事实，它们也依然是有效的，这种有效性建立在政治信念的基础之上。但是，经验层面政治价值的可传播性与此不同，它受到实证政治资料的严格检验，其可传播性程度直接受制于两种政治现实之间的相似程度。这样一来，由于各国历史传统、宗教信仰和政治制度的差异等原因，经验层面的西方政治价值很难直接转移到非西方国家中去，反之，非西方国家的政治价值也很难直接转移到西方国家中去。在这一意义，我们可以将经验层面的西方或非西方的政治价值视为一种地方性知识。当然，地方性知识并不意味着它不能提供关于经验事实的规律性认识，只是这种规律具有适用边界的限制。①

经验层面政治价值的可传播性（特殊有效性）建立在现实政治的实证基础上，而规范层面政治价值的可传播性（普遍有效性）建立在超越特定政治现实的政治信仰基础上，但这两者却不是割裂的。由特殊有效性（适应于地区政治）到普遍有效性（适用于所有政治）的传播和扩展，体现了人类的政治由具有巨大分歧的现实状态不断走向没有分歧的理想状态的历史过程。首先从研究分析方法上对政治价值的经验分析和规范分析是相辅相成的。因为“没有明显的理由表明，为什么在政治研究中科学方法与规范取向是根本不相容的。每种方法都可以丰富别的方法。如果没有经验导向的分析所提供的对现实的测绘，规范分析就容易变得缺乏说服力或干脆分文不值。如果对政治哲学家（即我们通常对那些从事规范政治分析的人的称呼）特意提到的某些根本性问题失去关切，不

① 景跃进先生在他主编的《政治学原理》中，借鉴了达尔的分析方法，我们这里的分析进一步借鉴了景跃进先生的分析。不过，他是用“知识的可转移性”来分析的，我们是直接分析政治价值的“可传播性”问题。景跃进先生在分析完政治“知识的可转移性”之后，针对中国，创新性地提出了“政治学国别风格”问题——“价值知识和经验知识之间形成了一种辩证的互动关系。价值知识一旦为人们接受，便能成为指导政治行动的信条，从而将价值知识转化成为政治现实。一旦体现了这些价值的新政治制度建立起来，人们的政治行为也就发生了相应的变化。于是，在经验层面上原先存在的巨大差异开始缩小，实证知识可转移性的可能空间也就随之增大。……需要指出的是，价值知识的普遍性及其向政治现实的转化并不意味着各国的政治现实都将趋于一致。例如，民主价值的普遍性并不意味着民主制度的具体形式必然也是一致的。……政治价值与经验现实之间存在着多元的结合方式，这一方面意味着实证知识的可转移性总是会受到相当的局限，同时也为我们建设中国特色的社会主义民主政治提供了一个基本依据。”参见：《政治学原理》，中国人民大学出版社 2010 年版，第 53 ~ 55 页。我们之所以引用这段话，是因为政治价值的传播问题是政治学国别风格的重要因素，很值得做专门的探讨。

论是古代的还是当代的，经验分析就有沦落为浅薄之谈的危险。”①既然如此，正像达尔所说：“其一，关于政治的陈述通常包含着规范的和经验的双重成分；其二，即使是纯经验的研究或纯经验的陈述也无一例外地具有其规范的关切，从而把人们的注意力引向正在加以述说的经验世界的那个特定的部分。”②

四、政治价值要不要传播

上述分析说明，政治价值是可以传播的。但是，政治价值规范层面与经验层面的“可传播性”或“可转移性”的限度不同，必然牵涉出政治价值的“普世性”以及“普世性程度”问题。这个问题最终回答的是：政治价值要不要传播。

在我国，所谓普世价值的争论，其实质是政治价值普世性的争论。这场争论严肃而尖锐，基本上退回到坚硬的意识形态外壳之中。无论是政治价值的规范层面，还是政治价值的经验层面的“可传播性”基本上被否定了。

在争论中，我国著名哲学家陈先达所提出的普世价值的“普世性”与“共识性”也许有利于正确认识和把握这个问题。陈先达认为，在对待普世价值的问题上存在两种不同的观点：一种是西方中心论的普世价值论，即把西方以资本主义私有制为基础、以个人主义为核心的价值观奉为绝对的普世价值；一种是以历史唯物主义为指导的观点，它肯定人类文明进步和文化交流的积极成果。后一种观点是对人类基本价值的肯定，是一种价值共识论。他认为，绝对的普世价值是不存在的，因为它包含一个不可解决的矛盾，即价值主体与价值本质的矛盾。价值不可能具有绝对的普世性。有放之四海而皆准的普遍真理，而没有放之四海而皆准的绝对的普世价值。这是真理与价值之间最重要的一个区别。因为真理是主客体的认识关系，它涉及的是认识内容的客观性问题，而价值是主客体的一种需要和满足需要的关系，它涉及的是利益，特别是核心利益关系问题。即便是放之四海而皆准的普遍真理，也要与各国实际相结合，否则就是抽象真理，而抽象真理会因为缺失具体性而转化为谬误。真理尚且如此，何况价值？价值的绝对普世性与价值关系的具体性两者不能兼容。价值观念是主体的判断，而价值关系是不依主体意志为转移的客观关系。普世价值不可

① 〔美〕达尔：《现代政治分析》（第六版），吴勇译，中国人民大学出版社2012年版，第172页。

② 同上，第10页。

能是绝对的，在当今世界不可能奉行同一种价值观。因为作为这种价值观的共同的统一的主体并不存在。现实中有个体，有由特定关系结合而成的集体，如阶级、社会、民族、国家，因而有个人价值、阶级价值、社会价值、民族价值、国家价值，但当今世界并没有以全世界所有国家为同一主体的普世价值。陈先达指出，不同意普世价值，但承认人类在一定范围内、一定问题上可以存在某种价值共识。价值共识不是脱离各个民族的价值而独立存在的抽象共相，而是在人类文明进步中、在各民族文化交流中逐步形成的对某些基本价值的认可；它是有条件的、历史的、变化的。以价值共识为依据证明抽象普世价值的存在是不对的；但以价值分歧为依据否定自由、民主、人权作为对当代人类文明共同进步的基本价值的一种共识性，也是不对的。应该认识到，以基本价值为依据的价值共识与抽象的绝对的普世价值，是两种不同性质的价值观。

陈先达认为，价值共识不是一时形成的，而是在各民族的文化长期交流、传播和相互学习中逐步形成的。无论具有普遍性的基本价值的形成过程如何漫长，尤其是一种理论上的共识变为现实如何艰难，人类文明进步中形成的基本价值都始终是人类文明发展的宝贵精神财富和人类追求的历史性目标。人类的历史就是由野蛮走向文明、由资本主义文明逐步以各种方式和道路走向未来的共产主义文明的历史。在每个历史阶段都会形成具有时代性的基本价值，成为那个时代的先进价值，并在进步人类中形成价值共识。①

然而，在我看来，所谓普世价值与价值共识并没有本质性的矛盾："普世价值"是从传播、交流的"结果"出发对一种价值的共识性所做的判断和表述；"价值共识"是从"过程"和"历史"出发对一种价值的普世性所做的判断和表述，二者的结合反而更能说明政治价值要不要传播的问题。简言之，价值共识理论说明了政治价值十分需要在全世界进行传播，以便人类在传播中取得对政治价值更为深刻而广阔的"共识"。共识离不开传播，"共识"越来越具有"共"，这就是结论。从这个意义上说，若坚持"价值共识"观，反而要肯定普世价值——当然不是从特定意识形态立场出发事先设定一个普世价值去传播、推销、灌输；若坚持普世价值观，反而要肯定这种普世价值来源于价值共识。这就是从传播角度对政治价值研究所得出的辩证的结论。

---

① 陈先达的观点在多处发表，请参阅《哲学研究》2009 年第 4 期。

第四节　作为政治信息的政治文明

当我们剥开意识形态的坚硬外壳，区分出政治价值的分层次可传播性，作为政治传播内容的政治信息的内核——政治文明就显现在我们面前。从传播的角度看，没有人会否认政治文明的传播的可能性和必要性，相反，人们渴望政治文明的交融，渴望各种形态的政治文明通过最广最深最精确的传播与覆盖给整个人类带来的福祉。

一、政治文明没有政治冲突性

对于“文明”人们往往从三个角度来理解和把握。第一是从人类社会发展的历史阶段这个角度来理解。这种意义上的文明是与野蛮、未开化、原始、兽性相对的，往往与文化、教育、艺术等的发达相联系，这种文明有先进与落后之分、优劣之别。比如，马克思在他的一些著作中就把人类社会从低级向高级发展的历史划分为“蒙昧、野蛮、文明”三个时期；再比如，西方社会学家孔多塞认为文明是一个发展的过程，人类从原始状态到野蛮状态再到文明状态，经历了多个发展阶段，文明作为人类社会整体的进步状态，是指整个人类从野蛮状态向一个从未达到过的高级社会状态的不断发展。他在《人类理性进步的历史概观》一书中描绘人类文明的渐进发展图景，列举了十个阶段。第二是从人类改造自然和改造社会的积极成果这个角度来理解。这种文明表示着人类社会物质、精神等的不断发展和进步状态。马克思曾把文化的发展、海上贸易的扩大、农业和手工业的发展、劳动的分工和结合等等，都视为文明的应有之义。恩格斯也曾把人类社会所出现的一切物质财富、精神财富看作文明的内容。他在《家庭、私有制和国家的起源》一文中指出，人类创造的物质财富和精神财富的社会形式同文明直接联系，三大奴役形式与三大文明时期相适应。[①]第三是从一个民族、一个国家、一个地域或具有共同精神信仰的群体的文化遗产、精神财富和物质财富的总和这个角度来理解的。比如像古希腊文明、两河流域文明、中华文明、伊斯兰文明、西方文明等表述。这时的文明，既可以指特定历史阶段的某一

① 参见《马克思恩格斯选集》第4卷，人民出版社1995年版，第176页。

社会,也可以指该社会的特定历史延续;既可以是地域性概念,又可以是跨地域、民族、国家的宗教概念。

这样看来,政治文明更多地应从第二个角度来理解。政治文明不仅是社会一定历史阶段的特有现象,具有时空的特定意义,同时也是普遍性与特殊性的辩证统一,不同的民族和国家有不同的含义。在目前众多的关于政治文明的讨论中,我比较赞赏这个看法:政治文明是指人类社会政治生活的进步状态。从静态的角度看,它是人类社会政治进程中取得的全部进步政治成果;从动态的角度看,它是人类社会政治进化发展的具体过程。政治文明包括政治意识文明、政治制度文明和政治行为文明三个部分,是由这三个部分组成的有机整体。①

在关于政治文明的认识上,很多人不愿意把政治文明与政治文化区别开来。文明与文化的关系本来已经是在哲学上解决了的问题,这就是,文明是文化中的积极的、进步的精华部分,文化中包含着文明却不等于文明,文化不能代替文明,文化"大",文明"小"。按照这种逻辑,理应先有文化,后有文明。但是,近年来却有一种思潮,把文化与文明的关系颠倒过来了,认为先有文明,后有文化,文明与文化并无"精华"与"积极"之分。国内外学术界都存在着这样的看法。这样一来,把本来就十分复杂的"文化"与文明交织在一起搞得更加复杂。

因此,在对于政治文明的认识上,还是要坚持一个基本的要点,即"政治文明是一个褒义的概念。政治文明是人类政治生活包括政治文化的进步状态,野蛮的、落后的、颓废的政治生活、政治文化不能划入政治文明之列。有些人在理解文明时,往往是将文明与文明时代的产物等同起来的,而没有将文明时代的产物区分为进步的和落后的、文明的和野蛮的。这里所说的政治文明,应该是进步的、健康的、民主的、法治的、正义的、和平的、宽容的政治生活。尽管不同时代的政治文明其具体内容是不同的,但必须是本时代进步的政治状态。否则,人们就完全没有必要将政治划分为文明政治和野蛮政治了"②。

可以看出,因为政治文明是进步的、健康的、民主的、法治的、正义的、和平的、宽容的政治生活,是人类在政治理性和政治理想的支配下,其政治生活在长

①② 虞崇胜:《政治文明概念辨析》,《理论前沿》2002 年第 4 期。

期的历史中积淀的、适应于各种政治环境的政治价值，所以，政治文明恰恰没有政治冲突性。这是作为一种政治信息具体内容被传播的政治文明区别于前述意识形态和政治价值的特质。

二、政治文明唯有通过传播而融合

人类的政治传播，传播的内容归根结底是一种政治文明。若姑且把人类的政治文明用“西方”和“东方”做最简单的形态划分（当然不是最科学的，这里的“西方”与“东方”具有空间的、地域的、文化形态的、意识形态的等综合性的意义），那么西方的政治文明发展至今，可以归纳为一些基本的理念或原则，比如，保障人的基本权利原理、人民主权原理、代议制民主原理、分权与制衡原理、法治原理、政府职能有限原理、政党政治原理、政治监督原理、正当法律程序原理、违宪审查原理等。比如，属于东方政治文明、基于中国政治实践的中国特色政治文明也有一些基本的理念：广泛吸收民意与注重集中落实相结合的组织原则，执政党与参政党相互合作、相互监督、相互统一的政党制度，投票式民主与协商式民主相结合的民主形式，总揽全局与各司其职相结合的政权运行体制；社会力量求同存异与团结联合相统一的社会治理模式，自主自治与多元一体相结合的多民族共处共促体制；司法审判与人民信访、人民调解有机结合的矛盾纠纷处理机制，直接表达个人诉求与维护社会根本利益相结合的利益传达机制等等。

从政治传播的特有角度看，作为没有“政治性”的政治文明是特殊性和普遍性的统一，也是经验与规范的统一。但是，无论是其特殊性还是其普遍性都离不开政治传播。特殊性意味着其在特定的经验政治中生成，这种生成的过程也是一个传播的过程；普遍性意味着其规范价值意蕴在其生成的政治系统以外被接纳、认同，这更是一个传播的过程。就是说，无论在特定的政治系统中，还是在不同的政治系统间，政治文明与政治传播都是共生共荣的。

上述生成与传播的辩证关系是政治文明的一个显著特点：“政治文明的产生很少有重复发明的例子，政治文明的扩散往往是通过政治传播（无论是暴力方式的还是和平方式的传播）而实现的。迄今为止，在人类社会历史上还不曾有过完全雷同的政治模式。”①谢维扬教授在研究中国早期国家形成过程时指出：

> 国家的形成毫无疑问是人类政治智慧的产物。对于早期国家的形成来说，最直接的、历史性的原因应该存在于人群的政治性行为中。没有相应的政治上的创造，任何其他因素都不可能最终使一个民族走上国家制度的道路。而这种政治上的创造或者发明，并不是所有民族都能独立做到的。因此，政治发明对于解释为什么有些地区产生了早期国家，而有些地区则始终未能进入国家进程或并非独立地进入这一进程，有着特殊的说服力。从人类文化发展的角度看，许多比较简单的文化因素（如陶器）在许多地区都有重复的发明。而越是高级的文化因素，重复发明的可能性和概率越是小。国家政治是一种非常高级的文化因素，历史表明，它在世界各地区的重复发明是非常少的。大量的早期国家是某个地区内国家政治文化传播的结果。因此对于那些独立进入早期国家进程的世界上少数几个个案来说，独特的政治发明毫无疑问是导致这些早期国家进程发生的最重要的和最具历史性的原因之一。②

正如我们前面关于政治价值中关于其“国别风格”的论述所指出的那样，政治文明的特殊性与经验性说明其有“国别”之分（假设“国家”代表特定政治系统是不同政治文明的载体）。这样，经济发展水平、历史和文化传统等政治经验的差异，在尚存在“国家”的条件下，政治文明是有国别的。既然有“国别”，就不应在政治文明的形态上总是企图“抹杀”这种国别。这一点，就连提出“文明冲突论”的美国政治学家亨廷顿也认同，他说：“正如我们已经看到的，其他国家的领导者有时企图摒弃本国的文化遗产，使自己国家的认同从一种文明转向另一种文明。然而迄今为止，他们非但没有成功，反而使自己的国家成为精神分裂的无所适从的国家。美国的多元文化主义者同样拒绝接受本国的文化遗产。然而，他们并非要美国认同另一种文明，而是要建立一个拥有众多文明的国家，即一个不属于任何文明的、缺少一个文化核心的国家。历史表明，如此构成的

① 虞崇胜：《政治文明论》，武汉大学出版社 2003 年版，第 210 页。

② 谢维扬：《中国早期国家》，浙江人民出版社 1995 年版，第 64 ~ 65 页。

国家不可能作为一个具有内聚力的社会而长期存在。一个多文明的美国将不再是美利坚合众国，而是联合国。”①这也就是说，一个国家之所以能作为国家而存在，必定有其能够将该国人民凝聚起来的独特的政治文明。一个国家如果没有一种区别于他国的政治文明，而是众多文明的大杂烩，那就不能成其为具有内聚力的国家，至多只能是一个松散的联合体。正因为政治文明的产生和发展是有国别的，因此，一个国家的政治文明能否被另一个国家所接受，这要取决于被接受国的政治资源和政治环境的可容纳度，即所谓政治文明本土资源的可容纳度。如果一个国家毫无选择地照搬另一国家的政治模式，不仅不可能成功，反而会导致原有政治秩序的混乱，阻碍本国政治文明的正常发展。②

政治文明的特殊性决定政治文明有国别，同时，政治文明的普遍性决定政治文明无国界。政治文化有差别、有壁垒，但是政治文明顽强传播，生生不息。正像美国著名的文明史研究学者威尔·杜兰所言：“文明不会死亡，只会迁移；其住地及装束虽有所改变，但必继续生存。正如个人的死亡为他人留下生存的空间一样，一种文明的凋谢也会有另一种文明代之兴起；生命脱去老皮，而死亡之时突然现出新鲜的少年时期。”他以希腊文明为例，指出：希腊文明并未死亡，它在死亡之前仍然继续生存了几个世纪，而当它死亡之时，却成为留给欧洲及远东诸国无可比拟的遗产。每一处希腊殖民地皆曾将希腊艺术思想的精髓倾注于其内在的文化血液之中，包括西班牙、高卢、伊特鲁里亚、罗马、埃及、巴勒斯坦、叙利亚、小亚细亚，以及黑海沿岸。罗马也原封不动地接受了希腊世界的遗产：其剧作家改编了米南德与菲利门的作品，其诗人模仿了亚历山大城文学的风格、韵律和主题，其后来的帝国组织则以东方化的希腊君主政体为蓝本；罗马权力的每一次扩张都播散了希腊文明的酵母。叙利亚的基督教徒接下了希腊的杰作译成意大利文，首先激起了文艺复兴的狂潮。自欧洲的心理再生以来，希腊文明已彻底渗入现代文明，以至今日“一切文明国家在一切有关智能的活动方面，都是希腊的殖民地”。具体到政治文明遗产，他指出：“我们的民主政制与独裁政制同样是沿着希腊的先例；虽然国家的权力推广之后所演成的代议制度还是希腊所没有的，但政府对人民负责，由陪审团审判，公民所享思想、言

---

① 〔美〕亨廷顿：《文明的冲突与世界秩序的重建》，周琪等译，新华出版社 1998 年版，第 353 页。

② 参见虞崇胜：《政治文明论》，武汉大学出版社 2003 年版，第 212 页。

论、写作、集会、信仰的自由观念,都受希腊的更大刺激。”①如果从历史的角度来看,大凡进步的政治变革,它的政治影响都是超出国界的,它创造的政治文明尽管出自某一国度,但却是属于全人类的。对此,马克思当年曾以1648年的英国和1789年的法国革命为例,深刻论述过这个问题。他认为:1648年革命和1789年革命,并不是英国的革命和法国的革命,这是欧洲范围的革命。它们不是社会中某一阶级对旧政治制度的胜利;它们宣告了欧洲新社会的政治制度。资产阶级在这两次革命中获得了胜利;然而,当时资产阶级的胜利意味着新社会制度的胜利,资产阶级所有制对封建所有制的胜利,民族对地方主义的胜利,竞争对行会制度的胜利,财产分配制对长子继承制的胜利,土地所有者支配土地制对土地所有者隶属于土地制的胜利,启蒙运动对迷信的胜利,家庭对宗族的胜利,进取精神对游侠怠惰的胜利,资产阶级权利对中世纪特权的胜利。1648年革命是17世纪对16世纪的胜利,1789年革命是18世纪对17世纪的胜利。这两次革命不仅反映了它们发生的地区即英法两国的要求,而且在更大的程度上反映了当时整个世界的要求。② 它当我们将某国的某项政治成果称之为政治文明时,并不是因为它是在哪一国产生的,而是因为它是顺应历史发展潮流而产生的,带有普遍的指导意义。

① 参见〔美〕威尔·杜兰:《世界文明史》第2卷,幼狮文化公司译,东方出版社1999年版,第869页。

② 参见《马克思恩格斯选集》第1卷,人民出版社1995年版,第318页。

第四章
政治传播中介

人类的活动早已进入"中介"时代,纯朴的主体与客体直接"交往"的状态已然成为人们怀念的"历史"了。人类的政治传播也是如此。所以,当我们在讨论政治传播的内容之后,按照逻辑,该说说政治传播活动的中介了。中介,被人们在多种意义和角度上使用。我认为,政治传播的中介主要有政治组织(或严格地称为政治组织机构)、大众媒介、政治话语等,当然不止这些,比如,家庭、学校、社团等,但这些不在我们的论述之列。

第一节　中介、媒介、媒体

现在很多的研究,往往对中介和媒介不加明确区分,要么在中介的意义上使用媒介,要么在媒介的意义上使用中介。这说明中介与媒介的关系十分密切,尤其是在传播学中。这里,我们对政治传播的研究,还是要弄清这两者之间的关系。

一、哲学意蕴的"中介"

在哲学意义上讲,中介是指主体作用于客体的工具、组织、途径等载体的总称,在人际之间,还包括语言、表情、行为等。中介概念是对活动主体与活动客体之间"连接带"的一种概括,因而"中介"的形态是纷繁复杂的。中介这个概念的基本要义是用来说明人的活动的,因而,举凡与人的活动相关的事物都有可能被视为中介,或者被看作具有人的活动"中介性"功能。比如,在著名学者麦克卢汉从传播角度看世界的思想中,中介即万物,万物皆中介,所有中介都可以与人体发生某种联系，如石斧是手的延伸，车轮是脚的延伸，书籍是眼的延伸，广播是耳的延伸，衣服是皮肤的延伸……中介无时不有，无处不在。凡是能使人与人、人与事物或事物与事物之间产生联系或发生关系的物质都是中介。中介“居中”，既不是主体这边，也不是客体那边，当主体或客体在特定条件下自己也成为中介的时候，意味着它已经是别的主体或客体的中介。中介一般仅对主体作用于客体而言，具有鲜明的“主体立场”和“主体视角”。就是说，仅对于主体来说才存在所谓中介，对客体而言无所谓中介，即中介的本质是“关系”范畴，是“属性”范畴，而不是可以脱离主体与客体概念的“实体”范畴。中介本身具有“居中性”而不具有“流动性”，它是主客体之间各种信息和作用“传递和流动”的载体，但是它本身不流动。

二、传播学意蕴的“媒介”

“媒介”是“中介”，但不是中介的全部。比如，一个人用一块石头打人，这个时候，石头作为这个人的武器或工具是中介，但却无法把石头理解成“媒介”。媒介在约定俗成的意义上与传播紧密联系在一起，或者可以说，中介在传播学中，在传播过程中就被视为“媒介”，据此，“媒介”与“传媒”往往重合，即“传播中的媒介”。正像施拉姆所说：“媒介的概念不像看起来那么简单。首先，显而易见的是，大众传播媒介出现之前就有了传媒。无疑，在大众媒介出现之前，传播信息的手段都应该纳入传媒的范畴，例子有传递信息的鼓声、烽火，甚至包括市镇公告人和集市等，因为它们都使人的传播能力得到延伸。市镇公告人是一种正式的职务，而传递信息的鼓可以称为机器，它们介入传播过程，就像今天的播音员和电台一样。……媒介通常是指一种传播渠道里有中介的媒介，这样的中介可能是复制和发送信息符号的机器，也可能是报社或电台之类的传播机构。”①

从传播学角度看，英国学者丹尼斯·麦奎尔把中介与媒介“糅合”在一起做了较好的解释：

> 中介包括几个不同的过程。……第一，它代表了那些我们无法直接亲自观察的事件与情境二手的(或第三者的)传递。第二，它指社会

① 〔美〕施拉姆等：《传播学概论》，何道宽译，中国人民大学出版社2010年版，第114～115页。

中的其他参与者和机构出于他们自己的目的(或我们自己假定的利益)与我们联系的各种努力。这是指政客、政府、广告客户、教育者、专家以及各种各样的权威人士。"中介"指我们对我们身外的集团和文化形成的认识的间接方式。这里定义的中介的一个基本因素是那些介于感知和感知之外的技术设备。

中介也意味某种关系形式。通过媒介中介形成的关系可能比直接的私人关系更遥远,更超脱个人感情,也更薄弱。媒介并不垄断我们接收的信息,也不能介入我们的社会关系。但它们的存在不可避免地非常具有渗透性。有关"现实的中介"思想的早期形式倾向认为,在由媒介信息构成的对现实的共同认识的公共地带,和个人能够自由、直接交流的私人领域之间存在一个分界,而更近的技术发展逐渐使得这种简单的观点产生动摇,因为透过技术(电话、计算机、传真和电子邮件等)的中介,形成了更广泛的传播分享,还有因此而来的更广泛的个人与他人及个人与环境真实的接触,尽管这种分享与接触是个人的和私人的。这些变化的意义仍然不明显,而且对于技术变迁所带来的意义也有不同的看法。①

麦奎尔站在广阔的社会视角,把媒介在传播中扮演的中介"角色"总结为以下几个方面:是观察事件、获得体验的窗户,延伸我们的感觉,使我们能够自己发现正在发生的事情,而无须他人的介入;社会中及世界上发生的事件的镜子,意味着一种如实的反映,尽管镜子的角度和方向是由他人决定的,我们较少有看我们想看的东西的自由;过滤器或守门人,选择部分经历以引起特别注意,有意或无意地封锁其他观点和意见;路标、向导或讲解员,指引道路并搞清令人迷惑或零散的东西;将信息或思想介绍给受众的论坛或讲台,常常可能引起反应和回馈;作为传播者承载或者制造无用的信息;对话者或者谈话中消息灵通的搭档,它不只传递信息,而且会以互动的方式对问题做出响应。②

媒介研究是传播学中历史最为悠久、探讨最为深入、观点最为分歧的热门话题,形成了种种理论与流派。比如,从宏观角度整体研究媒介的伊尼斯的媒介偏

---

① 〔荷〕丹尼斯·麦奎尔:《麦奎尔大众传播理论》(第五版),崔保国等译,清华大学出版社 2010 年版,第 66～67 页。

② 同上,第 69 页。

向论、麦克卢汉的媒介决定论、梅罗维茨的媒介情境论、布热津斯基的媒介失控论、保罗·威尔金森等的媒介恐慌论等,从微观角度的诸如热媒介与冷媒介、主流媒介与另类媒介等,这些理论在传播学中已经是耳熟能详的普及性知识了。

三、实体意蕴的"媒体"

在关于媒介的研究中,人们还热衷使用的另外一个热词就是媒体。很多人认为媒介就是媒体,媒体就是媒介。其实,二者还是应该区别开的。有学者把媒介的基本特点总结为"实体性、中介性、负载性、还原性、扩张性"等①,那么,媒体可以理解为具有实体性的媒介的载体。也就是说,并不是所有的媒介都可以视为媒体,就像并不是所有的中介都可以被视为媒介一样。中介、媒介、媒体三者之间构成了逻辑上的"层层规限"关系。

因为人们把媒介与媒体混淆在了一起,进而也把媒介分类与媒体分类混淆在了一起。实际上,现在传播学中所讲的"媒介类型"更多地是一种媒体类型。关于媒体分类有不同的维度,比如,从历时态维度分为口传媒体、书写媒体、印刷媒体、广播媒体、影视媒体、网络媒体等;从新旧性质维度分为传统媒体与新媒体;从主动性维度分为它媒体与自媒体等等。其实,这些描述与指称,很多时候仅指对象的一种性质和特点而已,并不能构成独立而成熟的"类型"。以我之见,以网络媒体为界,划分为传统媒体与新媒体就可以了,网络媒体是新媒体,网络媒体之前都是传统媒体。

我对媒介与媒体的理解,可能与我国现在流行的看法大为不同。我国传播学著名学者胡正荣不同意施拉姆认为"媒介也可以是人"的看法,他是这样理解媒介与媒体的:媒介是一种复杂的事物,界定和认识它的角度有很多方面,施拉姆甚至把大众传播媒介出现之前的鼓声、烽火乃至宣讲人和集市都归入媒介之列。对当代的传播学研究而言,我们界定媒介,可以沿着以下的思路进行。首先,媒介是一种物,而非人。为了扩大和延伸信息传送,传播者可能使用传播工具,也可能会借助某些代言人,但是,人与工具在传播过程中的地位和特性是迥异的,应当区分进行研究和分析。其次,媒介与传播形式不同,传播形式归根结底是人们的传播活动,例如口头传播、书信传播等。这些活动可能会使用不同

---

① 这些总结还不是十分准确。参见邵培仁:《传播学》(修订本),高等教育出版社2000年版,第200页。

的工具即媒介来进行，例如，口头传播可能会借助电话，当代的书信传播可能会使用互联网等。同时，一种媒介工具也可能会服务于不同的传播形式，例如互联网可能同时应用于口头传播、书信传播等人际传播活动，也可能会应用于更复杂的大众传播活动。传播形式表明的是传播活动的状态、方式和结果，而传播媒介显示的却是实实在在的物质实体。再次，媒介与符号不同。符号是一种指称或代表其他事物的象征物，它本身是信息的载体，是传播内容的构成物，而媒介则是符号的载体，它并不指代其他事物，也不直接构成传播内容。例如，文字是一种符号，而纸张是一种媒介，当传播者将文字书写在纸张上并通过大雁、驿站、邮局寄送给信息的接收者时，它们就是一种书信传播形式。从这个角度看，鼓声、烽火本身在指代某种意义时，它们是符号，而非媒介。最后，媒介与媒体也应当区分开来。媒介是一种物质实体，是传播信息所使用的工具；而媒体是一种媒介组织，指的是拥有、使用并经营媒介的机构。因此，广播是一种媒介，而广播电台则是一种媒体。当然，在目前的使用情况下，媒介和媒体两个词经常被互换使用。这种使用方式源于这样一种认识：所谓的当代大众媒介，实际上是由物质工具和组织机构共同构成的一个系统。所以。当我们提到"广播媒介"的时候，往往也是同时在考虑它作为物质工具和组织机构的双重存在。[①]

细细品味，可以悟出，这种看法把人排除在媒介之外是说不通的。实际上没有把媒介与媒介载体即媒介工具区别开，因而还是没有把媒介与媒体从语义上规定出来。媒介有中介之特质，媒体是媒介的实体性载体，所以，诸如电视、广播就是一种承载媒介的媒体，而广播电台、电视台是一种关于管理媒介和媒体的社会组织，在什么意义上它都不能是媒介或者媒体。正因如此，我们把诸如政治组织、大众媒介、政治广告等看成是政治传播主体达于政治传播客体的"中介"，这种中介既可以是人，也可以是组织，还可以是载体、平台等。

四、政治传播中的"中介"定性

在传播学中，虽然对中介、媒介、媒体不仔细区分，但是在具体论述时却把"中介"与"媒介"置放于传播过程的不同环节和位置上加以论述。"媒介"往往被独立成章浓墨重彩，"中介"一般没有明确的论述，但是在隐性的意义上，重要

① 参见胡正荣主编：《传播学总论》，清华大学出版社 2008 年版，第 178～179 页。

的"两级传播"与"多级传播"、"意见领袖"理论当属于对"中介"的深入研究。

众所周知,美国学者拉扎斯菲尔德通过对总统选举的研究,发现大众传播并没有力量左右人们的态度,决定选民投票意向的还有其他众多的因素。根据这项研究,拉扎斯菲尔德等人提出了"两级传播"的观点,认为大众传播只有通过"意见领袖"的中介作用才能发挥影响。这项研究对否定"子弹论"起了直接的作用,开创了"有限效果论"的传统。后来,两级传播理论又被进一步发展为"多级传播论"、"N 级传播论"等。我们在此不是要全面评价这些理论,只是想说,两级传播、多级传播以及相应的意见领袖理论,它们本质性的贡献是论述到了传播过程中的"中介"问题,但是可惜,传播学之后就把注意力转移到"传播媒介"上去了,未能在理论高度上就"传播中介"问题再有建树。从政治传播的意义上,我们已经把意见领袖这样的理论放在了"政治传播主体"的位置上论述了。①

在政治传播的"中介"问题上,我国学者的研究中很少涉及。邵培仁先生在他早年的《政治传播学》中仅限于将"人"划分出"两类不同的政治传播中介人",即正式中介人与非正式中介人。所谓正式中介人,是指在一切自觉的"两级传播"和"多级传播"中受传播者的委托负责中转政治信息的中介人。正式中介人广泛地存在于大众政治传播、组织传播和人际交流与沟通过程之中。在许多情况下,它是政治传播过程中的一个结构性要素及必要的中介环节。但在正式中介人中没有所谓的"意见领袖"。在政治传播中,如一国中央一级传播媒介刊播的信息,地方各级传播媒介层层转载和转播等,这种行为便是中介人行为。在组织政治传播中,地方各级向下传达的政治公文等也是在扮演中介人角色。在人际间的政治交流沟通中,某人受别人委托向第三者转达政治愿望等也是在充当中介人角色。正式中介人既是受传者也是传播者,既是中介人又是把关人。非正式中介人是指那些在自发的两级传播、多级传播中自觉自愿地向一定的受众传递自己接受的政治信息的中介人。他们之所以自觉自愿地充当中介人,主要出自自己的兴趣和需要。非正式的中介人随机性强、自由度大,导致信息失真和扭曲的可能性、严重性往往更大。非正式中介人中转政治信息的渠道和场合,主要是人际渠道和人际交往场合。他们的信息来源广泛,构成成分复杂。②

① 见本书第二章"政治传播主体论"。

② 参见邵培仁:《政治传播学》,江苏人民出版社 1991 年版,第 213 ~ 214 页。

第二节　作为基础性中介的政治组织

政治传播的主体说到底是人，由人产生的政治思想在人类进入政治文明社会以来，最基础的传播中介就是各种政治组织。对于一般的传播来说，这一点还不怎么明显，但是，对于政治传播来说，对政治组织的依赖是政治传播研究中最不能忽略的问题。现在在传播学中有“组织传播”理论，但是，与我们在政治传播中谈政治组织的角度和着力点还是不一样的。

一、组织与政治组织

人类社会是一个以各种组织形态而运转的社会。正像美国学者厄佐尼所说：“我们的社会是一个组织的社会，我们出生在组织中，受教育于组织中，而且，我们中的大多数耗去大量的生命为组织工作。即使是在许多闲暇的时间里，我们也在组织中娱乐，在组织中祈祷。我们中的大多数将死在组织中，并在葬礼到来的时候，还须得到最大的组织——政府——所赐予的官方许可。”[①]世界研究组织的著名专家美国学者霍尔对组织的定义是：

> 组织是有相对明确的边界、规范的秩序（规则）、权威级层（等级）、沟通系统及成员协调系统（程序）的集合体；这一集合体具有一定的连续性，它存在于环境之中，从事的活动往往与多个目标相关；活动对组织成员、组织本身及社会产生结果。[②]

他自己也认为这个定义虽然比较全面、权威，但是复杂了些。在我看来，不管关于组织的定义有多少，可以从如下六个方面把握组织这个概念：组织是存在于特定社会环境中的一系列个体，为实现某种目标，按照一定的等级秩序和结构方式建立起来的人群系统。这一定义逻辑地蕴含着以下内容：第一，组织是由一系列个体集合而成的整体，集合的纽带是共同的利益和组织的目标，每

① 转引自胡正荣：《传播学总论》（第二版），清华大学出版社 2008 年版，第 104 页。

② 〔美〕霍尔：《组织：结构、过程及结果》（第八版），张友星译，上海财经大学出版社 2003 年版，第 35 页。

一个体都有差别于其他个体的智力、体能、个性和行为。第二,组织是存在于社会中的一个人群体系,这一体系本质上反映着人与人之间的相互关系,这些相互关系的总和体现为组织中的群体行为。第三,组织按照一定的等级秩序和结构方式组合而成,在其等级关系中最根本的关系是管理与被管理的关系,管理者的行为表现为领导行为。第四,组织是由多种要素按一定结构整合而成的系统,内部的要素成分和特定的结构方式使组织系统产生特定的运作机制,形成组织的内部行为。第五,组织是存在于社会环境大系统中的一个特定系统,它同外部的社会环境大系统之间存在着物质、能量和信息的交换,形成组织的外部行为。第六,组织是按照一定目标运动的系统,处在不断的变革与发展之中,随着内部结构与外部环境的变化而变化,在其历史发展中构成组织变革的过程行为。

组织的分类更复杂,由于分类的依据、分类的方法等不同,甚至出现了组织分类学。帕森斯把组织分为如下四类:第一类是为社会生产消费品的生产组织;第二类是政治组织,这类组织的目的是保证整个社会达到自己的目标以及在社会中获取权力、进行权力配置;第三类是整合组织,其目的是调解争端、引导社会实现制度化的期望、保证社会各组成部分共同工作;最后一类是模式维护型组织,目的在于通过教育、文化及表达活动来维持社会的延续性。[①] 可以看出,帕森斯明确地把"政治组织"置放于重要的位置。

那么该怎样把握政治组织的一些特质?在组织行为学中有"组织变量"一词,实际上就是对组织的类型进行界分的具体指标。这对于我们理解政治组织很有启发。具体来说,政治组织有以下变量特征:第一,政治组织属于非营利性组织,据此将政治与企业组织区别开来。第二,政治组织是具有"公共性"的组织。公共性是指"组织受政治权威影响的程度"。比如,博兹曼认为"组织是公共的,其公共程度取决于它行使政治权威或受政治权威约束的程度"。第三,政治组织是追求民主的组织,民主程度是一个核心的变量。罗斯柴尔德认为,民主组织,即"最终且绝大部分由成员实施控制的组织"。这种变量说明,政治信息传播,从组织学的角度看,是政治共同体内的各种政治组织以一定的方式、渠道向社会成员传播政治知识、政治思想、政治价值观以及政治行为、准则或规范

① 参见〔美〕霍尔:《组织:结构、过程及结果》(第八版),张友星译,上海财经大学出版社 2003 年版,第 44 页。

等政治性信息的动态过程。这也就是说,政治信息传播不仅是一种导源于组织决策的传播行为,而且还是一种具有特定而又极其明确的组织目的的信息社会化行为。政治组织的运行过程,是以政治信息传播为途径的组织自身制度化和规范化的互动过程。任何有效的组织活动,都是在一套完备的制度、规范、准则抑或观念的调节和控制下,连续有序地进行的。在政治信息传播过程中,政治组织主导、支配着信息流通的全过程。

政治组织当然和其他组织一样,具有组织的最基本的功能。第一,政治组织结构有利于产生组织政治思想输出并达到组织政治目标。第二,政治组织有利于使个人差异和个人分歧对政治组织的影响最小化,至少能规制个人差异对政治组织的影响。结构强行规定个人适应组织的要求而不是组织适应个人的要求。第三,政治组织是社会中运用权力的场所。组织首先决定或规定哪些职位具有权力,是作出政治决策的场所;组织在很大程度上决定了政治信息流通是否能用于政治决策。

二、政治组织传播机构

政治组织传播首先依托特定的政治组织机构。在不同的政治体系中,政治组织的机构设置以及相应传播机构不尽相同,但组织担负强大的传播职能,这一点则没有什么不同。比如政党这样的政治组织,就曾被西方学者称为“有组织的舆论”。这里不妨以中国共产党为例做示范性的说明。①

第一,中国共产党的组织机构构成一个庞大的组织传播网络。中国共产党是一个覆盖全国的、成员来自各个领域的政党。这保证了党的覆盖面和影响面。中国共产党在组织结构上是严密有序、高度一体化的组织。中国共产党在组织机构和组织形式以及成员方面的特点成为中国共产党组织结构传播的基础设施。中国共产党在长期的组织发展过程中为自身传播积累了丰富的组织资源,通过一定的制度保证了党的组织传播功能的发挥。首先,这种组织构建了一个信息流通的层级传播渠道,党的工作机制保证了信息的有序传播,党的纪律保证了信息传递的真实有效。其次,中国共产党组织分布的广度和密度保

① 在政党组织担负传播(宣传)职责方面,无论过去还是现在,中国共产党都是典型,具有重要的学术研究意义。这里对中国共产党组织传播的案例说明,来自中央党校宋黎明的博士论文:《中国共产党的政治传播机制研究》第二章,特此说明。

障了信息传递的覆盖面。中国共产党的组织覆盖到全国广大地域和社会生活的各个领域。中国共产党组织结构形成一个纵向到底、横向到边的体系,纵向之间是一种上下级隶属关系,横向之间是一种平行并列关系。这种纵向到底、横向到边的组织发展方式形成了党的组织结构在传播上的独有优势:逐级往下,同级党组织的数目越多,党的信息接收面越大,获得的信息量就越大,信息越丰富全面,决策越科学;向下推行路线方针政策时,越能使其具体化,因地制宜;纵向分级,有利于逐级处理信息,有利于路线、方针、政策逐级落实;纵向之间的上下级隶属关系,有利于上行和下行速度的提高。通过这样的组织结构,中国共产党既能获取来自各个领域、各个行业的大量信息,又能够使党的信息最广泛地传播和最深入地渗透,保障了党的信息覆盖的广度和密度。

第二,党的组织制度和组织纪律保障了党的组织传播机制的正常运行。中国共产党的一些组织制度和工作制度将党的组织结构具有的传播优势固定为党的传播机制。这样的制度主要包括:民主集中制作为党的根本组织原则在党的制度建设中得到贯彻,保证了党的各级组织在传播方面目标和行动的一致;覆盖到每个党员的管理制度为党组织内部的信息传播和党内学习教育提供了保障;党员权利制度为党员在党组织中发挥政治传播作用创造了条件。

第三,对党组织和党员传播义务的规定确立了党的组织结构的传播功能。党的宣传工作是全党的事业,是党的工作的重要组成部分。党的宣传不仅仅是党组织的职责,也是党员个人的职责。党章对于党组织和党员个人在宣传方面的职责都做出了明确规定。党章要求党的各级组织和党员都有传播党的理论、政策的义务。党组织中不只是专门从事传播的宣传部门、党的媒体要从事传播工作,党的所有组织都应担负这样的责任。党章对党的组织结构传播功能的实现有明确规定。党章规定了上下级组织之间进行信息沟通的形式和传播权限,并对基层党组织的政治传播功能作了具体规定。

三、政治组织传播机制

《新词语大词典》这样解释机制:“原指机器的构造及其机动原理和运行规则。借指一种生物机体的内在工作方式,包括有关生物结构各组成部分的功能和相互关系以及期间各种变化过程的物理化学性质和相互关系。现泛指一个工作系统,如社会团体、组织及社会生活等的内在体系、运作原理以及调控规律和方式,也即促进事物发展的内部机能功效。”①这里的政治组织传播机制是指政治组织作为一种中介是如何运转政治信息的,揭示了政治组织中围绕政治信息流动的机构、目的、途径、功效和方式。②就此而言,政治组织传播机制可以总结为以下两点:

第一,以正规传播为主,非正规传播为辅,正规传播与非正规传播相结合。所谓正规传播,就是发生在组织内部的具有组织目的、遵循组织规范的传播活动。传播的参与者与其在组织中的正式地位、角色和网络相联系,严格按照组织正规的权力关系、职能结构、等级系统和交流渠道等进行信息传播。一个组织召开全体会议或部门会议,一位领导向下属传达政治任务,一位下属与同事交流政治信息等,都属于正规的组织传播。正规的组织传播经常采用的形式包括:会议、文件的传递;通过电话、传真等工具进行的政治信息传递;面对面交流等。非正规的组织传播发生于组织内部的非正规的传播活动,是一种没有与组织的正规结构等级和交流网络相对应的政治信息交流。非正规的组织传播有任务指向性和情感指向性两种交流形式。在实际情景中,这种传播主要以联络感情的满足性交流为目的,单从传播效率来看,它的传播效率更高。可以说,这类组织传播“是组织关系的黏合剂”、“组织功能的润滑油”。③

第二,以自上而下传播为主,自下而上传播为辅,自上而下传播与自下而上传播相结合。所谓自上而下的传播指的是政治信息由高一级向低一级流动。这是在大多数政治组织中占据主导地位的传播方式。政治组织的规范、政治传统及政治领导人的权威等都依此维持和发展,它对确保一个政治组织的统一完整和政治管理职能的正常发挥起到了关键作用。这种传播通常以上级领导及领导部门向下属及下级部门传达指令、召开会议等形式进行。但由于依赖于逐层向下传播,互动较少,传播的信息量小、冗余信息多、精确度降低等问题也随之而生。自下而上的传播即政治信息由系统低层级向高层级的流动,包括下级或下级部门向上级领导汇报、反映问题、提出建议等,是上级领导及领导部门获

---

① 亢世勇、刘海润主编:《新词语大词典》,上海辞书出版社 2003 年版,第 532 页。

② 前面我们已经说过政治传播中介有“正式”与“非正式”之分,那么这里的政治组织当然是属于正式的中介。政治组织对于政治信息的传播在传播学中属于“组织传播”范畴。学者们在“组织传播”中所揭示的“正规的组织传播”与“非正规的组织传播”实际上是对组织传播机制的研究,可以用来说明政治组织传播机制。

③ 参见胡正荣主编:《传播学总论》(第二版),清华大学出版社 2008 年版,第 105 页。

取政治信息反馈的重要途径，也是一个组织内部不可或缺的传播活动。它有利于提高组织的传播效率、完善组织管理和加强政治决策的民主化。如果是逐层自下而上传播，那么传播过程中也会出现信息散失、精确度降低等问题。

第三，以纵向传播为主，横向传播为辅，纵向传播与横向传播相结合。政治组织不同于其他组织的特质，是政治组织以严格的“等级”为构成秩序和连接纽带。因此，以政治组织为载体和中介的政治信息传播，主要是纵向传播。在纵向传播的基础上，辅之以横向传播。横向传播是组织内部具有相近或相似权力、地位的成员之间进行的一种政治信息交流。由于参加者在权力、地位等方面大致平等，双方均无思想负担和精神压力，所以一般来说都可以开诚布公、坦诚相见，但也容易导致意见冲突。内部的横向传播，“往往是使各种纵向消息‘抵达’终极目标的手段，担负着具体处理，即‘消化’来自纵向渠道信息的任务。更重要的是，它往往具有产生出新的消息的重要功能，要使这些新信息进入组织内部的大循环，还须经过纵向交流的渠道”①。

第四，以人际传播为主，大众传播为辅，人际传播与大众传播相结合。在一般的传播学中，“人际传播”已经是一个常识性的基本原理。“所谓人际传播有广义和狭义两种解释。广义的人际传播是指除大众传播以外的其他人类传播类型，狭义的则有多种角度的定义。”②在一般的传播过程中，人际传播可以约定俗成地理解为两个或两个以上的人之间借助语言和非语言符号互通信息、交流思想感情的活动。人际传播是传播者与受传者之间的信息互动过程，是人际关系得以建立、维持和发展的润滑剂。人际传播可以是面对面的信息传播，如交谈、交往、约谈、讨论、对话等，也可以是借助传播媒介进行的传播，如写信、打电话、发传真等。人际传播的主要特点是传播者与接受者之间的深层传播处于“熟人圈”中，他们彼此熟悉，时有往来；传播以单个的面对面的传播形式为主；信息的交流性强，信息反馈直接、快速、及时、集中，因此传受双方都可以现场把握信息的流向、流量和清晰度、准确度；适用于在较短的时间内改变接受者的态度和行为。它的基本功能是：协调人际关系，交流思想感情，统一社会态度，支

① 周晓明：《人类交流与沟通》，上海文艺出版社 1990 年版，第 309 页。以上关于正规的组织传播、非正规的组织传播与组织传播方向的论述，参见胡正荣主编：《传播学总论》（第二版），清华大学出版社 2008 年版，第 106 ~ 107 页。

② 胡正荣主编：《传播学总论》（第二版），清华大学出版社 2008 年版，第 95 页。

配他人行动等。①

第五，以不对等传播为主，对等传播为辅，不对等传播与对等传播相结合。不对等传播是指政治组织中成员的地位、身份不对等以及掌握的政治信息的不对称。“等级制最大的贡献是有助于‘协调’。等级制组织中，一个共同的沟通模式是：随着信息从上往下流动，信息覆盖面会不断扩大。这一模式可以清晰地反映出等级制的功能。在组织中，是由上司决定谁在什么时候得到什么样的信息，上司是信息发送及过滤的中心。如果一个组织能获得大量信息，那么，这个功能就很关键。”②正因如此，在政治组织中，对等传播是少之又少的，可能仅限于同等地位、同样身份的政治成员之间的有限交流，这种交流所采用的政治信息的来源归根结底又是不对等的。这一点除了表现在组织上，还渗透在政治组织中的人际传播中：人与人之间并不是平等交流和沟通，政治中的人各有各的岗位、身份和职责，虽然自然人格上平等，但是政治身份和地位却等级森严。政治信息在政治组织中的人际传播总有上下等级之别。比如，自下而上的人际传播是“汇报”，自上而下的人际传播是“指示”，即便是平行的横向人际传播也是“帮助”或“传达”。

四、政治组织传播中的偏差

在政治组织的传播中，虽然凸显成员之间的身份、地位、等级差异的独有现象，但是，在很多时候却恰恰会造成“等级失灵”现象。霍尔指出：“有几种具体的等级制功能失灵现象。第一，等级的划分会抑制沟通。同等级间的互动往往比不同等级间的互动要多。同时，较低层级的人倾向于尊重较高职位的人，并希望能与他们建立起一定的友谊。这就增加了向上的社会情感型的信息流动，但同时，这也使那些处于等级结构最底层的下属接收不到这种类型的信息。事实上，职位较高的人也倾向于进行向上沟通，而不是对他们的下属进行反馈，这使得系统变得更为复杂，因而降低了各个团体的满意度。第二，寻求上级的称赞而不是同级同事的认可。与业绩无关的标准会进入沟通系统，因为，依靠业绩表现从同事那里获得尊重只是获取赞许的次要方法，而这些求得赞许的方法

① 邵培仁：《传播学》，高等教育出版社 2000 年版，第 34 页。

② 〔美〕霍尔：《组织：结构、过程及结果》（第八版），张友星译，上海财经大学出版社 2003 年版，第 193 页。

对于手中的任务来说并不重要。很多奉承的、污秽的话语都明显反映了这种现象。第三,正常的社会互动的纠错功能。同事间的互动往往能找出错误,并至少通过互动程序形成一个共同的标准。这种情况在向上的沟通中很难出现。因为担心自己的职位下属不可能跟上级说,他们认为某个命令或解释是错误的。对上级进行批评并不是组织沟通中最为常见的形式。”①因此,他认为“组织中的沟通并不是完美的。现有沟通体系的一个基本结果就是,信息在传递的过程中会被改变。信息变形意味着,信息的最终接受者所获得的信息与原始信息不一致,从而会损害沟通的意图”②。霍尔解释了造成这种现象的原因:“(1)‘光环效应’,即仅仅以一个或几个指标来概括整个对象;(2)‘偏见’,即假定沟通系统中的其他人与自己具有同样的特征;(3)‘感知防卫’,即改变不一致的信息,使之与已有的理论框架一致。”③这些因素在组织中造成了政治信息传播产生诸多偏差:

第一,政治信息遗漏。遗漏与扭曲是信息变形的两种主要形式。政治信息遗漏指“删除了信息的某些方面”,这是由于接受者也许不能理解信息的全部内容,从而只能接收或传递他所能理解的那部分信息。信息过载也会导致信息的遗漏,这是因为过载使有些信息得不到处理。信息遗漏也许是故意的,因为当信息流经组织的特定部门后,某些内容就被删除了。信息遗漏在向上的沟通过程中最为明显,因为在等级结构中,信息已被较低层级众多成员进行了处理和概括。随着信息在向上传递的过程中不断被过滤,就会产生信息遗漏。如果遗漏是有意的,那么非常重要的一点是,要明晰删除信息的标准。删除细节、保留中心内容并向上传递也是一种信息遗漏。然而,这还算是理想的,但并非总能做到,因为有时信息的部分核心内容也被随之删除了。

第二,政治信息扭曲。这是指政治信息在组织内流动时,其意义被改变了。人们会有意或无意地对接收到的信息进行选择。美国传播学者居茨科曾指出:“由于不同的人最初接收、传递信息的点不同,信息在传递过程中会被传递所经历的背景因素同化。由于人们的个性、职业背景不同,也由于在组织中处于不

① 〔美〕霍尔:《组织:结构、过程及结果》(第八版),张友星译,上海财经大学出版社2003年版,第192页。

② 同上,第197页。

③ 同上,第188页。

同的职位,因此,处于不同节点的人们会使用不同的参照来理解信息。"①如果组织内的不同部门在目标及价值观上存在差异,那么,横向沟通和纵向沟通一样,也会出现信息扭曲。有选择的信息删除、信息扭曲或"编码"并非为政治组织所特有,在包括从家庭到整个社会的任何一个沟通系统中,都会出现这种现象。但由于政治组织要依靠准确的信息来进行决策,因此,它们对政治组织而言非常关键。

第三,政治信息过载。信息过载是政治组织区别于其他社会组织传播偏差的一个突出特征。信息过载会导致政治信息遗漏和扭曲,也会促使政治组织采取其他一些应付及调整措施。"对于信息过载,有'适应性的'和'不适应性的'两种调整方式,信息遗漏及扭曲就是不适应性的调整,但它们尚属正常。解决信息过载的另一种方法是信息排队。这种技术是依据接收信息的时间及其他一些标准来排列信息。排队会带来积极的或是消极的后果。如果采用了错误的先后次序,那些不太重要的信息就会比那些真正重要的信息提前到达接收者。但从另一角度来看,排队可使接收者对先来的信息进行处理,避免因完全过载而使信息得不到处理。"②

总之,正像霍尔总结的:"组织能产生并接收大量信息。如果我们把组织看成是一个金字塔,那么处于底层的众人就是组织沟通系统的信息入口。当信息沿着金字塔向上传递时,信息会被过滤及浓缩,并以'综述'形式到达最高层。信息的数量也像金字塔一样,在信息向上传递过程中,它是不断减少的。而在这里,我们必须抛弃'金字塔'的类比,因为决定哪条信息向上传递要受到组织内信息传递者的类型及信息理解过程的制约。"③

五、扁平化与网络化:政治组织传播的走向

随着社会的发展,组织面临挑战。随着人类政治文明的发展,政治组织同样面临挑战。政治组织面临挑战,组织内的传播自然也面临挑战。我们用政治组织传播的"走向"来表述。

---

①② 转引自〔美〕霍尔:《组织:结构、过程及结果》(第八版),张友星译,上海财经大学出版社 2003 年版,第 198 页。

③ 同上,第199 页。

犹如其他的组织一样,传统的政治组织有三大思想基础:第一,政治分工思想。分工可以提高效率的观点,首先在亚当·斯密《国富论》中得到理论证明。此后,泰罗、法约尔、马克斯·韦伯的官僚组织理论都把“分工”作为自己组织理论的核心要素。第二,传统的“政治统治”思想。强调政治控制效能是形成传统政治组织的第二块思想基石。第三,政治竞争思想。这一点尤其在发达的民主政治的国家最为突出。政治家都设想通过竞争带领自己的政治组织(比如政党)登上历史舞台,都想通过政治霸权率领自己的政治组织(比如国家)控制全世界。

这种政治组织具有鲜明的特征:第一,功能化。每个政治组织都具有完善的功能,而且这些功能还得到专门化的分工。这一特点主要是因分工思想对政治组织的影响而形成的。每个政治组织首先为完整地完成某种政治任务和政治职责而存在,然后在组织内进行专门化分工。第二,科层化。传统政治组织在结构上呈金字塔状,雄居其上的,是最高政治决策层;屈居最下的,是政治民众;“塔腰”是中间管理层。该特点的形成,主要与过去时代的政治统治思想有关,强调统一指挥和有效控制,导致政治组织的这种层层控制的科层体系。第三,集中化和规模化。集中化也可称作一体化,规模化是集中化的结果。该特点的形成,主要归因于该时代的政治竞争思想。试图在政治体系中占据优势地位,扩大政治规模是一种很自然的行动。第四,实体化。传统的政治组织都是有形的,而且集中在一个地方。表现为:一个围墙划出政治组织的边界,办公室是政治组织的“物质”形态;一个个标识清晰的部、局、室,是政治组织的“社会”形状;工业时代政治组织还追求功能上的完整,“大而全”是它们的理想模式。

随着人类政治文明的发展,特别是人类社会传播技术的发展,传统的政治组织已经在发生变化,其发展变化的趋势是:

第一,组织结构扁平化。在传统政治组织中,组织按照“一对多”(一个上级下管数名下级)式的信息传递方式层层传达政治指令,下层管理者则逐级向上级管理者请示报告,这种逐级纵向授权和传递信息的体制变成了高高耸立的“金字塔”组织。现在这种结构逐渐失去了应有的活力和应变能力。在现代信息传递和网络技术的推动下,信息可以在同一层次上传递和共享。政治组织中,成员之间政治信息传播的纵向关系在信息网络平台上变成了纵横交错的“平等”关系。政治成员既是信息的接收者,又是信息的发出者,并且相互之间可以实现信息驱动下的工作互动。在此种情况下,“一对多”式的单向信息传递方式和组织结构已经变成了组织信息流通的“障碍”,因此,取消中间环节、取消政治信息的纸媒体传递,建立扁平化政治组织成为一种趋势和走向。

第二,组织关系网络化。自20世纪70年代在发达国家出现了普遍的机构臃肿、官僚作风、懒于进取和变革等种种弊端后,发达国家的政治组织结构在调整方面进行了广泛的探索。组织数据信息系统和网络系统的应用、发展以及完善,过去以控制命令链条为核心建立起来的矩阵组织和多维组织发生了较大的变化。传统的职能管理部门的大部分重复性管理控制工作由管理软件自动完成。职能部门逐步变为由为数不多的专家组成。

总之,政治组织的扁平化、网络化走向,将使政治组织传播历时时间缩短、传播空间扩张、信息流动加速、信息数量加大、等级级差缩小、纵向传播弱化、人际传播淡化、传播机制复杂、信息真假难辨、认同质量降低、组织功能退化,但政治组织作为政治传播中介的重要地位却不会据此而改变。

第三节　作为核心性中介的大众媒介

进入信息化社会,政治传播的“中介”也由原来的组织中介、人际中介向大众媒介倾斜,即在政治组织内的政治信息的流通也越来越依赖大众媒介。大众媒介并不是为政治传播而产生、发展的,但是,政治传播却越来越离不开大众媒介。换句话说,大众媒介的政治传播功能随着人类社会传播的发展越来越强,可以说大众媒介越来越政治化了,但是,大众媒介本身永远不能产生政治[①],不能成为政治传播的“主体”。它始终只能是政治传播的中介。

一、大众、大众传播、大众媒介

在现在的传播学研究中,大众传播、大众媒介、大众传媒经常被混合使用。

“大众”一词,本来是用来说明“人”的,从一般的语义上讲,是指“广大民众”。若用来说明人,与之相对应的则是“少数民众”。在这样一种从“数量”上

① 我始终不赞成在政治传播的研究中使用“传媒政治”这个说法,详见本书“导论”。

对人加以区别之后，大众一词还有“质量”的意义，即含有“普通民众”、“一般民众”之意，在此意义上与之对应的就是少数的“精英”。这就是说，“大众”一词原本具有一定的贬义。正像麦奎尔所言：

早期“大众”一词的应用带有负面的意涵。最初，它指平常人或“普通群众”，通常被认为是未受教育的、无知的，并且有可能是不理智的、粗鲁的甚至凶暴的（如当大众变成一群暴民时）一群人。当然也有从正面的运用，特别在社会主义的传统中，“大众”代表着一般劳工为了集体的目标或是反抗压迫而组织起来时，所产生的力量与凝聚力。“群众支持”、“群众运动”与“群众行为”等词汇正是这样的例子。正像威廉姆斯所提出的，“并不存在（真正的）大众，只存在把他们看作大众的方式”。撇开潜在的意义不谈，当指涉特定人群时，“大众”一词也具有非褒义的意涵。它代表了一种无组织的、缺乏个人色彩的个体的集合。一个标准的字典释义将它界定为“在其中丧失了个性的集合体”（《简明牛津英语字典》）。这接近早期社会学家赋予媒介受众的意义。正是大量的表面上没有区别的大众媒介受众为这一概念提供了一个最清楚的例证。①

“大众”一词被引申到传播过程、用来说明传播原理时，其含义和角度则更为复杂。“大众”被引进到传播研究中出现了所谓“大众传播”一词，而这一开始就偏离了其原本仅只用来说明“人”的含义。“大众传播”针对的是所谓“人际传播”（一对一少数人传播）、“组织传播”（一种机构传播），同时涵盖了至少“四个层面”上的含义，即传播者是“大众”、传播信息量是“大众”、传播中介是“大众”、传播受众是“大众”。所以，在传播学中，“大众传播”，可以用来说明传播主体、传播客体、传播内容、传播中介、传播方式、传播类型、传播模式等等，正因如此，现在人们说到“大众传播”还是小心翼翼的：

使用这个术语应该谨慎小心。……大众传播不是一个能够界定的概念，而是一个属于常识的范畴，它被用来将许多不同的现象以不加分析的方式混为一谈。然而，想要界定它的意图总是层出不穷，但

① 〔英〕麦奎尔：《麦奎尔大众传播理论》，崔保国等译，清华大学出版社 2010 年版，第 44 页。

又总是归于失败。因为，这些界定要么被迫变得十分局促，从而无法公平、恰当而充分地顾及所有通常作为大众传播而理解的现象（很难将构成印刷、电影、广播和电视的多重内容囊括在一个定义之中）。要么就被迫变得过于宽泛，从而以一视同仁地对待某些人们根本不会作为大众传播来思考的现象——如教育、宗教，甚至说话本身——而告终。①

现在传播学界很难给“大众传播”下一个言简意赅的准确定义，总是反复地从传播主体、传播客体、传播内容、传播中介、传播方式、传播类型、传播模式多种意义和层面上，通过对它的特征、过程的展开来定义“大众传播”。比如，费斯克在“谨慎小心”之后，对大众传播的定义是：“大众传播，就是在现代化的印刷、银幕、音像和广播等媒介中，通过公司化的财务、产业化的生产、国家化的管制、高科技、私人消费化的产品等形式，向某种未知的受众提供休闲式娱乐和信息的过程与产品。”②可以看出，他的定义的落脚点是“过程与产品”，还是从传播过程和内容的角度定义的。再比如，我国学者胡正荣在总结了多种“经典”看法之后的定义是：“大众传播是一个大规模的信息传送过程，在这个过程中，职业化的和组织化的传播者出于各种目的，利用媒介系统广泛、迅速、连续不断地发出讯息，传递给人数众多、成分复杂的受众。”③这个“定义”仍然不是一个“定义”，而是一个“大众传播”的特征描述。

我始终很怀疑且不赞成“大众传播”这个似乎已经“约定俗成”的说法。从严格的逻辑上讲，所谓“大众传播”没有对应的范畴，因而自己始终无法定义出“外延”，没有外延也就无法有“内涵”。大众传播是对应“小众传播”吗？那么“小众传播”指什么？大众传播是对“人际传播”吗，那么“非人际传播”指什么？何况大众传播中包含着人际传播。大众传播是对“组织传播”吗？那么“非组织传播”有没有？若有，指的是什么？何况大众传播中也包含着组织传播……如此不严谨的一个“大众传播”概念，却又被如此“大众”地使用，令我困惑不已。所以，我非常理解以研究“大众传播”而著名的麦奎尔对“大众传播”的

①② 〔美〕约翰·费斯克等：《关键概念：传播与文化研究辞典》（第二版），李彬译，新华出版社 2004 年版，第 156 页。

③ 胡正荣主编：《传播学总论》（第二版），清华大学出版社 2008 年版，第 108 页。

困惑①：

> 大众传播从一开始就更是一种思想而不是现实。这个概念代表了一种理论上的状态和过程，却很难找到纯粹的形式。社会学家马克斯·韦伯称此为“理想类型”——这个概念强调经验现实中的核心因素，却没有必要举一个完整的例子。大众传播现象并不是如表面看起来规模那样大，也不是那样被技术所决定。②

正因为大众传播具有如此的“不确定性”，人们才有可能赋予其丰富的内涵和宽泛的功能，似乎现代社会的整个传播就是大众传播。传播学界围绕着大众传播的所谓“正功能”、“负功能”进行了深入的研究。比如，所谓大众传播的“正功能”有：传播信息、引导舆论、教育大众、提供娱乐等；所谓大众传播的“负功能”有：洞穴偏见、刻板印象、精神麻醉等等。③

大众传媒，我们在前面已经说过，是传播中——不仅仅只是大众传播中——的大众化“中介”，这种中介一般有载体，即各种形态的“媒体”——有无没有“体”的媒介还有待研究——所以，“大众媒介”在一般的意义上与“大众媒体”是统一的。“大众媒介”与“大众传播”不能在同一意义上使用，但是却可以与“大众媒体”在同一意义上使用。媒介的各种形态与媒体的各种形态基本上是匹配的。

二、大众媒介的本质与功能

那么何为“大众媒介”？为数不多的研究者下过直接的“定义”，比如，丹尼斯·麦奎尔早年是这样定义的：“‘大众媒介’是对以大规模的方式运作，在或多或少的程度上触及并影响社会中每一个人的传播方式的简称。大众媒介包括

① 麦奎尔自己对“大众传播”的研究就充满着悖论，他自己就把“大众传播”与“大众媒介”混合使用，我始终未能搞清楚他在说大众传播还是大众媒介。

② 〔荷〕丹尼斯·麦奎尔：《麦奎尔大众传播理论》（第五版），崔保国等译，清华大学出版社 2010 年版，第 46 页。

③ 现在传播学中使用的“正功能”与“负功能”概念，套用了结构功能主义理论代表人物默顿在社会学中的“正功能、反功能”理论，即任何有利于一个社会系统的适应调整的结果，皆谓之“正功能”；相反，任何阻碍社会系统的适应与调整的结果，皆谓之为“反功能”。严谨地说，“正与反”与“正与负”不是一回事。对于“功能”来说，无所谓“正”与“负”，用“正”、“负”来定性“功能”不十分严谨。这种范畴上的不严谨现象，在传播学研究中还有很多。

许多已长久存在且为人熟悉的媒介。比如报纸、杂志、电影、广播、电视和留声机(用以记录音乐)等。目前还出现了好几种新媒介,这些新媒介和其他媒介的差别主要在于它们更加个性化、多样化并具有互动性,因特网是其中的佼佼者。”①可以看出,丹尼斯·麦奎尔对“大众媒介”的定义相同于他对“大众传播”的理解②,但是,他对大众媒介性质的认识却是很清楚的。麦奎尔指出:“‘大众传播’和‘大众媒介’这两个词产生于20世纪初,被用来描述一种新的社会现象和正在出现的现代社会的一个本质特征。这个社会是建立在工业化和大众民主的基础之上的。在这个时代里,人们从乡村移入城市,进军到荒蛮之地,在变革和压抑中挣扎,旧有的帝国和新兴的民族国家之间矛盾重重。大众媒介指的是一种有组织的、公开的、远程的和迅速的传播方式。它们在这个转型的和充满冲突的时代诞生,并在社会和文化的潮流及变化中,在个人、社会和世界体系的层面上得到深刻的反映。”③

其实,大众媒介的本质说到底,是对“媒介”或“传播媒介”形态的一种概括而已。这一点还是施拉姆说得好:

> 如果我们认为,媒介是插入传播过程的中介,是用以扩大并延伸信息传送的工具,那么,金属活字印刷就是最初的大众传播媒介,而自工业革命至今的历史时期就是媒介发展的全盛时期。然而,如果我们仅仅把传播媒介看作旨在加速并拓展信息交换的一种社会机构,那么,‘大众’传媒则是传播媒介里的后来者。……所以,现代大众媒介并不是真正的新鲜事物,只不过传播信息的距离更远、速度更快而已,只不过是悠久的信息传播的最新成就,其功能是更有效地搜集与交换信息。即使在内容上,它们也既不新颖又不迥异。在一定程度上,现代大众媒介师法传统的面对面媒介,面对面的媒介也接过新媒介的某些特色。④

---

① 〔荷〕丹尼斯·麦奎尔:《麦奎尔大众传播理论》(第五版),崔保国等译,清华大学出版社2010年版,第3页。

② 丹尼斯·麦奎尔经常把“大众传播”与“大众媒介”混合使用,有时不清楚他在说大众传播还是大众媒介。

③ 〔荷〕丹尼斯·麦奎尔:《麦奎尔大众传播理论》(第五版),崔保国等译,清华大学出版社2010年版,第3页。

④ 〔美〕施拉姆等:《传播学概论》,何道宽译,中国人民大学出版社2010年版,第134~136页。

如果说，施拉姆这里是从空间的角度对大众媒介性质的一种认识，那么置放于更长的人类传播发展历史的时间维度里，大众媒介也只是“一个时间段”的传播中介。邵培仁先生把大众媒介糅合在“传播革命”的历程中，使我们可以从时间与空间结合的广阔境界对大众媒介予以认识，见图 4－1。

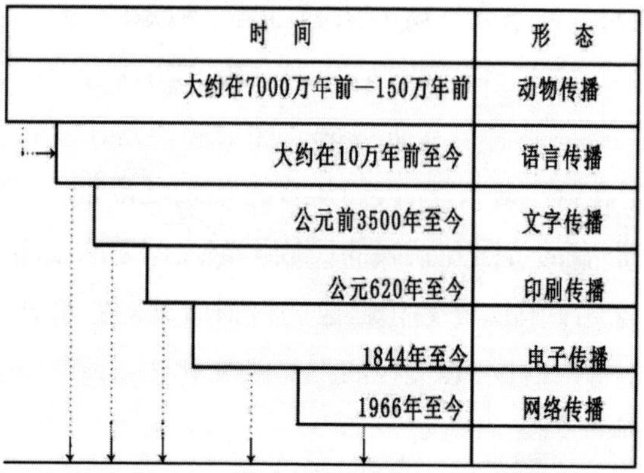

图 4－1 人类传播史上五次革命的发展轨迹

在对这种“传播革命”历程的反思与总结中，邵培仁认为，传播革命有突出的特征：第一，人类传播革命的步伐一直呈加速度状态发展。从动物传播进化到人类的语言传播用了 140 万年，从语言传播进入文字传播用了 9.65 万年，从文字传播跨入印刷传播花了约 4000 年，而从印刷传播迈进电子传播只用了 1200 年，从电子传播进入网络传播的时间更短，只有 120 年，而以电脑为主体的互动或网络传播至今只有 50 多年。可见，传播革命的步伐、传播技术和手段的革新在时间上是以逐步加快、间隔越来越短的态势发展的。第二，传播符号、传播媒介和传播科技始终呈叠加性状态发展。即新的传播革命爆发后，人类在旧的传播革命中所使用的传播手段不会被随之抛弃，而总是以一种新的面貌又出现在新的传播活动之中。它们的生存与发展似乎不遵循优胜劣汰、物竞天择的法则，好像更符合互动互助、共进共演的原理。第三，叠加性状态又导致了整合性状态，如电话是对语言传播和电报传播的整合，广播是对电话和唱机功能的整合，电视是对文字、声音、图像等符号以及广播与电影功能的整合，而电脑的发展也许要整合电话、书信、传真、采写编播、图书报刊、广播电视电影等一切传播媒介。第四，信息和知识的增长与积累呈金字塔状态发展。这一状态与前三种状态是一种相辅相成、互为因果的关系。可以说，每一次传播革命都将人类带进一个新的境界、新的时代；人类传播革命与社会文明进步的互相促进和步调一致，使每一次传播革命都为人类社会进步起到巨大的推动作用。[①]

大众媒介的功能是综合的。政治的、经济的、文化的无一不有。“不管有多少变化，大众媒介对当代社会中政治、文化、经济和日常生活的意义是毋庸置疑的。在政治方面，大众媒介提供了辩论的平台和渠道，使得政府候选人、相关的事实和意见能够更广为人知，同时，也给政治家、利益集团和政府机构提供了在公众面前亮相并发挥影响力的可能。在文化方面，大众媒介是文化再现和表现的主要渠道，也是社会现实的最主要反映和构建、维持社会认同的要件。媒介内容的被反复使用，塑造了社会生活的模式。我们围绕着大众媒介规划我们的闲暇时间，构建我们的生活方式、话题和一切可能的行为方式。久而久之，较大的和国际的传媒集团控制了媒介市场，通过运动、旅游、休闲、食品和服装业而扩大它们的影响。同时，通过与电讯业和其他信息产业结合，大众媒介的经济价值获得了提升。”[②]

如果具体到大众媒介在政治传播中的地位和功能而言，麦克奈尔把媒体看得很重。他甚至认为媒体是“政治行动者”，他提醒我们注意：

> 当今自由民主社会中的媒体机构不仅仅具有传播信息的认知作用，还具有分析、估价及评论的解释功能。媒体不仅仅报道政治事件，它们还是从事政治活动的环境中的一部分。它们为政策及解决方案的讨论做出了贡献，这不仅仅因为它们设置了公共议程，或者说提供了一个平台，让政治家将自己的观点公之于众，还在于它们褒贬评议了各式各样流通着的政治观点。[③]

在麦克奈尔看来，媒体作为中介在政治传播中的作用主要是“定义政治事实”：“媒体积极地定义着政治‘事实’；通过新闻采访以及新闻生产的过程，最终把一个‘成型’的阐述呈现在受众面前，告诉他在特定的时候，政治事件中哪些事情‘真正’重要。记者向我们传递了政治的‘意义’。他们把政治生活中的事件嵌入叙述框架中，这些框架让事件以故事的方式得以陈述。当然，这些框架并不仅仅是在记者的生花之笔下构筑完成，而是通过一段时间内不同新闻媒

---

① 详见邵培仁：《传播学》，高等教育出版社2000年版，第42～44页。

② ［荷］丹尼斯·麦奎尔：《麦奎尔大众传播理论》（第五版），崔保国等译，清华大学出版社2010年版，第4页。

③ ［英］麦克奈尔：《政治传播学引论》，殷琪译，新华出版社2005年版，第76页。

体，以及不同政治行动者之间为了一则政治故事或是故事的来源进行的互相作用与竞争的结果。一段时间后，大多数参与竞争的框架被逐渐淘汰，直到剩下一个主导框架。尽管它会一直受到挑战与修改，然而主导框架一旦确定，就会为后续事件提供一个评估新闻价值、报道以及诠释其意义的结构。”①

三、大众媒介的分类与差别

大众媒介的分类在过去比较容易，人们把它划分为报纸图书、广播、电影电视等，但是，在互联网出现之后，分类就越来越复杂了。复杂性在于，很难像过去那样划分出它们的“边界”。正像麦奎尔所说：“分析所有媒介彼此之间的差异，要比从前困难得多。第一，部分原因是现在某些媒介是透过几个不同类型的传送渠道来进行传播，因而降低了媒介原始的独特性以及使用的经验。第二，以数字化为基础的技术整合，只会增强这种趋势。在互联网上，报纸内容的取得变得很容易，而且电话也开始传送媒介内容。媒介之间原来清晰的管理范围的界线现在已经变得模糊，这使得不同媒介更加相似。第三，‘全球化’的趋势正在降低所有国家的媒介内容与机构之间的独特性。第四，全国性与全球性的媒体持续合并趋势，已经导致不同的媒介变成‘同在一个屋檐下’，从另一个方面加强了它们之间的整合。”②无奈之下，麦奎尔已经不从单纯的外部物质形态来区别大众媒介，而是选取了“自由与控制”、“好处与用处”这两个维度来判断大众媒介的类型与它们之间的差异。“自由与控制”亦即媒介受特定社会控制而具有自由的程度，“媒介与社会之间的关系包括物质层面、政治层面和规范性或社会文化层面。政治领域的核心是自由与控制的问题。规范层面关注的是媒介应当如何运用它们所获得的自由”③；“好处与用处”亦即从受众角度对媒介类型的判断：“从内容和作用上把握媒介渠道的特征或加以区别的日益困难打破了一度固定的关于媒介的社会定义。例如，现在报纸就像是一种娱乐媒介或是消费者的指南，或是一种关于政治或社会的信息来源。而有线和卫星电视系统已经再也不局限于向所有人提供一般性的节目。尽管如此，在关于媒介‘最适合’做什么这个问题上，仍然存在几个主导印象和定义，而这是传统、社会

① 〔英〕麦克奈尔：《政治传播学引论》，殷琪译，新华出版社 2005 年版，第 76 ~ 77 页。

②③ 〔荷〕丹尼斯・麦奎尔：《麦奎尔大众传播理论》（第五版），崔保国等译，清华大学出版社 2010 年版，第 33 页。

力量以及特定技术的‘偏向’所造成的结果。”①麦奎尔认为，新兴的数字媒介已经使得什么媒介对什么目的来说是好的这个问题变得不确定，但是数字媒介也增加了媒介区分的一个新的方面，即根据互动性的程度来划分。越是互动性强的媒介，越能够允许使用者持续地做出有动机性的选择以及反应。

四、大众媒介的新形态："新媒介"的政治担当

毫无疑问，人类的政治越发达、政治治理越文明、政治制度越民主，对媒介的依赖性就越强，因而大众媒介在政治传播中的作用也就越重要和突出。当大众媒介发展至所谓"新媒介"状态时，大众媒介与政治的关系、政治与大众媒介的关系就越来越密切了，以至于出现"政治媒介化"和"媒介政治化"。

所谓"新媒介"，主要是指大众媒介发展到以数字互联网②为核心阶段或者形态。人们从多个方面对"新媒介"进行界定，一时众说纷。权威的《新媒体手册》是从以下几个方面来界定"新媒介"的：技术硬件和设备；活动、实践和使用；围绕着硬件和应用所形成的社会和组织安排。这么一来，把新媒介弄得很复杂了。麦奎尔认为，再复杂，应抓住新媒介的"核心特征"——"至于‘新媒体’的核心特征，似乎主要在于它的互连性；它对于作为传者又是受者的个人受众的易得性；它的交互性；它的多功能和开放式终端的属性；它的普及性和‘去地域性’"。通过研究，麦奎尔归纳了诸多学者对"新媒介"的全面看法：

第一，关于新旧媒介间的差异。新旧媒介的界说，大家基本形成共识，这就是以"互联网"为界，之前大体可以成为"旧媒介"或传统媒介，互联网始可成为新媒介。至于有人所说的"自媒体"、"社交媒体"等另当别论。

第二，关于新媒介新在何处。美国学者赖斯、列佛柔等经过系统研究，总结如下：全方位数字化，涵盖不同媒介，互联网与大众传播的分野，出版角色的应运而变，受众角色更加私人化，"媒介机构"的分散与模糊，社会控制程度降低。

第三，关于新媒介的关键特征。学者总结为：互动性、社会现场感、媒介丰

---

① 〔荷〕丹尼斯·麦奎尔：《麦奎尔大众传播理论》（第五版），崔保国等译，清华大学出版社 2010 年版，第 35 页。

② 学术界对"互联网"有很多定义。我比较赞成英国学者查德威克从"技术"和"比较"两个意义的统一角度对互联网的定义："互联网是当地的、国家的、全球的信息和传播技术以相对开放的标准和协议以及较低的进入门槛形成的一对一、一对多、多对多、多对一的网络之网络。"见〔美〕安德鲁·查德威克：《互联网政治学》，任孟山译，华夏出版社 2010 年版，第 9 页。

富性、自主性、享乐、私人化、个人化等。

第四,关于新媒介的信息传播模式。荷兰电讯传播专家包德维克与万肯从独有的角度思考,提出一种模式。他们描述了四种传播形态,指出了四种形态彼此之间的关联性(见图4－2)。针对这四种模式及其与新媒介的内在关系,麦奎尔做了引导性的分析:图中的箭头反映出信息交流从训示到交谈与协商模式的重新分配。一般来说,这意味着从传播者到接收者的传播权力平衡已经产生了广泛变化,尽管这种变化可能因登录的发展还有大众媒介传送范围和吸引力的成长而抵消。训示模式在数量上不一定会减少,但它已经采纳了新的模式,为那共以兴趣或信息需求("窄播")为基础的分隔化受众进行更多小规模的供应。最后,我们可以从图中得出结论:信息交流模式之间的差别,并不像表面上看出的那么大,但由于技术和社会的原因,却产生了重叠与聚合的现象。同样的技术(如电信传播基础设施)可以为一个家庭提供上述四种模式的任何一种功能。

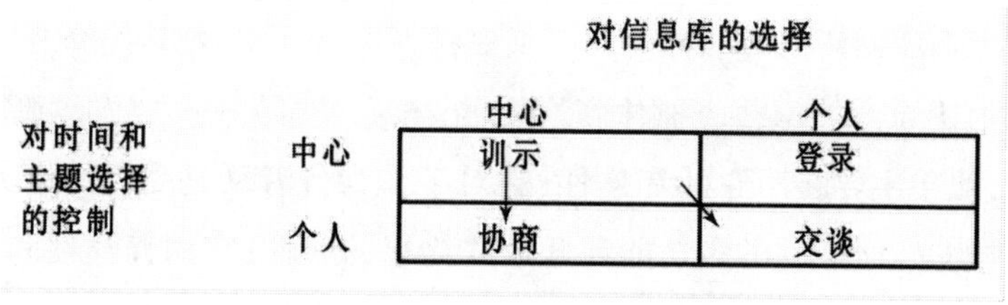

图4－2　新媒介的信息传播模式

毫无疑问,作为政治传播核心性中介的"新媒介"在政治传播中担当着至关重要的角色,履行着不可替代的功能。这一点无论在什么样的"媒介体制"下都非常突出。在那种专制体制下,新媒介的政治传播功能甚至对既有政治起着一种"颠覆性"的作用。就是在所谓民主的政治体制内,新媒介也使民主的形式日新月异,更为民主。①

新媒介的政治担当,在学术界已经被认为是"新政治"时代的到来。西方学者戴尔伯格描绘了三种基本阵营或模式。第一,存在一种"网络自由意论"的模式,要求依照消费市场的模式来研究政治。调查、公投和电子投票都属于这一范畴,并取代了以往的方式。第二,存在一种"公有制社会"的观点,期望可以从更广泛的草根参与和供给以及不断增强的地方政治社群当中获益。第三,人们

① 我们将在第五章"政治传播效应"中详尽展示新媒介的政治传播效应。

认为“审议民主”会带来不少益处。经改良的技术在公共领域内应用于互动和交换观点使这种益处变为可能。

新媒介产生“新政治”，进而在政治传播中起作用，这一观点被国内外学者抬得很高。美国学者本奈特在他的新著《媒介化政治：政治传播新论》一书中“新媒体的影响”罗列出十大“趋势”：削弱政党体制，为仇恨言论提供新的平台，激发草根民主的新活力，使第三世界能够从痛苦的工业化阶段直接跃迁到信息经济社会，掠走孩子们的童年和人们的方位感，加速政府对国际性危机在深思熟虑之前做出快速反应的进程，疏离家庭成员间的关系，为企业的正常运转提供长期保障，扩大信息鸿沟，限制独裁政权对信息流的控制能力。①更有甚者，政治传播中新媒介与政治的关联直接导致了“互联网政治学”②的产生。美国学者安德鲁·查德威克 2006 年出版了他的《互联网政治学》，在这本著作中，他就“为什么是互联网政治学”回答道：“在较短的发展历史中，互联网的政治化程度比以往任何时候都严重，而且这种趋势还会加剧。”“这种政治化——对互联网加以控制的努力，连同服务于政治目的的科技应用——将是未来岁月中互联网发展的背景条件。政治行为体在努力提高使用互联网的方法，来加强它们的存在并使它们的行动合法化，这些方法看上去虽然很新，但与很久以前针对传统印刷媒体和广播媒体制定的旧媒介战略具有相似之处。国家在努力提高网上社会与政治行为的管理手段，监控被认为有可能威胁政治稳定和主要经济行为体利益的团体和运动。”③他不无感慨地说道：

> 国家与公民社会之间的经常性张力会持续引发政治对立。现存政治结构与自上而下或自下而上的社会运动之间的联动关系正在形成，就像电子民主与借助互联网力量的底层动员的发展，才使得公民参与的传统形式充满活力。相似的政治化进程正在国际层面上发生，并集中在争论不休的议题上：如何治理与管理互联网？这包括发达国家与发展中国家之间越来越重要的数字鸿沟问题，以及来自于全球恐怖主义网络对国家安全的威胁，无论是现实中的还是想象中的威胁。

---

① 〔美〕兰斯·本奈特等主编：《媒介化政治：政治传播新论》，董关鹏译，清华大学出版社 2011 年版，第 229 页。

② 至今还没有见到诸如“互联网经济学”等其他什么学，可见，新媒介的“政治秉性”何其突出与重要。

③ 〔美〕安德鲁·查德威克：《互联网政治学》，任孟山译，华夏出版社 2010 年版，第 2～3 页。

相较于早些年，政治行为体已经聪明了许多。但是，在最后的分析中可以发现，互联网可不像公民社会中的其他方面那样如此被控制，它的流动与活力本性使得这个问题如此让人着迷。①

可以预见，以互联网为载体的新媒介政治时代已经到来。人类的政治，进而人类的政治传播，亦将进入新的发展阶段。

第四节　作为外表性中介的政治话语

话语是语言的动态组合，由语言组成的“话语”饱含着社会的政治经济文化及其变迁。外国学者威腾说：“话语是一种典型的中介事业。这样，它既具解释性，又具预先解释性；它既是与解释本身的性质有关的，又是与作为它对自己进行详尽阐述的明显场合的主题有关的。”②作为政治传播主要内容的意识形态、政治价值及政治文明，可以通过形象、符号、动作、活动等来传递，但是，“政治话语”无疑是最为重要的“外部形态”。这就是说，政治话语是政治传播内容通达政治传播受众的重要中介。

一、话语的政治性

法国哲学家笛卡尔认为人本质上是语言的动物，亚里士多德认为人是政治的动物，所以，美国政治传播学者尼谋干脆就说“政治就是谈论”。现在批判话语分析学派就认为，所有的话语都可以被看作具有政治性，对话语进行的各种分析也都具有政治性，所有话语归根结底都是政治话语。他们认为，任何试图对话语进行政治和非政治区分的行为都是不可想象的。

“所有的话语都是政治话语”这种判断确实有些极端，但是，毫无疑问，话语表达和反映着特定的政治。我们完全可以说，政治性是话语的本质属性。就此而言，可以说政治话语是社会政治生活的语言表述，它作为政治信息的载体，深刻地制约和影响着政治交流及其他政治活动，正是通过它，“政治人之间的心态

① 〔美〕安德鲁·查德威克：《互联网政治学》，任孟山译，华夏出版社2010年版，第3页。

② 转引自丹尼斯·K. 姆贝：《组织中的传播和权力：话语、意识形态和统治》，陈德民等译，中国社会科学出版社2000年版，第127页。

才能相互洞察;政治信息的传播才能够发生”①。政治话语是政治活动、政治制度和政治文化在话语上的反映,是为政治活动服务的。政治话语产生于交流,运用于交流,是政治交流的工具。当言说者将语言运用于政治实践时,它不仅是一个纯粹的个体言语行为,更是政治权力资源在言语上的表达。

话语走向政治,或者说话语与政治的结合,是有一个历史过程的。有学者认为,自19世纪末以来,“作为一种理论和实践的话语,在发展过程中存在着几个明显而重要的转变:从研究领域来看是语言科学向社会科学的转变,从性质上来看是现代性向后现代性的转变,从作用方式来看是权力构建向权力颠覆的转变——这几个转变相对独立但又具有一定的内在逻辑关系,并且话语通过这三个转变逐步获得了独立的政治学意义”②。

在这种话语逐步走向政治的转变之中,福柯、诺曼·费尔克拉夫、利奥塔以及哈贝马斯都有重要的贡献,是我们不能忽略的人物。福柯对话语的研究实现了话语从语言科学到社会科学的转变,并在之后把话语直接与政治权力联系起来。他将话语视为构建知识领域和社会实践领域的不同方式:

> 话语不仅反映和描述社会实体与社会关系,话语还建造或“构成”社会实体与社会关系;不同的话语以不同的方式构建各种至关重要的实体,并以不同的方式将人们置于社会主体的地位,正是话语的这些社会作用才是话语分析关注的焦点。③

利奥塔把话语置放于后现代的语境之中,对话语的进一步走向政治做出了贡献。利奥塔认为现代性就是“通过元话语来确定自身合法性的科学”④,而后现代性“应该是一种情形,它不再从完美的形式获得安慰,不再以相同的品味来集体分享乡愁的缅怀”⑤。所以,后现代话语的主要特质就是打破元话语的制约,在话语的权力范畴和适用范畴中基本认可话语的多元化倾向。后现代主义的话语分析对现代性话语分析的颠覆不仅表现在对话语实践的积极构建上,也

---

① 邵培仁:《政治传播学》,江苏人民出版社1991年版,第291页。
② 张凤阳主编:《政治哲学关键词》,江苏人民出版社2006年版,第344页。
③ 转引自〔英〕诺曼·费尔克拉夫:《话语与社会变迁》,殷晓蓉译,华夏出版社2003年版,第3页。
④ 〔美〕福克斯等:《后现代公共行政——话语指向》,楚艳红等译,中国人民大学出版社2002年版,第43页。
⑤ 〔法〕弗朗索瓦·利奥塔:《后现代状况》,岛子译,湖南美术出版社1996年版,第209页。

呼应了话语分析向社会科学领域广泛渗透的需要:后现代主义的“话语”理论旨在全面摆脱以语言定位为导向的理论探讨,转向历史、文化、社会、政治、制度、阶级和性别的交叉研究。[①] 其中,话语理论也从一种政治理论上升为政治实践,诸如舆论宣传、政府行政管理、市民社会的多元要求乃至网络空间中的言论表达等,都作为话语实践在政治环境中发挥出各自的作用,并成为话语分析的主流。话语理论的重点从判断一种言论或行为是否属于话语范畴中脱离出来,而将政治社会范围内的言论和行为视为话语的基本型构,着眼于分析其特殊的政治意蕴。

总之,政治话语是一个极其宽泛的概念,简单而言就是对政治生活产生影响的话语实践。在政治话语中,政治统治的主客体是话语的主体及其对象,政治社会的结构和体制是话语的作用方式和基础文本,政治社会的存在和发展是政治话语的实践,而政治文化则是话语价值观的体现。政治社会从一出现就伴生着政治话语,在其发展过程中政治话语以不同的参与方式发挥出重要的政治作用。政治话语的实践主要表现为政治主体行使其权力以实现特定政治目的的过程,几乎所有重要的政治元素都被涵盖在内,不仅包括常见的法律制度、政治结构、政治主体及其行为、政治文化等政治文本、行为和价值,还包括了另一些具有相对隐蔽或者潜在政治意义的元素,比如社会舆论、经济理论及其影响、文化艺术、风俗习惯和时尚等等,前者发挥着显而易见的政治作用,而后者在特定的情势下同样能够作为政治话语影响政治生活。[②]

二、政治话语霸权

话语与政治的结合,或者说,当话语反映政治的时候,由于政治的垄断性本性,必然出现“政治话语霸权”。政治话语霸权意味着政治当政者或者操持者通过各种方式和途径对政治话语的全方位、全过程的制造、垄断和控制。因而,通过政治话语霸权最能体现政治传播的内在品质与外在风格。

政治学意义上的“霸权”来源于西方马克思主义学者葛兰西。葛兰西认为:“国家概念中一般应该有属于市民社会的某些成分(在这个意义上可以说:国家

① 参见王治河主编:《后现代主义辞典》,中央编译出版社2004年版,第304页。
② 参见张凤阳主编:《政治哲学关键词》,江苏人民出版社2006年版,第348页。

＝政治社会＋市民社会，换句话说，国家是披上了强制的甲胄的霸权）”[①]，“一个社会集团的霸权地位表现在以下两个方面，即‘统治’和‘智识与道德的领导权’。”[②]这里，“统治”权被理解为包含暴力在内的政治权力；“智识与道德的领导权”被理解为“意识形态霸权”（意识形态的“霸权”品质是马克思最早揭露的，显然，葛兰西继承了马克思的思想）。意识形态霸权其实就是政治话语霸权，或者说，意识形态霸权必然表现为政治话语霸权，再或者说，意识形态霸权必然通过政治话语霸权而实现其背后的政治思想统治。

虽然说，两种“霸权”是密不可分的关系，前者是后者的基础，后者是前者的表现，但是，在现实的政治生活和政治传播中，后者即政治话语霸权却“隐秘”、“吊诡”、“复杂”得多。通俗地说，政治霸权是强制的、暴力的、显性的；意识形态霸权是“自愿”的、温和的、隐形的。所以，对于政治话语霸权的这种特质需要更深入的把握。

因此，在葛兰西看来，霸权主要是指统治阶级在某些历史时期实施社会与文化领导权的能力，通过这种方式——而不是对下层阶级的直接高压统治——以保持他们在国家经济、政治与文化方面的权力。霸权概念的关键内容不在于强迫人民违背自己的清醒意志或良好判断而将权力让度给掌权者，而在于它揭示出一种情景，其间所积极寻求的乃是人们对理解世界的那些方式的认可，而这个世界“恰好”符合拥有霸权的阶级联盟或权力集团的利益。因此，我们越是积极介入对自己、对社会关系以及对广大世界的理解活动，结果我们就越是在自己的依附状态中与统治阶级形成共谋关系。这一点，还是约翰·费斯克说得到位：

> 霸权是在意识与表述的领域发挥作用；当社会、文化与个人的经验总和能够按照由权力集团定义、确立并付之流传的术语予以理解之际，霸权才最有可能获得成功。简言之，霸权将历史上属于某个阶级的意识形态予以自然化，使之成为一种常识。其要害在于权力不是作为强权而是作为“权威”而得到行施；生活的“文化”部分都被去政治化了。最易采用并最受官方鼓励的那些理解自己与世界的策略，不仅

---

① 〔意〕葛兰西：《狱中札记》，曹雷雨等译，中国社会科学出版社 2002 年版，第 221 页。

② 同上，第 220 页。

是作为策略而出现,而且也是作为“人性”的自然(无可争辩)属性而出现。除此之外的其他策略——基于相反的政治策略或反霸权意识——这种语境中则不仅是作为“非正式的”(unofficial)东西而出现,而且可能被表现为名副其实的无—意义(non-sense);它们不可设想,不能表达。①

政治话语霸权之所以能够实现,正在于其政治上的能够对政治话语实行“霸权”的权力即“话语权”。“话语权赋予了话语主体向客体单向表述的力量,比如厘定法律法规、编纂历史或者引导政治舆论等。这些话语与权力仪式长期联姻,在现实中为权力做辩护并巩固这个权力。”②它按照政治结构和体制划分了权力的大小和范围,并在权力使用的过程中携带着相应的价值观,保证了政治话语的稳定和有效的序列,如此不仅能够巩固其地位,同时也能够带来更多的权力。当这种话语在此过程中以不容争辩的态度扼制或者干涉了其他话语系统时,则往往被视为是霸权话语。因此,政治学意义上的话语霸权特指一个具有政治权力的主体对其他政治话语体系的敌视和强势的阻遏干涉行为。③

可以说,现代政治生活和政治传播中的“政治话语霸权”到处横行和肆虐,无论是民主政治还是专制政治社会中都一样。可能在专制政治中政治话语霸权与政治霸权结合得更紧密一些,政治话语对政治霸权的表达与传播更直白一些,而在民主政治的社会中,政治话语霸权与政治霸权结合得更松散一些,政治话语对政治霸权的表达与传播更含蓄一些。

正因如此,诺曼·费尔克拉夫指出,在“话语”理论中,出现了反霸权的“民主化”趋势。“话语的‘民主化’意思是消除话语权利和语言权利、义务和人类群体声望方面的不平等和不对称”。他考察了“话语民主化”的五个方面:语言和社会方言之间的关系,对于有名望的话语类型的进入,在具有不平等的权力关系的机构话语类型中消除明显的权力标志,偏向非正式性语言的趋势,语言中与性别有关的实践方面的变化。④ 费尔克拉夫对“话语民主化”的阐释也非常适合于对消解政治霸权的理解。

① 〔美〕约翰·费斯克:《关键概念:传播与文化研究辞典》,李彬译,新华出版社2004年版,第123页。
② 参见〔法〕福柯:《必须保卫社会》,钱翰译,上海人民出版社1999年版,第60页。
③ 张凤阳主编:《政治哲学关键词》,江苏人民出版社2006年版,第349页。
④ 参见〔英〕诺曼·费尔克拉夫:《话语与社会变迁》,殷晓蓉译,华夏出版社2003年版,第187页。

三、政治话语的自我指涉

特定的政治意识形态总是利用权力霸权编织一套话语体系来实现其政治话语霸权。学者霍尔就曾揭露过意识形态与政治话语之间的赤裸裸关系。他说：

> 意识形态不通过单一的概念起作用；它们在一系列推论链环上，以成簇的方式，在语义场中，在推论的形成中发挥作用：当你进入一个意识形态场中，随意挑出处于任何结节的表述或概念，你马上会激发起整整一串涵义的联想。意识形态上的表述互相蕴涵，互相呼应。因此，在任何社会形成中都会出现形形色色的意识形态体系或逻辑。居支配地位的意识形态和处于从属地位的意识形态的概念是对任何发达社会中不同的意识形态话语及其形成间的复杂性相互作用的一种不充分的解释。①

政治话语霸权由于其刻意的编织和对话语的垄断，往往形成受众不听、不信的假、大、空的“自我指涉”或者“话语独白”。

“自我指涉”与“话语独白”这一概念出自于美国学者福克斯和米勒所著的《后现代公共行政——话语指向》一书。他们认为“话语天然地是政治的”，但是到了后现代社会，“因为现代主义的普通语言在这一方面并不能起作用。……在超现实的情况下，词语失去了表示意义的能力，而成为了自我指涉，即只是在较为狭窄的语境中它才是有意义的，这一语境或者是并非被所有人共享，或者是稍纵即逝的，超出了那一时刻，就没有什么可回味的”②。“当信息交流的主要方式是独白式的而不是公共的或对话性的交流时，对抗性的紧张关系就消失了。这一辩证法的最初时刻是说话者/听者的角色的转换或一分为二。接着，单向度的语言日益以无处不在的霸权方式存在，它一点不受直接反驳的可能性的钳制。这样，公共对话变成了独白。”③

---

① 转引自丹尼斯·K. 姆贝：《组织中的传播和权力：话语、意识形态和统治》，陈德民等译，中国社会科学出版社 2000 年版，第 138 页。

② 〔美〕福克斯等：《后现代公共行政——话语指向》，楚艳红等译，中国人民大学出版社 2002 年版，第 7 页。

③ 同上，第50 页。

由于自我指涉而使政治话语变成一种自言自语的独白，其根源却在于话语霸权。可见，政治话语独白是霸权话语的一个同时具有极端意义和宽泛意义的表现。有学者认为，霸权独白是政治权力为保卫其秩序而必然使用的强势的话语述说形式，独白者常常是占据绝对优势的一方，如强大的国家、强势政府和执政党等。作为一种话语形式，独白有其存在的客观意义，因为“某种话语类型与现实政治权力的结合，并导致对另一种话语类型的政治迫害，亦是话语本身的一种生存论规定”①。霸权独白主要表现为几种层面上的操控：意识形态操控、公共舆论操控和交往行政操控。在这几种操控中，政治权力高度统摄话语的核心意义，并借助操控的施行构建了独自性的话语秩序。在其述说的过程中，旁若无人的独白无须得到受众的允许或认可，即使是征求意见，那也是发生在独白的间隙，并且这种征求对独白的内容影响甚微。②

当霸权式的政治话语在政治生活和政治传播中表演“独角戏”的时候，这种话语独白有可能转化为另外一种形态——无责漫谈。无责漫谈和霸权独白相比走到了另一个极端上，它是指不承担身份责任的、去中心化的、不以共识为目的的话语述说形式。在自说自话的漫谈中，个人或者群体的政治社会身份暂时被隐匿起来，没有一个统摄全局的权威，也没有必须达成共识的目的，这样的述说广泛存在于民间社会和网络世界中。漫谈并不是一个主动意义上的公共话语的伤害者，只是它所具有的无责和散漫的特质妨害了公共话语所需要的价值的有效构建。除此之外，漫谈也会时而扮演反霸权话语的角色，并部分地呈现出政治社会中民众的生活意义。

无责漫谈是随着现代政治社会的构建而出现的，因为后者提供了无责漫谈的人员和必需的时空环境。在前现代社会中，个人的政治身份如影随形，即使存在着不具普遍意义的私人交往空间，也随时随地印刻着对应于身份的政治责任。如贵族和奴隶的私人交往空间各自独立，不可能出现大规模的身份认同和相互交往。即便是在雅典城邦之中，存在着一定限度的无责漫谈的时空环境，无责漫谈也无法有所实践。一是因为缺乏“无责”之人，能够享有这种时空的只能是城邦公民，而公民责任是公民身份得以成立的必要条件。二是因为在公民们的漫谈之中，始终存在着服务于城邦这一中心目的，这也是公民美德的核心

① 刘小枫：《流亡话语与意识形态》，载于刘小枫：《这一代人的怕和爱》，三联书店1996年版。

② 张凤阳主编：《政治哲学关键词》，江苏人民出版社2006年版，第350页。

指向。[1]

政治话语的无责漫谈可以用另外的“话语”来研究，这就是我们前面提到的美国学者法兰克福对“扯淡”的研究。无责漫谈基本上是“扯淡”。

四、政治话语的妖魔化

政治话语作为政治传播的中介具有十分强大的功能。在特定的意识形态系统内，它可以感染、鼓动、说服、诱导、引导、动员受众，同时，对于不同的或者敌对的意识形态，它也有“妖魔化”对手的功能。这种功能可以说来自意识形态本身所具有的原始意蕴，正如曼海姆所言：“人们在任何一个历史发展阶段随时随地向他们的对手表示的不信任和怀疑，都可以被看作是意识形态这个概念的直接先驱。”[2]现代政治传播中，通过“话语”或者“政治话语”妖魔化对手的现象已经引起学界的关注。

“妖魔”在汉语中是个地地道道的贬义词。所谓妖魔鬼怪、魑魅魍魉，在汉语词汇里一般都有悖于人性，既神通广大，又逍遥法外，能上天入地，来无踪，去无影。现代汉语词典里的“妖魔鬼怪”比喻各色各样的邪恶势力。而“化”在《说文解字》中定义为大、多之意，任何一种事物、形态、活动、行为、标志有增多的趋势，统称为化。这样，“妖魔化”就相应地成为抹黑别人的不正当的行为。

新闻话语的“妖魔化”一词最早被我国学者李希光所用。最初用来形象地表明美国媒体在西方宗教传统根深蒂固的影响下，简单地、一成不变地把世界分为两个极端：认同他们文化和价值的，并跟随他们的人或国家，就被视为生活在天堂里的“天使”；而不认同他们价值观的人或国家就被他们视为“妖魔”。美国媒体把西方宗教界的这种二分法用于今天的新闻报道中，用他们的意识形态作为判定事物的标准，只要被他们看作是“妖魔”的国家，这个国家的一切，无论是政治、经济、军事、文化都应该作为敌人加以抨击和丑化。德国学者哈拉尔

① 我国学者对政治话语的研究，其主要问题在于：预设了政治话语的天然“公共性”本质和立场，因此对政治话语由于“霸权”而产生的“独白”与“无责”化偏颇的纠正目标是，使其回归政治话语的公共性。所以，政治话语的“独白”与“无责”也被视为通向公共性的“藩篱”。其实，政治话语从公共性出发走向特定的政治性是一条不归之路。现实的政治话语从来都不是，也永远不可能是真正公共性的。关于“话语”的政治学研究成果，请参见张凤阳主编：《政治哲学关键词》中“话语”词条（江苏人民出版社 2006 年版）。

② 〔德〕卡尔·曼海姆：《意识形态和乌托邦》，艾彦译，华夏出版社 2001 年版，第 71 页。

德·米勒教授对这种两分法称为“政治学摩尼教”。他说:摩尼教徒是古代晚期某种宗教的狂热信徒,他们把世界分为对抗的两极。他们坚信,这两极之间的争斗,即光明和黑暗的对抗,决定着世界的命运。摩尼教徒根据自己所拥护的派别分化为对立的两派,即“我们”反对“他们”。①

新闻话语妖魔化的背后是政治、经济利益,因此,更多的时候,妖魔化对手就直接采用政治话语。比如,现在人们认为,美国一直在通过媒体妖魔化中国,但是,媒体只是前台的表演者而已,政治的后台主体是政治家和政治家背后的利益集团。比如,冷战时期,中美双方意识形态最对立时,美国反而没有妖魔化中国,基督徒也没有妖魔化中国。就是说,意识形态的对立、差异并不是妖魔化的最后动机。主要原因还是利益集团在起作用,政客是妖魔化的主宰,政客是吃利益集团“奶水”长大的,为了拿到政治捐献,政客也是利益集团的打工一族。美国媒体不是妖魔化中国的真正“主体”,主体是美国的利益集团。

但是,不利用政治话语,妖魔化是难以实现的。经济强大、政治强盛的意识形态主体总是在政治话语上下足功夫的。比如,现代政治的“轴心”或“核心”范畴、概念,像“民主”、“自由”、“人权”、“平等”等,均被定义、被规范、被固化指称,任凭你后来者再“辩证”、再“重新定义”、再“特色”都无济于事。但是,离开这些核心和轴心范畴,现代政治还能通过政治话语而传播吗?这就难怪,现代政治中的意识形态之战首先表现或演化为政治话语定义权、解释权的争夺之战。

五、政治话语的中国困境

以上政治话语的霸权、独白、漫谈、扯淡现象,在中国都有。从整体上说或者从某种意义上说,中国在对内政治话语有效性,对外政治话语的定义权、解释权的争夺之战中,面临一系列的问题或者困境,表现如下:

第一,政治话语立场困境。

改革开放以来,伴随着经济的飞速发展,中国社会政治结构也在缓慢转型。“当代中国社会结构从政治主导型向政治—社会主导型转型的标志是:从自给、

① 参见〔德〕哈拉尔德·米勒:《文明的共存——对塞缪尔·亨廷顿“文明冲突论”的批判》,郦红等译,新华出版社2002版,第19页。

半自给的产品经济向商品经济社会转型,从农业社会向工业社会转型,从乡村社会向城镇社会转型,从封闭、半封闭社会向开放社会转型,从同质的单一性社会向异质的多样性社会转型,从伦理社会向法理社会转型。这种转变不仅仅表达了一种社会性话语,从更深一个层次上来看,政治性话语才是社会结构转型的真命题。"①

政治主导型社会由特定的政治价值规范着社会的精神状态。在这种社会中,由意识形态霸权所造就的政治话语更多时候仅代表政治统治者的利益,是一种听众反应冷淡的"政治独白";而政治—社会主导型的社会意味着与政治国家相对应的公民社会的崛起,意味着社会价值向政治价值的渗透,意味着政治价值的多元化,作为各种利益代表的政治话语无法再浪漫性地独白了,而必然要为各自的政治价值和利益展开博弈。

中国社会的政治价值和政治利益虽有不同,但是没有激烈冲突。中国共产党作为执政党在本质上是"为民执政"或者"执政为民","社会建设"被纳入到执政为民的内在战略之中。这样一来,过去的仅只立足于国家政治、面向国家、忽略社会的政治话语已经远远不能适应新的政治形势。

在实际的政治生活中,政治话语的立场遇到了极大的挑战:"为党说话"与"为民说话"陷入矛盾冲突状态,成为一种政治话语的"立场困境"。这种"立场困境"的舆论场,导致了很多的激烈的社会矛盾,反过来又使政治话语陷入了既不能独立说话,又"不知道该为谁说话"的困境之中。

第二,政治话语内容困境。

改革开放以来,中国特色社会主义的政治实践创造了中国特有的政治文明,越来越强有力地影响着人类政治文明的进程和世界各国的政治实践。中国特有的政治文明已经构成了人类政治文明中引人注目的壮丽景观。

从人类社会发展史的角度看,从理论和思想上看,社会主义社会是以资本主义生产方式的发展为基础形成的,它脱胎于资本主义社会生产方式,但它需要做的是超越资本主义社会。社会主义的理想和现实追求都要高于资本主义,其最终目标即在人的政治解放基础上,追求人在经济与社会领域的解放、独立与自由的发展。

---

① 参见谢岳:《权力的流变:当代中国社会结构转型的政治话语》,《中共福建省委党校学报》2000 年第 2 期。

社会主义社会作为共产主义社会的初级阶段,其所处的经济发展阶段和历史方位决定了社会主义社会完全可以与资本主义社会共享现代社会形成过程中所创造的最基本的政治文明,包括政治核心价值,诸如自由、民主、平等。社会主义社会所要做的就是赋予这些核心价值以更加真实而丰富的内涵,改造成为社会主义政治文明观下的有效元素,建构这些价值观所能依托的经济社会基础,并将其目标指向共产主义理想。

现在中国经济在世界上已经排名第二,政治实践也取得了举世瞩目的成就。中国共产党在不断借鉴西方资本主义生产方式优势的同时,不断探索中国政治发展的道路和模式,它所体现出的政治文明观愈发引起世界的关注。所谓影响广泛而深刻的"北京共识"、"中国模式"的理论体系或概念解析等,虽然不是十分准确,但是,却从某个侧面印证了中国政治文明在世界政治文明体系中越来越重要的地位和越来越大的影响力。

然而,从政治传播角度看,与我国突飞猛进的发展成就和日益提高的国际政治地位相比,我们的政治话语却不知道向世界说什么,在整个国际舆论中的影响力比较弱。在世界政治格局和政治话语体系中,中国没有应有的"定义权"和"设置议程"的机会;中国的国家政治形象更多地被"他说"、"他塑"。

传播学的研究成果表明,当今世界发达国家与欠发达国家之间的政治、经济、文化关系是一种"中心—边缘"模式。政治信息的流动基本上还是单向的:从处于政治、经济强势的西方国家(中心)流向政治、经济弱势的落后国家(边缘)。从文化上讲,"中心"指创造和传播文化的源头,"边缘"指信息传播的被接收者。从现在整体的情景来看,中国就处于"中心—边缘"模式的"边缘",被西方文化"饱和"的情况十分严重。总之,面对世界,中国的政治实践创造了前所未有的辉煌,但是,却未能构建解释、传播这种政治辉煌的政治话语体系。

第三,政治话语形态困境。

有学者把中国的政治传播从"语境"的角度划分为"革命语境"、"改革语境"、"治理语境"三个时期,某种程度说明了随着中国政治实践的发展和政治生活的变迁对政治话语的要求。毫无疑问,"革命语境"、"改革语境"、"治理语境"都有其历史的必然性和合理性。期间我们有成功的经验,也有失败的教训,但是,在当今时代中,政治话语必须与当下的政治性质和政治理念相匹配、相一致。纵观我们现在的主要依靠"政治宣传"、"思想政治教育"的政治话语形态,令人担忧。

从政治学的理论上讲，当下中国政治转型是从此前的“政治经济化”走向“政治公共化”。“政治治理”对当下中国的政治而言具有重要的意义。就政治传播角度对现在的中国而言，“革命语境”已经完全丧失其合理性，而“改革语境”容易导致错置。在治理中完成政治秩序的建设是当下政治面对的重要问题，其核心要义是在市场经济的框架下，剔除国家的全能政治，把更多的社会问题纳入公共领域的范畴；同时，需要政府改变传统的统治政治的观念，实现以治理为核心的政治内容。其政治的内涵已经在一定程度上超越了政党政治以意识形态为核心内容的政治化。很显然，这是对市场条件下政府与国家功能的再认识，意味着政治传播需要一种崭新的政治话语。

第五章

政治传播客体

在政治传播中，政治信息通过中介流向客体。“客体”这个词是个哲学用语，是相对于主体而言的，其主要意涵是指人作为主体活动时所面对的包括人自身在内的外部事物。从理论逻辑上讲，既然有政治传播主体一说，就相应地有政治传播客体。

第一节　客体、对象、受众

不同的学科对于主体以外的事物的指称使用着不同的概念和范畴。与前面我们对“传播主体”进行哲学式界说一样，在此，也从哲学意义上对“传播客体”做以说明。

一、哲学意义上的客体与对象

人类生活在世界上，就要进行认识活动和实践活动。而认识活动、实践活动，都是指向客体的。人的认识是以观念的形式去把握客体。人的实践活动是贯彻人的意志去改造客体。不存在没有对象的活动，客体既是人类实践的对象，又是人类认识的对象。因此，客体既是认识和实践的出发点，又是认识和实践活动的归宿。人的认识和实践归根结底就是为了认识客体、把握客体和改造客体。

客体是存在于主体以外，作为主体——人的活动的一切对象的东西。这是客体这一范畴的基本含义。但是，主体还把主体自身作为认识的对象，这样主体自身就被两重化了，它既是认识活动、实践活动的主体，又是主体自身活动的对象。因而，广义地说，客体是包括人自身在内的人所生活的世界的总体。在这一意义上，人所生活的世界都是人的活动的对象，关于客体的认识，就是对作为人的对象的整个世界的认识。

客体是相对于主体的哲学范畴。客体的基本属性就在于它是主体活动的对象。在一定意义上讲，客体与对象是同义的，因为只有作为主体的对象，才能成为客体，不是主体的对象便不能成为客体。认识客体的性质，就在于认识对象的性质。但是，作为对象的东西却并不是任何客观存在着的东西，而只是那些和主体发生联系的东西。客观的存在只有进入主体活动的范围，才能实现主体对象化的活动，获得作为主体活动的对象的性质；否则，它可以是客观存在着的东西，却与主体无关，因而也不具有作为主体活动的对象的性质。正如马克思所指出的，“非对象性的存在物，是一种非现实的、非感性的，只是思想上的即只是虚构出来的存在物，是抽象的东西”，“被抽象地孤立地理解的、被固定为与人分离的自然界，对人说来也是无”。[①] 这就是说，不是主体对象性的存在物，与主体不发生关系，对人来说是毫无意义的，因而也就不能看作主体的对象。客观存在的东西作为存在来说，是不以主体的存在为前提，也不受主体制约的，但作为对象来说，它却必须以主体的存在为前提，并受主体所制约。什么东西能够成为对象，不仅同这个东西自身的性质有关，与主体的性质也有关。作为主体活动对象的客体，不是固定不变，而是处于经常变化之中，同主体一样具有历史性的。这种历史性主要表现为，主体能力的不同发展程度具有不同的对象；对象、客体受人类历史发展制约。随着人的主体能力的不断提高，作为主体的对象的范围在日益扩大，不断地把原来不是对象的东西转化为对象。

二、对传播学“受众理论”的反思

在传播学中，就像很少使用“主体”一词一样，也很少使用“客体”这个词，也不常用“对象”这个词。传播学中使用“传播者”、“被传者”，因为“被传者”十分别扭，传播学中使用“受众”一词。从概念的内涵与外延上看，“客体”一词包括人之外的事物，而“受众”仅指人。这大概是传播学使用“受众”一词的主要原因吧。但是，“受”的对应词是什么？传播学说不清楚，似乎也不太讲究这些。

---

① 《马克思恩格斯全集》第42卷，人民出版社1972年版，第169、178页。

麦奎尔在他的《受众分析》专著中，开门见山地指出：

> “受众”(audience)一词作为对“接受者”(receiver)的总体指称，早已为人们所熟悉。在这个业已建立的话语中，受众被简单地认为是一个或另一个媒介渠道、这一类或那一类媒介内容或表演的读者、听众或观众。受众还被划归为大众传播研究的一个分支，是经验性研究的一个重要领域。这一术语，不仅被媒介实务人员和理论家们所熟知并用于日常生活当中，而且被媒介使用者们所认可和接受，用来清晰地描述其自身特征。然而，对受众一词，除了常规性的使用之外，对其意义的理解还存在相当多的分歧、误读和理论冲突。围绕这一概念之所以产生种种问题，其原因主要在于，如此单一且简单的术语却被用来概括一个不断多元化和复杂化的现实，并且还被应用于另类的、对抗性的理论模式，对此，一位评论家指出：“正在发生的情况是，无论在人文科学还是社会科学领域，传播研究中受众一词的所指对象(referent)正在消解。”换言之，我们仍在沿用熟悉的词语去指称事物，而事物本身却正在消逝。对于多数大众传媒来说，除了零散、间接地接触受众外，受众通常都是看不见、摸不着的。所以，受众一词，与社会科学领域中其他诸如社会(society)、公众舆论(public opinion)等一些看似简单的概念一样，是一个抽象的、众说纷纭的概念，它所指称的现实事物，通常也是多种多样和不断变化的。……这显示出一个简单概念的优势和迷人之处，但是，如果对这个概念缺乏清晰一致的理解，我们就要注意这个简单概念潜在的隐患了。①

现在的传播学对“受众”的研究，可以说，铺设了关于受众研究的宏大叙事框架。以下这些概念和命题，出自于国内学者在传播学中对受众的研究：受众的形貌、受众的角色、受众的特点(自在性、自主性、自述性、归属性)；受众的类型(积极选择者和随意旁观者、纯粹受众与介质受众、预期受众、现实受众与潜在受众、俯视型受众、仰视型受众与平视型受众)；受众的基本权利(选择权、知情权、表达权、反论权、监督权、隐私权)；受众的心理倾向(共性心理、个性心理、顺向心理、逆向心理)；受众的选择机制(选择性注意、选择性理解、创造性理解、

① 〔英〕麦奎尔：《受众分析》，刘燕南译，中国人民大学出版社2006年版，第2页。

歪曲性理解、卷入性理解、选择性记忆)；受众的反馈(简单反馈与复杂反馈、消极反馈与积极反馈、真性反馈与假性反馈、及时反馈与迟延反馈)。可以看出，这种宏大的叙事框架，基本上是把诸如心理学、社会学等学科概念移植到对"受众"的研究上来了。这些说法其实适应于任何作为人的研究对象。

当然，传播学中对于受众的研究，也有深入而细致的研究成果，在这一点上，国外的研究要比我们国内突出很多。反思现在传播学对受众的研究，我认为，有几个方面值得回味。

第一，研究方法的多样性与深度。传播学对受众的研究可以说已经远远突破了传播学本身，既有广度即多样性，又有深度即专业性。除了传播学的主流研究方法即偏重于大众媒介角度对受众的研究之外，詹森和罗森格伦曾经将受众研究传统划分为五类：效果研究、使用与满足研究、文学批评、文化研究和接受分析。麦奎尔在此基础上，重新抽象归纳为三大类：结构性研究、行为性研究和社会文化性研究。[①]

麦奎尔认为，结构性受众研究源于媒介工业的需要，其目的是为了获得有关受众规模、媒介接触、到达率、流动情况等方面的量化信息，这些数据对于媒介广告经营来说是必不可少的，由此催生出了一个与广告和媒介市场研究密切相关的庞大产业。结构性研究也有助于区分受众类别，探讨社会背景、大众传媒系统与个人媒介使用之间的关系；行为性受众研究的目的，重在改进和强化媒介传播效果，即通过考察受众外在的而非内在的表现，比如受众的媒介选择、使用、意见和态度等，来解释媒介的影响，预测受众的行为，为传播决策提供参考。在行为性受众研究中，受众被视若"黑箱"，不必了解其内在机理，通过察其言观其行，便可描述受众经验，推知其行为动机和传播效果；社会文化性受众研究内容广泛，广义上包括批判研究、文学批评、文化研究和接受分析在内，狭义上则主要指后者。它和结构性、行为性研究的不同在于，它抛弃了传播效果的刺激—反应模式，也不再遵从媒介文本或媒介讯息万能的观点，更扬弃了传统批判学派所谓受众臣服于传媒体系的观点，认为受众具有主动性和选择性，受众的媒介使用是特定社会文化环境的一种反映，也是赋予文化产品和文化经验以意义的过程。接受分析还特别强调受众在对媒介文本进行"解码"中的能动

① 〔英〕麦奎尔：《受众分析》，刘燕南译，中国人民大学出版社2006年版，第30页。

作用,认为受众对于大众媒介所提供的支配性和霸权性意义,具有抵抗和颠覆的力量。

麦奎尔所概括的三种研究传统,其区别不仅在于研究目的的不同和受众观念的差异,还在于研究方法的不同。结构性和行为性受众研究主要采用调查统计、心理实验等定量研究方法,这种方法常常为所谓"主流"的受众研究所采用。社会文化性受众研究则主要采用民族志和定性的研究方法,试图在社会和文化的意义上全面深入地把握受众,强调对"人"的再发现。按照麦奎尔的观点,受众研究目的的不同,根源于研究者立场的不同。实际上,不同研究流派的差别,已经暗示了不同的研究目的和不同的研究方法。针对这些研究方法的状态,我国学者刘燕南认为,近年来,受众研究虽然出现了由"受众控制"向"受众自治"方向迁移、从传播者视角向受众视角转变的趋向,但是,整体上并未跳脱"主流"研究传统的窠臼。①

第二,关于"意见领袖"的理论。意见领袖理论由美国传播学者拉扎斯菲尔德最早提出,经卡茨完善形成"两级传播"理论。显而易见,这个理论是在对"受众"的深入细致研究中提出的,当归属于受众理论,对受众理论具有"革命性"的影响。虽然,意见领袖和两级传播理论被后来的施拉姆等严厉批判和反驳,但是,仍然动摇不了这个理论的历史意义。我认为,这是对受众"性质"和"类型"最经典的划分。此后传播学对受众的"性质"和"类型"的研究无法超出其思想。我们前面涉及了这个理论,但是,却把它置放于"传播主体"中论述。② 这从一个侧面反映了意见领袖和两级传播理论对传播主体也产生了根本性的影响。

第三,关于一般受众和大众受众区别的理论。"大众"是社会学概念,受众是传播学概念。大众与受众的勾连,即大众成为受众所形成的"大众受众",深刻反映了传播学背后历史与社会发展的事件轨迹和内在逻辑。按照大众社会理论,大众是现代工业化社会的产物,也是大众传播发展的结果,反映了脱离家庭、血缘、土地等传统纽带,相互依赖却又彼此陌生的人们的生存形态。大众具有规模大、分散、匿名和无根性的特点,既不同于有一定组织性的社会群体,又不同于松散的群集,以及有政治自觉意识的公众,他们没有任何组织性,没有稳

---

① 参见〔英〕麦奎尔:《受众分析》,刘燕南译,中国人民大学出版社 2006 年版,译者前言。

② 参见本书第二章"政治传播主体论"。

定的结构、规则和领导者，也缺乏为实现自身目的而行动的意愿和手段。而受众按照麦奎尔的说法，是社会环境和特定媒介供应方式的产物。

最早用“大众”概念框架来分析“受众”的，是美国社会学芝加哥学派的代表人物之一布卢默。他从更广泛的社会生活变化特征的角度进行思考，将受众这一新型集合体的形成，视为现代社会各种因素相互作用的结果，并称之为“大众”，以与此前的“群体”、“群集”和“公众”区别开来。大众或受众的形成，都离不开工业化都市化的发展、人们识字能力的提高、交通运输的发达、信息传播的普及、社会的集中化程度等因素的影响。大众传播的受众，不仅人数众多、分布广泛、层次参差、互不知晓，而且缺乏自我认同意识，也没有任何组织性，不为自己行动，却受外部力量的驱使。由此观之，用典型的大众社会论观点说，“大众传播的受众无疑就是大众本身，受众具备着大众的一切特点”。

当然，以我之见，自从传播走进“大众传播”时代，由于大众媒介在传播中对传播过程的垄断，传播学认为，“受众”基本上是大众媒介的受众，因而，对于受众的研究就进入大众媒介受众的“深水区”——围绕着“大众媒介”，所谓林林总总的“受众”分析，同时也一定程度陷入了诸如“收视率”、“阅读率”、“受众细分”、“选民细分”等几乎使人头昏目眩的技术化、工具化的研究之中。

第四，尝试从社会、文化、政治角度对受众的细分。20 世纪 20 年代之后，传播学对受众的研究逐步走出传播学本身的狭隘视界，逐渐把研究目光投向作为整体和类别的受众群，力图通过社会在分化过程中形成的种种社会、文化、政治类别来区分受众，甚至性别、年龄、种族、宗教、政党、文化程度、收入、职业等社会文化要素都被融入受众分类的要素当中。这种理论的实质是以群体差异性来替代个体差异性，通过分析受众群体上的可变因素，揭示这些属性与人们信息接收行为和理解图式之间的关联。这种理论在传播形态上的例证便是媒介的分众化和小众化，一种传播方式和内容只试图触及某一特别群体。一些学者甚至从文化人类学和社会学的角度来丰富这种受众理论，提出专属于某种类群的亚文化传播受众和传播群体，如同性恋群体。这些受众不仅区别于大众，而且是普通的社会类别标准难以区分的，他们有着自己的话语、价值观和意识形态，甚至重构了一种传播的部落，拥有自己的文化和传播媒介。

从一般受众中区别出“大众受众”，并进而尝试对其做社会、文化、政治方面的“群体细分”，凸显大众媒介对人类社会文化和政治的改变，彰显了传播学研究的文化、社会和政治意义,是传播学生存价值和研究价值的展现,所以值得回味。

第五,关于受众的未来形态研究。随着社会的发展,特别是传播新技术的发展,"受众"一路走来千变万化,其未来形态究竟如何,传播学做出了探讨。麦奎尔以"大众受众的消解:新类型出现",甚至"受众的终结"为题来探讨受众的未来。他说:"大众传播是一种'中心—边缘'式的传播流,对于信息的'发送者'而言,'接收者'是与之分离的、未知的。传媒的生产、发行、消费也是彼此分开的。从历史上看,'受众'的发展,始于那些聚集在某处一起观看或收听的人群。随着规模的逐渐扩大,这个人群也变得更加分散、更加非人格化。最终,大众媒介受众成为在同一时间关注同一信息的巨大的集合。不过很明显,即便如此,在我们所说的'大众传播'中,依然有许多不同的受众类型,也有各种各样的'受众—发送者'关系;而规模大、匿名、有大量的各种受众这样一种'发送者—媒介'关系,也并非唯一可能的存在。实际上,有许多媒介受众群不仅规模小,而且通过社会和情感纽带,与传播源紧密地联系在一起。"①说到受众的"终结",麦奎尔说道:"受众概念本身所产生的问题总是多于其表面,因为能够用来定义和建构受众的方式非常多,而且也不固定。当我们从受众而非媒介的角度来看时,问题还会更加严重。人们本身依据某种共同的兴趣或自我认同,来建构新兴而且各不相同的受众。传播者和接收者之间的界限是媒介受众原始观念的关键所在,而新技术以及新形态媒介的使用却使得这两者之间原本清晰的界限开始出现问题。互动性和咨询性的媒介使用,已经使具有传统大众受众特征的收看权不复存在。除了极端的新兴传播技术之外,许多'旧技术'和媒介产业也出现许多变革,并都会隐约对受众造成影响。"②

这些理论对于政治传播客体的分析当然是有益的,但还是不能清楚地解释政治传播客体的整体脉络。所以,从严谨的角度,我们这里仍然坚持使用"客体"一词。当然政治传播中的客体也只是人而不包括人以外的物。"主"—"客"更能突显政治传播中"传者"与"受众之间关系的特质"。

在"政治传播主体论"一章中,我们把政治传播主体界说为"政治共同体",在目前人类政治体系和政治生活中,固然有诸多形态的政治共同体,但是最基

① 〔英〕麦奎尔:《受众分析》,刘燕南译,中国人民大学出版社 2006 年版,第 49 ~ 50 页。
② 〔荷〕丹尼斯·麦奎尔:《麦奎尔大众传播理论》(第五版),崔保国等译,清华大学出版社 2010 年版,第 363 ~ 364 页。

本、最坚实的政治共同体是“国家、(政府)、政党”。“国家、(政府)、政党”作为政治传播主体,“国家、(政府)、政党”有着自己的传播对象,同时自身也可以是别的“国家、(政府)、政党”政治传播的客体。下面,我们拟从“方向”、“层面”、“属性”三个维度做一探讨。

第二节　政治传播客体的内与外

政治传播的客体,可从政治共同体内外角度分析。由于现实政治生活中,“国家”与“政党”是最稳定、最有政治权力因而也是最现实可见的政治共同体,这里的政治传播客体的“内外之分”,实际上主要是所谓国内对象与国外对象或党内对象与党外对象。当然,学术界有这样的分类:国内、国际、全球,因而,传播有国内传播、国际传播、全球传播。对于政治传播来说,无法想象“全球”是一个什么政治活动的主体,因此就不能说有一个“全球政治传播”,当然也就无法有一个全球政治传播对象。

国家、(政府)、政党,作为政治传播的主体,其传播客体即传播对象或受众,一个明显的特征是内外区分的,即所谓“内外有别”。从内外维度对政治传播客体的分析,即可以划分出国家的对内、对外政治传播,政党的对内、对外政治传播。在我们这本书中,国家或政党的对内政治传播,贯穿在我们整个的对政治传播的分析之中,不再细论了,这里侧重于国家的对外政治传播即国际政治传播客体的分析。

从一般传播与政治传播的关系上看,现在很流行所谓“国际传播”、“全球传播”,深想一下,其实都在以“国家、(政府)、政党”这个最大的“政治共同体”来划界论说的。但是,问题正在于:无意识地进行了“政治”划界,却在对所谓的“国际传播”、“全球传播”中不以政治为轴线进行分析,至少说没有这种自觉。其实,我所看到的所谓“国际传播”、“全球传播”的理论,骨子里好像都是一种国际政治传播分析。

一、国际政治传播客体的性质

传播学对国际政治传播对象的分析,基本上是把传播学中对于受众的分析机械地移植进来。比如,我国学者程曼丽对国际传播对象的特征用“广泛性、复杂性、多样性”来描述;对其分类从重要程度上分为“重点受众、次重点受众、一般受众”,从接受态度上分为“顺意受众、逆意受众、中立受众”,从发展过程上分为“潜在受众、知晓受众、行动受众”等。她认为:“与国内传播相比,国际传播面对的受众群体以及传播环境的多样性更加突出。这种多样性具体表现在:首先,国际传播的受众不但包括一般公众,也包括各国政府(或对象国政府)。受国际政治、经济格局的影响,国与国之间的关系状态十分复杂:既有友好国家、结盟国家、战略伙伴关系国家,又有敌对国家、交战国家或中立国家,随着国际政治、经济格局的调整、变化,国与国之间的关系状态也会相应地发生变化。而国家之间的利益格局和关系状态,在很大程度上影响着各国对彼此传播的信息内容的解读方式:友好国家、结盟国家是一种解读方式,敌对国家是一种解读方式,中立国家又是另外一种解读方式。这就使传播主体国发出的同一个信息有了多样化的认知呈现。”①

固然,国际政治传播对象首先是传播对象,因而,传播学中的这些一般性的描述也适合国际政治传播对象(其实,这些描述也是适应于国内传播对象的),但是,似乎还不足以表达国际政治传播的本质性特征。国际政治传播对象,其特殊性正在于他是“政治性对象”,这种政治性主要体现在,作为一种共同体间的政治传播,主要是一种政治价值的输出,是一种政治意识形态的较量,所以,国际政治传播的对象就是典型的政治意识形态受众,不论这种政治意识形态采取什么样的形式和包装。

国际政治传播的对象,一般是事先假设的、整体性的特定政治意识形态传播对象。这里所谓的整体性,是相对于国内的意识形态教育而言的。一般的情况是,特定政治共同体(比如国家或者政党)是在这个政治共同体的特有意识形态内进行教育;而国际政治传播对象,事先设想了别的国家的意识形态的不同,进行的是两个整体的意识形态之间的传播、交流、碰撞、砥砺。当这种意识形态被冠之以“政治文明”的时候,就是不同政治文明之间的传播、交流、碰撞、砥砺、融合。所以,国内政治传播不是不同的意识形态之间的传播,其“受众”的分类也不能以意识形态为标准来划分。而国际政治传播对象其核心差异正是意识形态。这就是“国家间政治”对国际政治传播对象的制

① 程曼丽:《国际传播学教程》,北京大学出版社2006年版,第177页。

约。正如汉斯·摩根索所言：

所有类型的政治而言，不管是国内政策还是国际政策，都有一个特点，即它的基本表现往往与其本来面目——对权力的争夺——不一样。更甚者，权力因素作为一项政策所追逐的第一目标会被伦理、法律或是生物学等理由加以解释和正名。就是说，政策的真实本质被意识形态方面的辩护和文饰所掩盖。① ……这些就是国际政策中不可避免地带有意识形态因素的精神力量，这些精神力量还把意识形态变成国家间权力斗争的武器。一个其外交政策能够赢得本国人民知识信念和道德价值支持的政府，就获得了相对于那些在选目标时未能成功地赢得或者表面上赢得这种支持的政府无可比拟的优势。意识形态，也像所有的思想理念一样，是可以提升国民士气和国家力量的武器，并在实际的行动中降低对手的士气。②

摩根索认为，通过对国际政治本质的分析，可以推论出帝国主义政策实际上也是以意识形态为伪装的，而维持现状政策则更多地是以其本来面目出现的。从这里又可以推导出，某些形式的意识形态是与某些形式的国际政策相协调的。因此，在他看来，大体有三种“典型的意识形态”受众。一是“维持现状政策的意识形态”。一项维持现状的政策常常能够将其真正的本质暴露出来，而无须意识形态的掩盖，因为现状是早已经存在的，并且取得了一定的道义合法性。存在的事物必定有有利于其存在的理由，否则它将不可能存在。二是“帝国主义的意识形态”。一项帝国主义政策永远需要一种意识形态，因为，与一项维持现状政策相比照，帝国主义总是有证明的需要。它必须证明它所要推翻的现状为什么要被推翻，在许多人头脑中现存事物所具有的道义合法性必须让位于更高的道义准则，而后者要求新的力量分配。三是“模棱两可的意识形态”。反帝国主义意识形态的效力来自于它的模糊性。它让观察者产生困惑，观察者无法做到永远能够清楚判断出其所研究的是帝国主义意识形态还是维持现状政策的真实表达。每当一个意识形态不是为某一具体的政策形态所定制，而是既可以由现状的守护者也可以被帝国主义的推行者所使用时，这种疑惑作用就

---

① 〔美〕汉斯·摩根索：《国家间政治》，徐昕等译，海南出版社2008年版，第112页。

② 同上，第115页。

会出现。[①]

“特定政治意识形态受众”是国际政治传播对象的一种最本质的特征。需要说明的是，这种意识形态就是政治意识形态，而不是被人们泛化的类似于“文化”的所谓“广义意识形态”，若超出“政治”范畴则不是意识形态。这种传播，就可能是国际传播中的什么文化传播、知识传播之类，而不是政治传播。这一点，现在的学术界多少有些误解。

以美国这个帝国主义为例，达尔就认为：“美利坚是一个重视意识形态的民族，只是作为个人，他们通常不重视（忽视）他们的意识形态，因为他们都认同同样的意识形态，其一致程度令人吃惊。”[②]美国并不怀疑国内民众对自己意识形态的忠诚。来自于宗教的神圣信仰捍卫了这种忠诚。“盎格鲁—撒克逊”所造就的“美国精神”积淀为一种“救世主”般的唯我独尊的优越感。以“自由”、“民主”为核心的政治意识形态成为美国国际政治传播的主要内容和最终目的。美国学者斯特林·约翰逊在谈到美国的政治文化时指出：“从历史上讲，美国人对世界的看法是‘二分法’，他们拥有这样一种信念，即美国过去是、现在还是世界上最好的国家。他们认为，美国所信仰的理念过去是、现在还是不仅对美国是正确的，而且对其他国家也是正确的。因此，为了使美国的使命得到传播，要么劝导，要么强迫弱小国家接受这些信条，文明由此带到了非文明国家。”[③]从传播的角度，麦奎尔针对美国这种“文化帝国主义”说道：“大多数有关全球化大众传播的议题都和‘文化帝国主义’，或者更特指的‘媒介帝国主义’观念有着直接或间接的联系。这两个概念都意味着一种有意地支配、入侵或者破坏其他‘文化空间’的行为，且暗示了一种‘强制’的关系。这当然是一种很不平等的权力关系。这里还包含着所传播内容中所具有的终极文化或意识形态模式。这些模式常以‘西方价值’的角度来表达。……它具有政治和文化的涵意，最重要的就是属服于美国资本主义的全球计划之下。”[④]

政治意识形态背后隐藏着国际政治权力的争斗和国家利益的争夺。因此，

---

① 参见〔美〕汉斯·摩根索：《国家间政治》，徐昕等译，海南出版社2008年版，第116～122页。

② 转引自〔美〕杰里尔·罗赛蒂：《美国对外政策的政治学》，周启朋等译，世界知识出版社1997年版，第354页。

③ 转引自李智：《国际政治传播：控制与效果》，北京大学出版社2007年版，第54页。

④ 〔荷〕丹尼斯·麦奎尔：《麦奎尔大众传播理论》（第五版），崔保国等译，清华大学出版社2010年版，第205页。

国际政治传播的对象选择与国际政治权力、利益紧密相关。“有利可图”、“有权可掌”成为选定对象的通俗说明。与此相应，利益大小、权力轻重，是制定政治传播战略战术的基本依据。正像摩根索所说：

> 与所有政治一样，国际政治是对权力的角逐。无论国际政治的终极目的是什么，权力永远是其现实的目标。政治家和民众所追求的最终或许是自由、安全、繁荣或权势。他们或许将这些目标定义为宗教、哲学、经济或社会理想。他们或许希望理想的最终实现依靠的是其内在的动力，或者是上天的意志，或者是人类万物的自然发展。他们或许还试图以非政治的手段，如与别国或国家组织举行技术合作，以进一步实现其理想。但无论在什么时候，只要他们通过国际政治途径迈向自己的目标，他们就是在握取权力。十字军想要将圣地从异教徒的统治下解放出来；伍德罗·威尔逊想要使民主大行于天下；纳粹想要把东欧殖民化、统治欧洲并征服世界。因为他们都是选择权力来实现自己的目的，所以他们成为国际政治舞台上的表演者。①

国际政治传播对象的另外一个特点是“被选择”、“被教育”。造成受众这种品性的是国际政治传播主体的“帝国”心态。国际政治是一种实力政治，只有在政治上比别人“强大”、“优越”的国家，才会想着去向别人传播、输出自己的政治价值观，才会以政治意识形态去劝服别人，才会是国际政治传播的“传者”。经济帝国、军事帝国、文化帝国中，最强大的还是文化帝国。文化帝国的实质是政治帝国，难怪有人称文化帝国就是政治意识形态帝国。“我们建议称之为文化帝国主义的东西是最难以把握的，并且，如果它能够独自获得成功的话，就将是最为成功的帝国主义政策。它要征服和控制的目标不是领土或经济生活，而是人的头脑，同时将之作为改变两个国家权力关系的手段。如果一个人能够想象出，控制着国家 B 所有政策制定人的头脑的国家 A 在文化上，或更具体地说，在政治的意识形态上的具体的帝国主义目标，国家 A 就可以赢得对国家 B 更彻底的胜利，并且建立起比军事上的征服者或经济上的宗主国基础更为稳固的优势地位。国家 A 将无需威胁或诉诸武力，以及使用经济压力来达到其目的；国家 B 由于认同国家 A 的文化及政治哲学对于本国的优越和吸引，其自身的奴性

① 〔美〕汉斯·摩根索：《国家间政治》，徐昕等译，海南出版社 2008 年版，第 35 页。

就会导致其早已帮助国家 A 实现了这样的目的。”①

二、内外有别与内外关联

“内外有别”是一个以国家为载体的政治共同体区别于对内与对外传播的通俗而典型的“国际通行”原则。内外有别，虽然强调在传播内容、传播过程、传播载体、传播对象上都要“有所区别”，但是，主要的旨趣还是要强调传播对象的区别，是由于传播对象的特殊，才强调传播内容、传播过程、传播载体的不同。

一般来说，国际政治传播最强调内外有别，或者说，由于政治的差异性和不通融性，才需要对特定的政治内容以内外不同的方式进行传播。而诸如文化传播、知识传播等则恰恰相反，强调传播内容、传播过程、传播载体、传播对象的一致性，强调要对政治共同体外受众对象的“不歧视”，不分彼此、不分你我，可谓“所传无类”。但是，政治传播则不同，正因为知道其他政治共同体与自己的成员在政治的各个方面不尽相同，才可以通过传播而使其改变，使其在政治的各个方面理解自己、支持自己、认同自己，进而趋同自己。所谓国际政治传播就正是这样。所以，分析国际政治传播，其重点压根就不是重点分析国际政治传播主体、国际政治传播内容、国际政治传播原则、国际政治传播手段等，而是应深入国际政治传播的客体。“客体决定论”非常适合国际政治传播。现在的国际政治传播理论多少有些“偏向”，恰恰比较忽略对国际政治传播客体的分析。原因可能在于：第一，认为与政治共同体内的对象即国内受众没有什么区别；第二，由于对外部了解条件的限制，寻找不出区别；第三，认为国内政治传播客体与国际政治传播客体就不应该区别。

毫无疑问，从人类政治文明的发展趋势看，随着人类的“类政治”的形成，作为政治传播的对象越来越没有区别。但是，这是一种理想类型的目标，实现这种目标恰恰需要通过政治传播来逐步缩小政治共同体之间的政治差别。据此而言，要达到内外无别，目前需要的是内外有别。

以中国为例，中国作为政治传播主体的国家，在“政治宣传”上是最讲内外有别的。1944 年 9 月，在延安的窑洞中，中国共产党的对外宣传和传播起步，就提出了对外宣传的三个原则：“选择和编发最重要的、最有国际意义的新闻；消

① 〔美〕汉斯·摩根索：《国家间政治》，徐昕等译，海南出版社 2008 年版，第 83 页。

息必须绝对正确；照顾外国读者的理解程度、力求清晰易懂。”①其中第三条“照顾外国读者的理解程度、力求清晰易懂”，已经蕴含了“内外有别”的含义，可以说这是“内外有别”原则的滥觞。1956 年 5 月 28 日，刘少奇在《对广播事业局工作的指示》中针对对外广播谈道：“我看对外广播不请外国人恐怕办不好，以外国顾问为基础办起来，他们懂得对象的民族感情，语言也比我们好，政治上由我们主持，语言、技术等以他们为主，这样，搞它二三年就好了。”②1990 年的全国宣传工作会议认为：“外国人和海外同胞，由于生活在不同的社会中，他们的生活方式、思维方式和语言习惯都和我们有很大不同，而各个国家和地区的情况也很不相同。必须认真研究这些特点，区别对待，不能照搬国内的方式方法进行工作。”③可以看到，从新中国成立初期探索建立“内外有别”的原则到“文革”后主动恢复这一原则，再到历年的全国对外宣传会议，“内外有别”这一原则在内涵上集中强调了两点：一是强调传播对象国受众的差异性。他们有自己的民族情感、自己的文化、自己的语言，这造成了他们不同的接受心理状态。二是强调针对性。针对性有两个方面的要求：对传播者来说，在进行宣传和传播活动的时候要做区分，对自己的媒介定位要做区分；对传播对象国的受众来说，要对他们按照不同的标准（诸如地域、文化、语言、种族等）进行区分；发送信息的文本内容、目的、方法也要做区分。因此，归纳起来，所谓内外有别就是“针对不同的传播对象，通过设置职能相异的内宣与外宣机构，发送不同的信息文本，以期取得不同的传播效果”④。

国际政治传播的“内外有别”原则，在我国的对外政治传播历史中起到了积极的作用。这是因为，在那种以意识形态为主要划分依据的世界中，中国与世界的相互隔绝是常态，交往则是非常态的。因此，国外受众在隔绝状态下只有通过中国的外宣机构来了解中国，这样他们就变成了有组织的国外受众，国内外的大众传媒是有可能在这些有组织的国外受众心目中建构一个“想象的共同体”的。20 世纪 90 年代以后，我国社会内部发生了巨大的变化，这种变化对我们过去对外政治传播的“内外有别”原则形成挑战。第一，社会主义市场经济的建立使“内外有别”原则失去了存在的内在根据。市场经济条件下，原

① 沈苏儒：《对外传播的理论与实践》，五洲传播出版社 2004 年版，第 79～81 页。
② 中国社会科学院新闻研究所编：《中国共产党新闻工作文件汇编》，新华出版社 1980 年版，第372 页。
③④ 《要更好地向世界介绍中国》，《人民日报》1990 年 11 月 2 日。

来国家、集体、个人利益的一致性已经不复存在，封闭的国家共同体转变为开放的、需要大多数人参与的共同体，这种情况下"内外有别"的必要性减弱；第二，网络社会的崛起彻底改变了世界的面貌，使全球化的浪潮在加速，任何一国的信息传递已经不再是一国的事情，信息的全球瞬间传递已经获得了强大的信息技术支撑，原来阻碍信息传递的距离因素已经不复存在。在此情况之下，对外传播的"内外有别"原则在实践上操作困难。"内外有别"这一原则受到了挑战，但是，并不能据此彻底放弃这一原则。我们的看法是：保其"战略地位"，放其"战术地位"，即从国家政治战略高度还是要"内外有别"，但是，具体的传播内容、传播过程、传播手段则不必内外有别，避免由于内外有别而形成现代"政治肠梗阻"。

强调政治传播客体的不同而形成的内外有别原则，不能人为地在对内政治传播与对外政治传播之间划出一道鸿沟，而是应该根据内外有别原则对传播对象进行分类，架起一座桥梁，以实现更好的政治传播效果。事实上，对内政治传播是对外政治传播的基础，所有对内政治传播的原理基本上也适合于对外政治传播。对此，麦克奈尔讲得非常清楚：

> 国际关系就是一个国内问题。一个政府处理国际问题的优劣将会大大影响其在国内选民中的支持率，进而直接影响下一次大选的结果。在处理国际关系问题的时候，一个政府有机会登上国际舞台，在全球几亿观众面前献演。演出的好坏与否不可避免地将在国内观众中间引起反响。因此，政府若能成功控制媒体报道，就会进一步促进政治成功。……国际政治领域的传播还在一个更深层的意义上影响着国内辩论。整个20世纪以来，政府、商业、军队以及媒体领域的精英一直通过操纵"敌人"这一象征符号与形象来服务于国内政治目的。"敌人"的性质随着时间几经改变，然而这一种传播手段背后的原则却始终如一，那就是明修栈道，暗度陈仓，利用看上去瞄准"外国"敌人的宣传攻势来动员国内舆论支持带有国内政治目的的运动。"冷战"就是这种战术在20世纪中持续时间最长的一个案例。①

① 〔英〕麦克奈尔：《政治传播学引论》，殷琪译，新华出版社2005年版，第184页。

第三节 作为客体的精英与群氓

属性,是对一种基于本质的特征的判断。对于政治传播对象来说,说“政治传播的对象是人而不是物”,这是本质性的判断。但是这些“人”却可以进一步分类,传播学中以“大众媒介”为依据对传播对象做细细的分类,诸如“电视受众”、“广播受众”等,但用来分析政治传播对象即政治信息受众,还是不太准确。在此,我们试图从政治属性这样一个维度来判断分析。依据政治属性,政治传播对象很可能被划分成“敌人与朋友”、“先进的与反动的”,或者什么“左派、中立、右派”等,做这样一种分类研究当然也是可以的。我们这里从“精英与群氓”这样的属性角度来分析。因为,考察人类的政治活动,作为参与者或被政治化的人,要么是政治精英,要么是群氓。

一、政治精英的客体性

政治精英,既可以是政治传播主体也可以是政治传播客体,既可以从传播主体又可从传播客体角度分析。在我们这本书中,我们就是既把它作为政治传播主体分析,又把它作为政治传播客体来分析的。作为政治传播主体分析的时候,我们把它规限为“政治领袖”,重点分析了政治领袖。本来,作为传播客体的政治精英被视为“意见领袖”,“意见领袖”在传播学中是作为“受众”被分析的。其实,对于政治精英来说,实际的情况是,他们首先可能只是一般的受众,当被极端地“思想化”后脱颖而出转化成了传播的“主体”。比如,政治领袖可能就是这样:

> 领袖最初往往不过是被领导者中的一员。他本人也是被一些观念所迷惑,然后才变成了它的信徒。他对这些观念十分着迷,以至除此之外的一切事情都消失了。在他看来,一切相反的意见都是谬论或迷信。①

而我们认为,随着传播技术的革命性变化,意见领袖们正在由“客体”向主

---

① 〔法〕古斯塔夫·勒庞:《乌合之众》,冯克利译,中央编译局出版社 2000 年版,第 96 页。

体转变,其对政治信息的创新性甚至原创性越来越大于其解读性和“两级传播性”。甚至,在自媒体时代,似乎人人都可以是政治传播主体,因而,未来的趋势是很难再在“受众”中划分意见领袖与一般受众的。

当然,必须清醒的是,这些新的看法,也只是适应于现代政治活动的特殊领域,或者政治活动的一定的范围和层面。就人类现代政治的整体状貌和基本性质来说,还是“统治”和“被统治”的关系,而且,还是少数人在统治多数人。所以,人类的政治传播仍然是少数人对多数人的传播。精英与群氓仍然是政治人群的基本分类。只不过具体名称使用不同而已。

二、群氓的历史演变

人是政治的人。在人类社会中,所谓“物以类聚,人以群分”,这里的“群”恐怕就是政治。政治中的人有两个明显的外貌特征,第一是组织中的人,第二是被组织起来的群体。把政治人这种特点与传播的本性结合起来看,由于传播总是传者传给被传者的主从关系,由于政治组织中精英对群众的统治关系,对应起来便是:政治传播中,总是少数的精英对多数的群众的传播,总是从以精英为中心向边缘群众的扩散性传播。就是说,政治传播中最本质的是组织传播,这种组织传播也是一种群体传播。当我们使用“精英”这样的性质规限时,就意味着作为一种传播客体或对象或受众,其主体形态是“群氓”。

群氓,在日常的用语中更多的是一种贬义,因而有学者将之置换为群众、群体、民众等等。其实,群氓不等于“流氓”,放在政治学的语境中,正好能与“精英”相对应。

对政治生活中的群氓,马克思用他的阶级理论做了最好的研究。1848 年,在《共产党宣言》第一节的《资产者和无产者》开篇,马克思说道:“到目前为止的一切社会的历史都是阶级斗争的历史。自由民和奴隶、贵族和平民、领主和农奴、行会师傅和帮工,一句话,压迫者和被压迫者,始终处于相互对立的地位,进行不断的、有时隐蔽有时公开的斗争,而每一次斗争的结局都是整个社会受到革命改造或者斗争的各个阶级同归于尽。”①这是马克思站在人类社会发展史的高度观察到的“阶级”、“阶级斗争”及其作用;是从阶级对立的视角去解析社

① 《马克思恩格斯选集》第 1 卷,人民出版社 1995 年版,第 250 ~ 251 页。

会，在自由民和奴隶、贵族和平民、领主和农奴等对立阶级之间是压迫者和被压迫者的关系。因此，雷蒙·阿隆认为："阶级这个词适合于任何社会中按等级划分的社会集团。"①1852 年，马克思在《致约·魏德迈》的信中谈到自己在阶级研究中的贡献时，写下了关于阶级和阶级斗争的最为著名的一段话："无论是发现现代社会中有阶级存在或发现各阶级间的斗争，都不是我的功劳，在我以前很久，资产阶级历史编纂学家就已经叙述过阶级斗争的历史发展，资产阶级的经济学家也已对各个阶级作过经济上的分析。我所加上的新内容就是证明了下列几点：(1)阶级的存在仅仅同生产发展的一定历史阶段相联系；(2)阶级斗争必然导致无产阶级专政；(3)这个专政不过是达到消灭一切阶级和进入无阶级社会的过渡。"②

学术研究中，有观点认为马克思的阶级仅只一种经济意义的范畴，仅只适应于对社会的经济分析。但实际上，马克思的阶级及阶级分析理论同时具有经济、历史、文化、心理、政治多种意蕴，其中，最为重要的乃是其政治意蕴。事实上，无论是赞成还是反对马克思阶级理论，都是围绕着其政治意义而展开的。不仅如此，马克思阶级理论在人类的政治实践中也发挥了极大的作用。马克思在《路易·波拿巴的雾月十八日》中的一段文字一直被作为"阶级不是一个政治范畴"来理解，他说："由于各个小农彼此间只存在有地域的联系，由于他们利益的同一性并不使他们彼此间形成任何的共同关系，形成任何的全国性的联系，形成任何一种政治组织，所以他们就没有形成一个阶级。"③在马克思看来，没有"形成任何一种政治组织，所以他们就没有形成一个阶级"，反过来，形成了阶级，就成为一种政治组织。马克思在分析工人同盟时指出："大工业把大批互不相识的人们聚集在一个地方。竞争使他们的利益分裂。但是维护工资这一对付老板的共同利益，使他们在一个共同的思想(反抗、组织同盟)下联合起来。因此，同盟总是具有双重目的：消灭工人之间的竞争，以便同心协力地同资本家竞争。反抗的最初目的只是为了维护工资，后来，随着资本家为了压制工人而逐渐联合起来，原来孤立的同盟就组成为集团，而且在经常联合的资本面前，对于工人来说，维护自己的联盟，就比维护工资更为重要。下面这个事实就确切

① 〔法〕雷蒙·阿隆：《阶级斗争》，周以光译，译林出版社 2003 年版，第 15 页。.
② 《马克思恩格斯选集》第 4 卷，人民出版社 1995 年版，第 547 页。
③ 《马克思恩格斯选集》第 2 卷，人民出版社 1995 年版，第 677 页。

地说明了这一点:使英国经济学家异常吃惊的是,工人们献出相当大一部分工资支持经济学家认为只是为了工资而建立的联盟。在这一斗争(真正的内战)中,未来战斗的一切必要的要素在聚集和发展着。一旦达到这一点,联盟就具有政治性质。”①当马克思发出“全世界无产者联合起来”敲响资本主义的丧钟,其阶级理论的政治意蕴就凸显之极了。

需要指出的是,群氓与流氓不是一个概念。马克思曾使用“流氓无产者”这个概念。他在《共产党宣言》中指出:“流氓无产阶级是旧社会最下层中消极的腐化的部分,他们在一些地方也被无产阶级革命卷到运动里来,但是,由于他们的整个生活状况,他们更甘心于被人收买,去干反动的勾当。”②其后,马克思、恩格斯多次撰文提及。马克思、恩格斯所说的流氓无产者,也是一个政治概念,多指那些无组织、无纪律、游离在无产阶级组织之外的无产者的恶劣分子。

马克思之后,西方发达国家的许多思想家和学者,如马克斯·韦伯、布迪厄、赖特等,他们从各自不同的视角对社会分化、社会分层之后的“群氓”层都有过极富特色的研究,提出了不同于马克思阶级理论的见解,形成了多视角的研究范式。学者莫斯科维奇,视马克思所讲的“无产阶级”群体为群氓,在他的《群氓的时代》一书中针对马克思的研究总结道:“马克思和韦伯对阶级社会进行了理论阐述。他们为此都运用了政治经济学。在这门学科中,群体被认为是一种新社会形式的惊人象征。这种新群体尤其体现在背井离乡的穷困民众身上。他们被鼓动起来,反对官僚和资本的压迫。资本把人和机器大量地集中起来,把生产力社会化,把社会变成了一个巨大的市场。其中所有的事物,包括劳动都可以自由买卖。在这个过程中,已创造了一个全新的阶级——无产阶级。我们可以接受或者反对这种思想,但是这种思想无疑是把阶级看作历史舞台上的演员,其中无产阶级这个特定阶级的诞生预告了近代社会的产生,也是即将来临的革命的信号。民众们蜂拥着进入城镇,参加内战和每个起义。他们被看成是原材料,是劳动民众的原型。他们的意识水平参差不齐,有的是被动的半无产阶级,有的则是被欢呼为英雄的真正积极有为的无产阶级。”他认为,在这种情况下——

① 《马克思恩格斯选集》第1卷,人民出版社1995年版,第193页。.

② 同上,第283页。

> 氓民的规模越是庞大,我们对于此类群体所具有的力量及其目标的观察就愈加清晰,而他们对于社会变化方式的影响也更加巨大。他们告别了过去,切断了把他们与宗教、民族和主导阶级的迷信相联系的无数微妙纽带。他们迈步踏向一个科学和技术的新世界,而让旧世界自行衰亡败落。在历史阳光的照射下,这种社会模式给集体行为赋予了一种意义。它也解释了这些行为是怎样在第一次尝试性斗争以后产生的。其他所有的一切都不是某种异化思想的沉渣废物。①

马克思之后,对政治群氓的研究,既继承马克思阶级理论的传统血脉,同时也另辟蹊径的是把群氓视为"大众"的大众社会理论。大众社会理论揭示了群氓这一"社会大众"的历史来源。大众社会的原初含义指20世纪早期工业化过程中的西方资本主义社会的社会组织模式。这个时期,随着工业技术的飞速发展,社会呈现出两个方面的特点:一是社会的工业化和都市化,导致传统的社会结构、等级秩序和统一的价值体系被打破;二是人们失去了统一的行为参照系,人与人之间的关系变得隔离和疏远,每一个个体都变成了孤立、分散、均质的、原子式的存在,即"大众"。这里"大众"是指大面积分散的、不定量多数的、具有不同社会归属但有着相同行为倾向的、易受外界刺激和动员的流动的特殊社群。大众社会理论认为,社会主要由两个部分构成,一部分是广泛的大众,另一部分是少数权力精英。大众虽然是孤立而分散的,但是因其庞大的数量,能够产生不可抗拒的"多数"压力和力量。因此,权力精英试图控制和影响大众。进入20世纪50年代,大众社会理论有了新的发现,社会具有双重性质——非精英的大众容易受到精英的操纵和控制,而同时精英人物也容易受到大众的压力和影响。

在理论研究上,对大众社会研究作出贡献的有两大学派:德国的法兰克福批判学派与英国的伯明翰文化学派。法兰克福学派认为,作为文化工业的"产品",大众与其他大量生产的产品一样,是被意识形态化的机械的、单向度生存的人:"当代工业社会是一个新型的极权主义社会,因为它成功地压制了这个社会中的反对派和反对意见,压制了人们内心中的否定性、批判性和超越的向度,从而使这个社会成为了单向度的社会,使生活于其中的人成了单向度的人","单向度的人是丧失否定、批判性和超越的能力的人。这样的人不仅不再

① 〔法〕莫斯科维奇:《群氓的时代》,李继红等译,江苏人民出版社2003年版,第30~31页。

有能力去追求，甚至也不再有能力去想象与显示生活不同的另一种生活”①。英国的伯明翰文化学派在法兰克福学派批判理论的基础上，采用文本分析和受众分析方法，纠正了法兰克福学派低估受众作用和忽视受众接受的倾向。法兰克福学派认为，由于现代工业社会的组织和意识形态长期推行商品化、统一化的文化产品，大众已经变成了一种固定不变的、单质的存在。而伯明翰学派认为，大众并不是一个单质的整体，而是包含了各种由于利益关系、政治立场和社会联系而形成的群体，处于社会权力关系的弱端，是一种“下层”身份，其下层性决定了他们必然会有反抗意识，大众文化的基本结构就是大众和权力集团的对抗。从整体上看，文化学派不愧为文化学派，对大众社会及大众进行了文化维度的深度分析，但还是缺乏对其经济、政治的深度分析。

对于作为大众社会中“大众”的群氓的研究，除法兰克福批判学派和文化学派外，其他的诸多学派都有不同程度的贡献。像西方马克思主义甚至后现代主义等都有贡献。可以说，早期西方马克思主义对意识形态领域的关注，开启了传播学分析的崭新视角。在这一视角下，葛兰西的“意识形态霸权”理论、阿尔都塞的“意识形态国家机器”理论、法兰克福学派的意识形态商品化理论、后现代主义的意识形态解构理论等，从不同的角度和深度对以资本主义为统治地位的现代社会的“大众”——群氓进行了研究。

把社会大众进一步规限为“大众受众”的是一批传播学研究者。在他们眼中的大众，即是以大众媒介为中介的大众传播的受众。这种概念界定基本上与媒介以外的社会（比如政治、经济、文化）因素不大。或者说，即便是从政治、经济、文化角度对受众进行归类，也是对大众媒介受众的政治、经济、文化角度的归类。比如，麦奎尔总结道：“受众可以通过不同的和彼此重叠的方式来进行定义：以‘地方’（就像是地方性媒介的状况）；以‘人们’（当媒介的特色是要吸引特定年龄、性别、政治信仰或收入的团体的时候）；以‘所牵涉的特定媒介或渠道形式’（技术和组织的结合）；以‘信息的内容’（文类、主题事物、风格）；以‘时间’（当我们提及‘白天时段’或者‘主要时段’的受众，或者那种存在相当短暂的受众时）等方式。”②可以看出，传播学对大众受众的界定是完全围绕着大众

① 〔美〕马尔库塞：《单向度的人》，刘继译，上海译文出版社2006年版，第2页。

② 〔荷〕丹尼斯·麦奎尔：《麦奎尔大众传播理论》（第五版），崔保国等译，清华大学出版社2010年版，第324页。

传播甚至是大众媒介而进行的。

可以看出，在马克思的阶级性群氓理论之后，大众社会理论与传播学理论对于群氓受众研究的一个基本趋势是“去政治化”、去“革命化”、去“行动化”。这使我们意识到，群氓作为政治传播的对象，由于其政治性的丧失或者政治传播被“一般传播化”，离我们越来越远了。也正因如此，唤醒了我们在政治传播中对作为政治传播对象的群氓的重新研究。甚至我们有理由认为，政治传播中的群氓，不能等同于传播学中的“大众受众”。群氓可能是一种大众受众，但不必然是大众受众，正像政治传播中的组织传播并不依靠媒介一样。大众受众仅指一种大众媒介的受众，其“政治性”还远不及大众社会中的“大众”。“大众”这个概念还是通过政治批判对社会民众的一种政治性规定，而“大众受众”准确地说只是媒体对象的一种无特殊规定的宽泛性指称。群氓是相对于精英的政治性群体。在人类的政治生活中，群氓很少时候能从“主”的角度来研究，而将其作为一种政治传播的对象或受众来研究，对于构建新的政治传播理论却很有意义。

三、群氓的基本特征

一个非常有趣的现象是，群氓这个概念有很强的政治性，对群氓的研究也在一定的程度上被政治化了。很多人认为，马克思通过“革命”把群氓“无产化”、“文盲化”(无头脑)而成为社会暴力的主力军(马克思说，他们失去的是锁链，获得的是全世界)。世界上从纯理论角度研究群氓的并不多。众所周知，对群氓最有研究的是法国学者古斯塔夫·勒庞，他著有《乌合之众》。明明就是研究群氓的，却被人们当作一般的“群体心理学”对待。勒庞对群氓的研究基本上被“默默无闻”了。

很多年后，著有《群氓的时代》的法国学者塞奇·莫斯科维奇试图为勒庞辩解，他说，“你肯定要问：如果说勒邦①是如此重要的人物，那又怎么会无人提及他或他的群体心理学呢？为何人们认为他的作品不值得一提，甚至有点声名狼藉呢？在此，……我确实想依照我的观点来解释一下他一直默默无闻的原因。第一，勒邦著作的质量极为一般，是随着事情的发生而写成的，它们的目的只是

---

① 即勒庞。

为了取悦读者，激发读者的想象力，把他们想听的东西告诉他们。……第二个原因更为复杂，由于其社会渊源的缘故，勒邦属于一种自由中产阶级的传统。他代表这个传统，用赤裸裸的粗俗语言抨击革命、社会主义和议会制度的弱点。但是自那以后，事情发生了变化。20 世纪初还不大可能发生的事情，现在都成了显而易见的现实。……第三，每个政党、媒体、广告业和宣传机构的专家都运用了勒邦提出的基本原则，或者用我的话来说，运用了他提出的策略和诡计。……第四个原因可以在勒邦的政治影响中看到。他的思想在法国问世，然后进入了法西斯意识形态和法西斯实践中。诚然，作为一种获得权力的系统方法，勒邦的思想在每个地方都被不同程度地应用到了实践中，但是它们只有在德国和意大利才得到了公开承认。"①

勒庞在他的《乌合之众》中，针对无产阶级政治革命的那个大时代，开门见山地指出：

> 当我们悠久的信仰崩塌消亡之时，当古老的社会柱石一根又一根倾倒之时，群体的势力便成为唯一无可匹敌的力量，而且它的声势还会不断壮大。我们就要进入的时代，千真万确将是一个群氓的时代。②

他首先就把马克思所说的工人视为群氓：

> 今天，群众的要求正在变得越来越明确，简直像是非要把目前存在的整个社会彻底摧毁不可，而所持的观点与原始共产主义息息相关，但这种共产主义只有在文明露出曙光之前，才是所有人类的正常状态。限制工作时间，把矿场、铁路、工厂和土地国有化，平等分配全部产品，为了广大群众的利益消灭上层阶级等等——这就是这些要求的内容。③

他认为群氓作为"受众"正是在某些观念的传播下转化为一种政治行动：

> 群众势力开始不断壮大，首先是因为某些观念的传播，使它们慢慢地在人们的头脑中扎根，然后是个人逐渐结为社团，致力于一些理

① 〔法〕莫斯科维奇：《群氓的时代》，李继红等译，江苏人民出版社 2003 年版，第 90 ~ 92 页。
② 〔法〕古斯塔夫·勒庞：《乌合之众》，冯克利译，中央编译局出版社 2000 年版，第 6 页。
③ 同上，第 7 ~ 8 页。

> 论观念的实现。正是通过结社,群体掌握了一些同他们的利益相关的观念——即便这些利益并不特别正当,却有着十分明确的界限——并终于意识到了自己的力量。[①]

很多年后,莫斯科维奇在研究勒庞时,继续强化勒庞的这种思想,认为"出现这种状况的原因就隐藏在报刊、电台等传媒手段以及影响这种现象中,而不是像阶级社会理论所认为的,是由于生产和交换手段的集中。所有这些原因都进入了每家每户。它们甚至出现在工作场所和夏日海滩上,引导着公共舆论并使它们标准化,把个人的思想变为民众的思想。通过一种社会感应术,成千上万的个人都被施加魔法似的形成了相同的思想和影像。这些东西就像无线电波一样,从一个人传播到其他的人"[②]。当然,勒庞是从消极的角度研究群氓的,在他的骨子里,作为那个时代的以群氓为主体的无产阶级革命运动,是一种摧毁文明的力量:

> 迄今为止,彻底摧毁一个破败的文明,一直就是群众最明确的任务。这当然不是只有今天才能找到的迹象。历史告诉我们,当文明赖以建立的道德因素失去威力时,它的最终解体总是由无意识的野蛮群体完成的,他们被不无道理地称为野蛮人。创造和领导着文明的,历来就是少数知识贵族而不是群体。群体只有强大的破坏力。他们的规律永远是回到野蛮阶段。有着复杂的典章制度、从本能状态进入能够未雨绸缪的理性状态的文明,属于文化的高级阶段。群体无一例外地证明,仅靠他们自己,所有这些事情是不可能实现的。由于群体的力量有着纯粹的破坏性,因而他们的作用就像是加速垂危者或死尸解体的细菌。当文明的结构摇摇欲坠时,使它倾覆的总是群众。只有在这个时刻,他们的主要使命才是清晰可辨的,此时,人多势众的原则似乎成了唯一的历史法则。[③]

与勒庞不同的是,莫斯科维奇认为,正是群氓和我们对群氓的客观研究为我们提供了理解政治和现代文化的一把钥匙:

---

① 〔法〕古斯塔夫·勒庞:《乌合之众》,冯克利译,中央编译局出版社 2000 年版,第 7 页。

② 〔法〕莫斯科维奇:《群氓的时代》,李继红等译,江苏人民出版社 2003 年版,第 33 页。

③ 〔法〕古斯塔夫·勒庞:《乌合之众》,冯克利译,中央编译局出版社 2000 年版,第 9 页。

> 一旦我们开始从他们身上寻找我们文明的标志，氓民就不再是以往制度崩溃的产物，不再是社会阶级和阶层的化身，也不再是社会生活中形式壮观的插曲。他们不需要神魂颠倒的旁观者，更不需要充满诗意的多姿多彩的描绘。他们是我们社会中无处不在的一个方面。他们提供了理解政治和现代文化的一把钥匙，并解释了我们社会经常遭遇的不满情绪。学术视角如此剧烈的变化已经把氓民们真正放到了整个20世纪历史景观的核心。它也提供了一种与阶级社会理论相匹敌的新理论。迄今为止，还没有任何人能够调和这两种理论，或者取缔群体心理学这种理论上的新选择。①

那么归纳起来，作为一种政治传播的对象的群氓到底有哪些基本的特征呢？勒庞在他的《乌合之众》中做了系统的研究。他指出："一个心理群体表现出来的最惊人的特点如下：构成这个群体的个人不管是谁，他们的生活方式、职业、性格或智力不管相同还是不同，他们变成了一个群体这个事实，便使他们获得了一种集体心理，这使他们的感情、思想和行为变得与他们单独一人时的感情、思想和行为颇为不同。若不是形成了一个群体，有些闪念或感情在个人身上根本就不会产生，或不可能变成行动。心理群体是一个由异质成分组成的暂时现象，当他们结合在一起时，就像因为结合成一种新的存在而构成一个生命体的细胞一样，会表现出一些特点，它们与单个细胞所具有的特点大不相同。"②紧接着勒庞用了大量的"贬义词"来论证群氓的各个层面的特征：

第一，冲动、易变和急躁。所有刺激因素都对群氓有支配作用，并且其反应会不停地发生变化，群氓几乎不会深思熟虑。

第二，易受暗示和轻信。群氓受暗示的左右，把头脑中产生的幻觉当作现实，这些幻觉对组成群氓的所有个人都是一样的，群氓中有教养的人和无知的人没有区别。

第三，情绪的夸张与单纯。群氓不允许怀疑和不确定，其感情总是走极端。

第四，偏执、专横和保守。群氓面对强权总是卑躬屈膝，一时的革命本能不妨碍他们极端保守，即对变化和进步的本能敌视。

---

① 〔法〕莫斯科维奇：《群氓的时代》，李继红等译，江苏人民出版社2003年版，第35页。

② 〔法〕古斯塔夫·勒庞：《乌合之众》，冯克利译，中央编译局出版社2000年版，第18页。

第五，群氓的道德。群氓的道德可以比个人高尚或低劣，群氓很少被利益的考虑所左右，群氓对个体的道德有极大的“净化”作用。

勒庞对群氓特点的研究充满着辩证色彩，比如关于群氓的道德世界的研究，他并不是一味“小看”群氓的道德境界，他指出，群氓的道德既可以比个体高尚，又可以比个体低劣，要看具体的情景而言。但是，群氓的道德将会彻底“净化”个体道德，使其完全同化于群氓的道德。他曾写下犀利的文字：

> 群体可以杀人放火，无恶不作，但是也能表现出极崇高的献身、牺牲和不计名利的举动，即孤立的个人根本做不到的极崇高的行为。以名誉、光荣和爱国主义作为号召，最有可能影响到组成群体的个人，而且经常可以达到使他慷慨赴死的地步。……群体为了自己只有一知半解的信仰、观念和只言片语，便英勇地面对死亡，这样的事例何止千万！不断举行示威的人群，更有可能是为了服从一道命令，而不是为了增加一点养家糊口的薪水。私人利益几乎是孤立的个人唯一的行为动机，却很少成为群体的强大动力。在群体的智力难以理解的多次战争中，支配着群体的肯定不是私人利益——在这种战争中，他们甘愿自己被人屠杀，就像是被猎人施了催眠术的小鸟。①

可以看出，这种分析理论对现在专制政治下的政治传播群氓式的对象仍然具有很强的说服力。

四、群氓的接受机制

作为一种受众的群氓为什么会这样？作家莫泊桑禁不住连用多个“为什么”而呐喊：“如果其中每个个人都推理，为什么群体就不推理呢？为什么一个群体会不假思索地去做组成它的所有个体成员都不会去做的事呢？为什么一个群体会屈从于强烈的欲望和不可遏制的愚蠢冲动呢？为什么一个群体中的成员会如此受到群体的支配，并做出其任何成员都不会去做的事情呢？一个陌生人大声喊叫，然后突然间，所有人都被一种狂热所支配，都陷入了同一种不假思索的活动。没有人想要拒绝。一种相同的思想在人群中迅速地传开，并支配

① 〔法〕古斯塔夫·勒庞：《乌合之众》，冯克利译，中央编译局出版社 2000 年版，第 42 页。

着大家。尽管人们属于不同的社会阶层,有着不同的观点、信仰、风俗和道德,但是,他们都会向他猛扑过去,都会屠杀他、淹死他,不需要任何理由。而他们中的任何一个,如果是独自一人,那就会飞奔向前,冒着生命危险去拯救那个他现在正在杀害的人。"①米歇尔斯以"政党"这种政治组织为对象,从传播心理学角度认为,在政党中,"群体感到一种迫切的需求去接受伟大的思想以及他们认为能代表他们的个体",并解释其原因有三:"第一是崇拜。有了这种崇拜,群体就会团结在其领袖周围。第二是热心。有了这种热心,他们就会反对任何指向领袖的攻击或批评。甚至当领袖们自相矛盾或犯错误时,群体也拒绝相信它。他们认为其他人,比如领袖的随从,必定是有责任的,这样就保持了领袖形象的完美无损。第三,满足的顺从是一种常常让观察者吃惊的现象。这种顺从对服从决定或命令是有帮助的,这样就可以避免动用武力,也可以避免采取强制的手段。"②

那么在一种政治传播中,群氓又是怎样被说服、怎样被动员的?勒庞认为,主要是通过"断言、重复和传染":

> 如果想在很短的时间里激发起群体的热情,……有三种手段最为重要,也十分明确,即断言法、重复法和传染法。它们的作用有些缓慢,然而一旦生效,却有持久的效果。……做出简洁有力的断言,不理睬任何推理和证据,是让某种观念进入群众头脑最可靠的办法之一。一个断言越是简单明了,证据和证明看上去越贫乏,它就越有威力。……如果没有不断地重复断言——而且要尽可能措辞不变——它仍不会产生真正的影响。……极为重要的修辞法只有一个,那就是重复。得到断言的事情,是通过不断重复才在头脑中生根,并且这种方式最终能够使人把它当作得到证实的真理接受下来。只要看一看重复对最开明的头脑所发挥的力量,就可以理解它对群体的影响。这种力量是来自这样一个事实,即从长远看,不断重复的说法会进入我们无意识的自我的深层区域,而我们的行为动机正是在这里形成的。到了一定的时候,我们会忘记谁是那个不断被重复的主张的作者,我们

① 转引自〔法〕莫斯科维奇:《群氓的时代》,李继红等译,江苏人民出版社2003年版,第21页。
② 同上,第234页。

> 最终会对它深信不疑。……如果一个断言得到了有效的重复，在这种重复中再也不存在异议，……此时就会形成所谓的流行意见，强大的传染过程于此启动。各种观念、感情、情绪和信念，在群众中都具有病菌一样强大的传染力。……每个人都同时处在同一个地点，并不是他们受到传染不可或缺的条件。有些事件能让所有的头脑产生一种独特的倾向以及一种群体所特有的性格，在这种事件的影响下，相距遥远的人也能感受到传染的力量。①

读者可以看出，在对政治传播对象的研究中，我们“冒险”地引进了“群氓”这一概念，并大量引用了研究群氓的两名法国学者勒庞和莫斯科维奇的论断——我们自己并没有很多创新——这是因为，在我看来，现代政治很大一部分仍然是专制政治，与此相应，现代政治传播很大一部分仍然是在专制政治的系统内进行，在这种政治传播生态中，一大部分仍然是“群氓”式的受众。勒庞和莫斯科维奇两名学者的研究，在那个政治愚昧的环境里往往被人扭曲或者遗忘。在现代政治传播的生态中，甚至在民主政治的政治传播生态中，重新唤起“群氓”研究、重新发现勒庞其人，有着不可忽略的意义。

第四节　作为客体的臣民、市民与公民

政治传播无论在本体的意义上还是在过程的意义上都有一些独特的地方，因此我们分析其客体或对象，很难仅用传播学的现有范畴就能说透彻。当我们上面从所谓“属性”这样一个维度来说明政治传播对象的时候，仅是提供了一个观察的角度。下面再从形态的维度进一步说明。

臣民、市民、公民，除了在政治行为中扮演“主体”的角色，在政治信息的传播中也扮演着被传的对象的角色。他们既是政治传播（被教育、被熏陶）的不同对象，更是被当作不同对象教育和熏陶的结果。臣民、市民、公民、人民的概念，在政治传播的生态中，既有历时性的历史意义，也有共时性的现实意义，既有现实描述的经验解释意义，也有理想展现的规范引导意义。

政治传播是特定政治共同体内与政治共同体间政治信息的扩散与接受活

① 〔法〕古斯塔夫·勒庞：《乌合之众》，冯克利译，中央编译局出版社 2000 年版，第 42 页。

动。在我们的认识中，人类政治生活发展至今，国家始终是最大、最典型的政治共同体，因而，这里对作为政治传播对象的臣民、市民、公民的分析，仍然可以以国家与社会的关系为轴线来进行。

一、臣民：国家与社会合一中的政治传播对象

在政治学的语境中，臣民就是屈从或被动服从于国家权力的人，对国家具有强烈的依附性，缺乏独立之人格，表现为奴性之本质。

从理论逻辑上讲，政治越专制，相应政治传播中的对象的“臣服性”、“奴性”就越强。作为政治传播对象的政治臣民，可以从如下一些特征来把握。

第一，臣民并不是只在古代的政治体制中才有，它是对所有政治体制中“奴性”对象的一种指称，并不仅仅是政治时代概念。比如，西方古希腊时期，区别于私域的公共政治生活刚刚兴起，在人们的政治生活中，在人们的各种形态的政治传播中，人们是最原始、最淳朴的政治公民，在公权面前，人人是主人，人人在直接地成为政治传播的主体的同时，也作为政治传播的享受性或批判性对象；而在现代政治中，即便是在所谓的民主政治中，虽然在所谓法律意义上是公民，但实际上却可能是一种臣民。在已经远离或高高在上或强大无比的政治权力面前，人们可能仅仅是一种机械的受众，已经失去古希腊人那种独立性和批判性。简言之，政治传播的臣民，可能存在于人类政治传播的过去、现在，乃至将来。

第二，政治传播的原始本性决定了政治传播中首先会把传播对象作为一种臣民对待。政治的本性和真实的发展过程，是少数人“统治”多数人的过程，因而政治思想、政治价值、政治信息的流动与传播过程，必然是事实上也是从少数人传向多数人的政治教化过程。这个过程也必然是“居高临下”的传播过程。政治传播的源头和过程，就设置了传播的终端即对象是“臣民”。

第三，从国家与社会的关系上看，作为政治传播对象的臣民往往在以下两种情况下存在：一是政治国家与社会混沌不分的情况下，二是国家吞噬社会的情况下。这两种情况都是国家与社会“合一”，不过前者是原始的混沌不分，后者是国家吞噬了社会。两者中的政治传播对象都可视为臣民。不过，前者的臣民没有思想，后者的臣民不许有思想，因而都是纯粹政治教化的对象。

从人类社会政治发展的历史看，在西方古希腊、古罗马时代以及中世纪时

期还谈不上什么政治国家与市民社会的区别问题,整体上处于“混沌不分”的状态。那个时候人们对政治生活的认识,是把政治与社会看作一回事,政治生活就是人们的社会生活,社会生活就是人们的政治生活。古希腊的奴隶制由二百多个奴隶主统治的相互独立城邦组成。这个社会的“公民”不能离开自己的城邦而生活。所以,西方的“政治”(politics)一词就是从“城邦”(polis)演变而来的。在这个时期影响最大的理论家是思想家柏拉图。他继承了他的老师苏格拉底“知识即美德”的思想,提出了一整套政治理论。亚里士多德把柏拉图的人必然同社会分工合作而结成国家的思想升华为“人是天生的政治动物”,“人是自然趋向于城邦生活的动物”。这就在西方政治思想史上第一次从理论上把个人与国家、政治与社会本质地结合为一。到了古罗马时期,西塞罗继承了亚里士多德的法治思想和斯多葛派的自然法思想,把古希腊人以道德作为国家基础的观点改变为以法作为国家的基础。到了中世纪封建社会,基督教是人们解释社会政治现象的唯一基础。拥护教权之上的神学家们鼓吹社会中的一切都是上帝创造和安排的;教会是上帝在人间的代表,世俗的国家权力是上帝通过教会而给的,因此教权高于王权。托马斯·阿奎那是经院神学的最大代表,他主张信仰高于理性,封建的等级秩序是上帝的安排,决不可违背。他改造了亚里士多德的人性观和西塞罗的自然法学说,认为人是社会或政治的动物,但人的这种本性又是上帝赋予的,人必须服从现存的社会;国家要通过法律来统治,但国家的法律必须服从体现上帝理性的自然法,最终服从永恒的上帝意志。

上述可以看出,如果说古希腊、古罗马时期国家与市民社会混沌不分是建立在伦理的基础上,那么中世纪封建社会,这一混沌不分则是建立在神学的基础上。

至于说到国家吞噬社会,多指那种政治专制的国家与民族,其社会的臣民性与政治传播的灌输、教化乃至愚化的本质,学界已经太多论述,我们在整个行文中也已经多角度涉及,在此就不赘述了。

第四,从传播的角度看,有学者比较臣民与公民作为政治传播对象的差别,可供我们在此借鉴:政治国家是一个系统,具备输入与输出之功能,这一功能是否为统治集团所垄断,正是区分臣民政治与公民政治的差别所在。从个人与政治关系的两种不同路径指向,便可清晰呈现二者的差异,即政治——臣民——个人与个人——公民——政治。前者是臣民政治的路径,它表明政治系统相对于个人只有输出的功能，它只是以输出的形式指向个人。也就是说，个人只是被动地为政治系统所塑造，接受政治系统的输出，而被排斥在与自身紧密相关的公共事务之外；后者是公民政治的路径，它表明个人以输入的形式将自身的利益诉求指向政治系统，政治系统形成输入与输出的良性循环，政治成为个体主动塑造的存在，个人接收政治系统的输出正是自身的输入，个人因而参与公共事务的管理之中。因此，臣民与公民的差异归根到底是个人在政治国家中两种截然不同的身份，具体呈现为以下几个方面的特征：首先，个体生存方式的依附性与自主性特质是臣民与公民的本质差别，也是其他差异性的基础；其次，权利主体的特殊性与普遍性，也就是权利与义务的分离还是统一是臣民与公民在社会层面的分野，这也是臣民依附性与公民自主性特征在这一领域的自然延伸；再次，政治构建的参与性与被动性是臣民与公民之区别的根本表现，这是臣民依附性与公民自主性特征在政治领域的延伸；最后，奴性人格、公德缺失与自主意识、责任伦理是臣民与公民在思想与人格上的分野，这是臣民依附性与公民自主性在观念领域中的积淀。①

二、市民：国家与社会分离中的政治传播对象

在政治学的论域中，市民是指政治国家与市民社会相对分离之后的民众。从理论逻辑上讲，市民相比于臣民更多地具有自由和政治权利，也有更多的资本和力量与政治国家相“对应”。对于市民的理解需要从以下几个方面把握。

第一，市民生存于市民社会之中，市民社会是政治国家的基础。市民社会是指直接从生产和交往中发展起来的社会组织，市民社会包括各个个人在生产力发展一定阶段上的一切物质交往，市民社会因而总是与人的物质生产能力即生产力相对应，在过去一切历史阶段上受生产力制约同时又制约生产力的交往形式，就是市民社会。市民社会是全部历史的真正发源地和舞台。市民社会是在一切时代都构成国家与观念上层建筑的基础。而与市民社会相对应的国家是社会的公共权力机构，是从社会中分离又凌驾于社会之上的“虚幻共同体”，它是社会利益出现分化，特殊利益、阶级利益与公共利益、普遍利益之间的矛盾

① 参见刘宇：《从臣民到公民——个人自由与权利生长历程的逻辑性考察》，南开大学博士论文，2010年。

日益显现与尖锐的产物。正如马克思所言："国家是统治阶级的各个人借以实现其共同利益的形式，是该时代的整个市民社会获得集中表现的形式。"[①]"在人们的生产力发展的一定状况下，就会有一定的交换和消费形式。在生产、交换和消费发展的一定阶段上，就会有相应的社会制度，相应的家庭、等级或阶级组织，一句话，就会有相应的市民社会。有一定的市民社会，就会有不过是市民社会的正式表现的相应的政治国家。"[②]

第二，市民社会中的市民相对来说是个体自由。在臣民社会中，生产力作为个体自主活动集合的"类能力"尚不发达，个体自由与个人生产能力只能处于一种潜在的、尚未凸显的状态，个人只能以臣民的方式生活。臣民社会，其"社会"的基本单位不是个人而是其所属的共同体，依照藤尼斯的观点，共同体意指建立在构成成员本能的中意与习惯的适应或共同记忆之上的社会形式，是因成员的本能、习惯、职业或信仰等共同因素而导致的社会结合形式，分为血缘共同体、地缘共同体、职缘共同体、信仰共同体等不同形式。[③] 个体对共同体的依赖，导致了对公共权力与国家的依赖，由于国家脱胎于共同体，从一定意义上讲，其自身就是社会中最大的共同体，因而这个"群体自由"的时代必然呈现出国家与社会合一的形态，个体权利尚未从群体中凸显，法权关系仅表现为统治阶级的特权。因此，国家与社会之间的关系表现为国家与共同体之间的关系。到了市民社会阶段，生产力的发展与由此产生的广泛社会联系，直接拓展了人类生产与生存的空间。个体需要的满足因而从依赖共同体变为依赖市场与交换本身，个体自由与个人生产能力逐渐凸显，最终摆脱了共同体的束缚，成为为了自身利益自主交往、自主生产的自由主体，国家与社会从合一走向分离。这一社会重大变迁的实质在于人类的生产方式获得巨大进步，从而使个体的生存方式发生变革，个体由此凸显了独立生产与自主活动的能力，以至于摆脱共同体与国家的束缚获得了一种自主的市民的生活方式。黑格尔说："在市民社会中，每个人都以自身为目的，其他一切在他看来都是无。但是，如果他不同别人发生关系，他就不能达到他的全部目的，因此，其他人便成为特殊的人达到目的的手段。但是特殊目的通过同他人的关系就取得了普遍性的形式，并且在满足他人

---

① 《马克思恩格斯选集》第 1 卷，人民出版社 1995 年版，第 132 页。

② 《马克思恩格斯选集》第 4 卷，人民出版社 1995 年版，第 532 页。

③ 参见〔德〕藤尼斯：《共同体与社会》，林荣远译，商务印书馆 1999 年版，第 52 ~ 68 页。

福利的同时，满足自己。”[①]

第三，市民所处的市民社会，国家与社会的关系整体上是分离的，这种分离状态下，国家与社会的关系其标志是对立关系。所谓“良性互动”也只是对这种对立关系的一种描述。以西方社会发展为例，西方从文艺复兴到尼德兰资产阶级革命、英国资产阶级革命、法国大革命、美国独立战争这一历史时期，资产阶级国家诞生了，相应的政治思想也产生了。国家与市民社会的关系，始终是资产阶级政治思想家们十分关注的问题。

近代资产阶级政治思想的奠基人之一，意大利的马基雅维利认为，人性是恶的，追求权力和财产是人的基本欲望。人性恶必然引起人们的争斗，这样人们就选出自己队伍中勇敢的人作为领袖，颁布法律，产生国家。其后，英国资产阶级政治思想家霍布斯认为，人的理性所发现的自然法则驱使人们为了和平而相互订立契约，这就是资产阶级关于国家起源的社会契约论。这种社会契约论是对阿奎那认为的“人天然是个社会动物”的观点的一种批判：既然国家不是从来就有的，封建国家也不是天经地义的，资产阶级国家的出现是合乎人的理性要求的，公民必须服从主权者的统治，不能破坏契约，否则就可能回到自然状态中去。英国资产阶级的另一位著名思想家洛克则提出比霍布斯更为革命的政治理论。洛克认为，国家权力的本质是人们交给它的立法权力，国家的目的仅仅在于保护人的自由、生命和财产。如果立法权或君主危害了人民的自由和财产，那么人民就有权起来革命，把国家权力收回，交给自己认为最能保证他们安全的人。

到了18、19世纪，政治学意义上的国家与市民社会的问题更为突出地表现出来。法国启蒙运动中最为激进的资产阶级政治思想家卢梭认为，私有制的出现使人类出现了不平等。为了保护私有财产和个人自由，人们订立社会契约，建立了国家。德国资产阶级著名政治思想家康德把卢梭的公意改造成一种绝对命令，他几乎照搬了卢梭的社会契约思想说明来国家。他认为国家应该建立在社会成员都是自由、平等、独立的原则之上，并且主张一种分权和法治的共和国。康德之后的黑格尔，第一次在理论自觉的意义上明确界分了国家与市民社会，在他的理论体系中，国家和市民社会都是他的绝对理念展开的不同阶段，市

---

① 〔德〕黑格尔：《法哲学原理》，范扬等译，商务印书馆1961年版，第197页。

民社会处在家庭和国家之间。国家是市民社会的前提,“国家决定市民社会”。在黑格尔的眼中,政治国家是他的绝对理念发展的最高阶段。在他看来,市民社会虽然作为私人领域与政治国家相对,但是它并不自足,为了规避市民社会的不自足,黑格尔将政治国家凌驾于市民社会之上,建立了国家至上的国家主义。

可以明显看出,自近代资产阶级革命、资本主义产生以来,国家与市民社会一直处于分离之后的对立关系。这种关系的紧张程度在不同的国度和历史阶段有所不同。虽然表面上看起来都比较注重于国家的理论研究而很少顾及市民社会该怎样,但是却正好说明了国家对市民社会的“霸主”地位。这种理论到了黑格尔这里,通过他的政治哲学的严密论证发展到了顶峰。国家与市民社会对峙紧张在黑格尔的理论里得到了充分的体现。

第四,从传播角度看,正是因为国家与社会的分离与对立,才造就了民主政治的种种模式,进而造就了民主政治模式下的种种政治传播模式,才会有公共舆论的产生以及对国家的制约和监督,才会有国家作为政治传播主体对“市民”这种传播对象的重视,才会把臣民社会那种政治传播的灌输、教化乃至愚化的状态转化为平等的政治沟通、民意反馈、民意检测等,才会有为了市民的支持与投票的种种竞选政治传播甚至政治营销。

三、公民:国家与社会融合中的政治传播对象

市民社会中的市民以“自私自利”为本性形成与政治国家的种种对立,造就了这种对立中与政治国家的政治平等。当然,这种对立中,市民的自私自利同时也造就了政治国家的霸权与强制。历史总是在国家与市民互生互长的辩证法中前进的。随着社会的进步,市民与国家都要被改变,国家与市民的关系可能通过良性互动而走向融合。只有国家与社会融合的社会才可称之为公民社会,而公民只有在公民社会中才存在。就此而言,无论是现在发达的西方社会,还是比较落后的东方社会,都还不是严格意义上的公民社会。也因此,公民意识可以培育,但是,整体意义上的公民似乎还不存在。

据此而言,我不同意现在从政治地位、法律意义上的对公民的种种定义。比如,所谓“公民是一个法律概念,也是一个政治概念。从法律上说,公民指的是具有一国国籍,并依据该国宪法和法律规定,享有权利和承担义务的

人。……在政治上,公民所拥有的法定权利集中表现为参与公共事务并担任公职的正当资格,而这一点唯有在某种形式的民主共和政体之下才是可望的和可能的。因此,就本质而言,公民的产生及其角色扮演,实为推行民主政治的结果”。[①] 现在可以笼统地说,东方落后国家正在从臣民社会向市民社会转变,西方发达国家正在由市民社会向公民社会转变。当然,期间会存在某些领域、某些时空上的不同程度的交织。因此从理论上讲,对臣民社会和臣民意识的批判,对市民社会和市民意识的批判并没有完成,因而都具有十分重要的时代意义。

在西方,马克思承袭了黑格尔国家和市民社会分野的理论。他同意黑格尔的国家是作为普遍利益领域发展起来的观点,并且对黑格尔提出的政治国家与市民社会分别代表普遍利益和特殊利益两个不同领域的观点做了充分的肯定。马克思说:“黑格尔把市民社会和政治社会的分离看作一种矛盾,这是他深刻的地方。”[②]但是马克思同时指出,黑格尔把两者之间的关系颠倒了。马克思认为,不是国家决定市民社会,而是市民社会决定国家。马克思指出,黑格尔在这一问题上的认识,是在现实经验关系上进行的思辨解释,他将国家理念当作了主体,而将活生生的处于市民社会中的人当作了受国家理念支配的客体,这是典型的本末倒置。马克思主张要把他再颠倒过来。

然而,比较遗憾的是,马克思之后,甚至到了当代,在国家与市民社会的关系上,学术理论界的研究并没有挖掘到马克思思想的精髓,基本停留在马克思对黑格尔的批判上。比如,西方马克思主义的代表人物葛兰西认为:“国家的一般概念中必然包含着原来属于市民社会概念中的一些成分(因为可以这样说:国家 = 政治社会 + 市民社会,换言之,国家是受强制盔甲保护的领导权)。”[③]葛兰西这里的政治社会指的是政府、警察、军队等国家的强制机关,而市民社会指的是学校、教会、公民团体等机构,这些机构执行国家的意识形态,行使文化霸权的职能。在葛兰西的眼中,组成市民社会的这些机构都被统合进了国家里。也就是说,国家的触角已经深入到市民社会内部,使之成为国家机构的一部分,演变为政治社会的一部分,从而形成以国家与教会等机构为一方,世俗的市民

① 张凤阳等:《政治哲学关键词》,江苏人民出版社 2006 年版,第 131 页。
② 《马克思恩格斯全集》第 3 卷,人民出版社 2002 年版,第 94 页。
③ 李鹏程编:《葛兰西文选》,人民出版社 2008 年版,第 207 页。

社会为一方的对立与冲突。葛兰西指出:“特权集团之所以这样做,目的在于争取教会所代表的‘市民社会’中那一部分力量的支持,更好地维护自己的垄断地位。”①在葛兰西的理论中,当时的资产阶级国家所宣传的意识形态已经从政治领域延伸到了文化领域。资产阶级所建立的政治统治的合法性得到了来自学校、宗教、大众传媒等文化领域的支持,进而使其意识形态得到了巩固。在他所处的时代,政治国家权力进一步膨胀和扩大,西方国家凯恩斯主义的大行其道,为他的理论产生提供了绝好的素材。其后,哈贝马斯的理论中,依然沿袭了国家与社会二分的框架与模式,只不过他认为“市民社会是随着资本主义市场经济的发展而形成的,独立于政治国家的私人领域”②。哈贝马斯理论中的市民社会包括两个部分,一个是纯粹的市场领域,这基本与黑格尔、马克思理解的市民社会的内涵相同;另一个是文化领域,这基本与葛兰西所理解的市民社会内涵相同。

葛兰西与哈贝马斯只是拓展和延伸了黑格尔、马克思的国家与市民社会理论。虽然在理论上也有所创新,但是却仍然停留在国家与市民社会的紧张对峙阶段。而前面已经提到,马克思在批判了黑格尔的国家与市民社会理论之后,真正建立了自己的国家与市民社会理论,这就是他的国家与市民高度融合的共产主义理论。对于马克思的共产主义理论,可以从多种角度研究它的价值与意义,但是,从国家与市民社会关系的角度来看却意义独特。马克思和恩格斯在《共产党宣言》中向世人宣布:“代替那存在着阶级和阶级对立的资产阶级旧社会的,将是这样一个联合体,在那里,每个人的自由发展是一切人的自由发展的条件。”③马克思声明:这样的社会,它是对人的本质的真正的占有;是对人性的彻底的自觉的复归;是人类文化以往全部丰富成果的保存;是完成了的人道主义和自然主义的直接同一;是人和自然之间、人和人之间矛盾的真正解决;是存在和本质、对象化和自我确定、自由和必然、个体和类之间的抗争的真正解决。④虽然,在这样的社会中,马克思认为作为“阶级压迫工具”的国家已经消亡,但是,绝不意味着人类社会政治生活的“公共性”或者“公共领域”的消失。作为

① 李鹏程编:《葛兰西文选》,人民出版社 2008 年版,第 190 页。

② 参见李佃来:《公共领域与生活世界——哈贝马斯市民社会理论研究》,人民出版社 2006 年版,第 73 页。

③ 《马克思恩格斯选集》第 4 卷,人民出版社 1995 年版,第 730 页。

④ 参见《马克思恩格斯全集》第 42 卷,人民出版社 1972 年版,第 120 页。

一种理想与信仰,马克思昭示了“国家”与市民社会高度自觉的良性融合。当然,马克思也说得很清楚,达到这种目标需要一个很长的过渡时期。

从政治传播角度看,恐怕只有到了公民社会,在公民的身上才能真正实现主体与客体的统一。那时的公民就是再没有公私之别的“人民”。公民社会是人民自主、人民自治的自由人的联合体。

四、臣民、市民、公民作为政治传播对象的基本特点

从受众接受的角度我们可以对臣民、市民、公民作为政治传播对象的基本特点做一归纳。从接受学角度讲,作为受众往往有顺从性接受、认同性接受、信仰性接受三种层面或境界。一般来说,作为臣民在政治生活中对政治信息的接受是顺从性的。这种顺从性在外在压力和内心恐惧的双重作用下是一种服从性的接受。顺从性接受的心理是典型的“从众心理”。

市民作为政治传播的受众,由于其政治生活的相对独立性以及对政治国家的制约作用,其接受状态可称为认同性接受。顾名思义,认同性接受的前提就是认同了才接受,不认同则就可能拒斥。从这个意义上讲,市民时代是政治传播的“受众时代”。走出臣民时代至今的西方发达资本主义国家的一切围绕政治选票的政治传播壮丽景观正在证明着这一点。

公民作为政治传播的受众,由于其同时也就是政治传播的主体,所以对政治生活中的政治理想是一种政治信仰,可称为信仰性接受。这种信仰不是一种非理性的盲目信仰,而是在高度认同基础上的理性信仰。这种信仰是对外部事物的一种自觉内化,是一种很高的精神境界。当然,臣民的服从性接受也可能是一种信仰式的接受,但是,那种信仰可能是一种愚昧的非理性的信仰,是一种盲目崇拜式的信仰。由此可见,从臣民到公民的升华,也正是一个否定之否定的螺旋式的上升过程。

有鉴于此,学术界有人在公民之上提出了一个更高境界的概念——人民①:“公民不仅指具有自主性的单个的人,而且指平等地作为政治国家的成员的每一个人。由作为‘每一个人’的公民形成了公民共同体。人民一词正是指由公

① 我之所以没有把“人民”这个概念与臣民、市民、公民并列起来使用,是因为现在“人民”这个概念还存在着较大的学术争议。

民集合而成的共同体。公民与人民表述的是同一个问题的两个方面。只有个人对于政治国家具有公民身份，才可能有人民的存在，也只有公民集合成人民，个人才能真正地具有自主性。"[①]然而，在他们看来，资产阶级革命以来，由于个人在政治、法律上平等程度的不同，人民的范围也相应地有着不同。在很长的时期里，个人能否参与国家事务以及能在多大程度上参与国家事务受到他的财产状况、教育程度、性别、种族等因素的限制。因此，人民只是范围有限的一部分人，甚至是很少的一部分人。由此可见，所谓人民是比公民更为抽象的概念，就是对于"人民当家做主"的社会主义、共产主义而言，也始终停留在政治理想的乌托邦之中。

① 陈振明主编：《政治学：概念、理论和方法》，中国社会科学出版社 2004 年版，第 152 页。

第六章

政治传播效应

有传播就有效果。一般情况下，效果与效应在相同的意思上使用，但是，效应这个词实际上是对效果的进一步规定和评价，侧重于表达“怎样的效果”。在政治传播中，其效果是多重的，甚至是矛盾冲突的，所以我们使用效应这一范畴。政治传播不同于一般的传播，因为其具有比较明确的政治意图或政治目的，所以，最终效应如何非常重要，它标志着政治传播的质量，就像传播学现在非常重视研究传播效果一样，研究政治效应是整个政治传播活动研究的落脚点。在我们看来，政治传播效应研究不能停留在以媒介为中心的偏向上，而是要回到政治活动本身。本章的讨论，拟从政治民主的推进、公共舆论的形成、政治合法性构建几个方面展开。

第一节　对传播学效果论研究的检讨

传播学中对传播效果研究的成果可谓汗牛充栋。从传播学的创始者施拉姆到当代学者，其传播学研究中的传播效果研究均占据十分重要的地位。可以说，对于传播效果的研究起点高、论域宽。但是，也许正因如此，仔细研究其“研究历史”和检讨其“研究成果”，却又会进一步发现其“学术进步”还需仔细辨识。

一、传播效果研究的状貌

从早期施拉姆的《传播学概论》到麦奎尔的《大众传播理论》，再到布莱恩特的《传媒效果概论》等几部研究传播效果的经典著作，期间历经几十年，基本停留在对传播效果研究的梳理、归纳、总结和评价上，关于传播效果研究本身似乎并无突破性的研究。甚至可以说，至今仍没有超越施拉姆的总结。

一个稍微有些奇怪的现象是，施拉姆酷爱“模型”式的研究方法。他说：“模型就是我们思考一种过程或结构的有用的方法，是一种清楚的描绘；模型使我们可见其重要部分，而不会见树不见林。”[①]他认为我们“试图理解传播及其效果时，我们越来越需要这样的指引，借以解释已有的知识，解释新知识与旧知识的关系。因此，我们首先看看一些已知的最有用的模式，借以启动关于传播效果的讨论。”[②]当然，他也指出：“传播只是非常宏大而复杂的社会的一部分。传播是不可或缺的一部分，因为它几乎渗透到人类社会行为的各个方面，因此，传播与社会研究的关系好比是人类的遗传研究与物质宇宙的关系。……因此，在传播效果的研究中，我们不能期望找到一个无所不包的模型；在传播研究中，宛若自然科学中那种普遍适用的模型是找不到的。我们也没有理由期望找到一种所谓正确的模型。随着知识的增长，一切研究对象都会变化。我们必须承认，在所谓传播学这个领域，我们尚处在很困难、很复杂的原始阶段，因此我们不得不研究多种模型而不是单一的总体模型，因为传播学研究有很多不同的路径。我们没有理由不去研究其中一些最有希望的模型，我们要撷取其中最有用的成分以助于我们去思考传播学，使我们逼近其精要，寻求到我们追求的知识。”[③]

施拉姆把“魔弹论”作为一种独特的、前提性的模型，列举了传播学中关于传播效果研究的“七种模型”：

第一，“被抛弃的模型——魔弹论（模型一）”。如果在20世纪20年代，问何谓传播效果的模型，我们很可能会听到这样的回答：在手腕高明的宣传家手里，大众媒介对人的作用就像枪弹打在靶子上一样，颇像射击场里所见：瞄准射击，靶子应声倒下。就我们现在所知，这一观点从来没有得到任何一流学者的支持，它曾经是广为人知的信念，但如今已声誉扫地；这说明，在短短几千年里，传播理论已有了长足的进步。1964年雷蒙德·鲍尔的《顽固的受众》为“魔弹论”敲响了丧钟，“魔弹论”被送进墓园，取而代之的理论更注重传播过程中人的属性，对传播过程中物质属性的关注就大大减少了。

---

① 〔美〕施拉姆等：《传播学概论》，何道宽译，中国人民大学出版社2010年版，第169页。
② 同上，第186～187页。
③ 同上，第188页。

第二,有限传播论(模型二)。来自哥伦比亚大学的应用社会学研究所,学者们从另一个角度去研究大众媒介,将其放进广阔的背景中去考察,对其他的力量和社会抵制力也予以考虑。他们认为,大众媒介带来变化的力量是有限的。

第三,使用与满足论(模型三)。最近研究媒介效果极为盛行的方法之一是考察人们如何使用大众媒介,同时又检视媒介如何满足人的需要。

第四,采用—扩散论(模型四)。用传播手段来支持发展、推动和革新的工作与日俱增,促使学者们努力将使用媒介的过程进行系统化的整理。

第五,说服论模型(模型五)。自亚里士多德的时代至今,对传播过程的研究常常是从它的说服力的角度进行的。

第六,一致论模型(模型六)。人人都渴望维持内在信念和态度的和谐一致,至于传播的效果,那就要看讯息在多大程度上对这种和谐一致构成了威胁。

第七,信息论模型(模型七)。香农及其控制论兴起以后,一些学者倾向于从信息角度去研究传播过程,关注在一定条件下能够传输的信息量。

最后,施拉姆总结评价了这七种关于传播效果的研究模型:

> 信息论模型显然与其他诸模型大不相同,因为它首先关注的是信号的发送。对研究人类传播的学者而言,其意义与其说是有助于了解信号的效果,不如说是它模拟了人类传播过程,并为计量信号本身提供了数学模型。魔弹论模型已信誉扫地,也不同于其他六种模型,因为它只关注一种具体的效果,即宣传对人的效果。此外,魔弹论还有一个不同于其他模型的预设:被动的受传者像射击场里的靶子,大众媒介向他开火,他就应声倒地。
>
> 魔弹论之后,我们考察了一系列模型,它们都认为,受传者是能动的,效果是传送者和受传者都起作用的结果。和魔弹论一样,有限传播论主要关心大众传播的效果,但其结论几乎与魔弹论南辕北辙。有限传播论认为,媒介绝不是不可抗拒的,而是只有比较有限的效果。因为在运行过程中,它们不得不穿越迷宫一样的模型和影响因子。“使用与满足论”认为,传播效果的重要决定因素之一是受传者的特征——他如何使用传播信息以及他由此得到什么满足。和刚才提到的两种社会学取向的模型一样,采用—扩散论倾向于观察受传者,看他用讯息做什么,研究他采用讯息的社会情景。采用—扩散论的结论

是,大众媒介对采用过程的直接影响不大,远不如个人影响和劝说的效果。

在七种模型中,霍夫兰的说服论模型考察传播过程的视野可能是最宽广的。他从分解传播过程入手,研究传播者、传播渠道和受传者的各种变数,他用实验手段观察每一种变异和其他变异的关系,以便查证一种变化如何影响另一种变化。可见,他试图了解全貌,但他了解的是其中的要素,而不是总体的轮廓。一致论模型由心理学家提出,他们集中研究受传者处理流入信息的倾向:维护他珍视的认知概念和关系。

如前所示,这些模型(魔弹论模型除外)可以说是大同而小异。在时间流逝的过程中,它们表现出一个稳步变化的趋势:起初考虑的是传播者如何影响受传者,现在逐渐转化为考虑受传者在传播过程中主动做什么。魔弹论模型之后,没有任何一种模型假设受传者是被动的。最新的模型都倾向于认为,传播过程的双方都是积极主动的,都在试图影响对方。

近年日益增长的兴趣是所谓互动论模型,但这一理论尚未定型。……它设想传播过程中两个相对平等的参与者,各自加工对方发送的一套符号,根据自己的欲望从交流中获取自己需要的信息,同时又对接收到的符号进行解释。如此,传播过程看起来类似于商业、外交或法律的关系,双方都在行动。都根据自己的欲望既取又予。……互动论模型颇有希望,但尚待实验求证和理论定型。①

施拉姆之后,麦奎尔又做了进一步的总结和分析,到了詹宁斯·布赖恩特的《传媒效果概论》中,他又从时间的维度,用子弹理论模型、有限效果模式、温和效果模式、强大效果模式做了更为仔细的梳理。②

二、传播学传播效果研究的褊狭性

通过施拉姆等这些复杂的模型的展示,可以看出,传播学对传播效果的研

---

① 〔美〕施拉姆等:《传播学概论》,何道宽译,中国人民大学出版社 2010 年版,第 229 ~ 230 页。

② 参见〔美〕詹宁斯·布赖恩特等:《传媒效果概论》,中国传媒大学出版社 2006 年版,第 34 页。

究仅仅只是对“大众传播效果”的研究。“大众传播效果研究”是大众传播研究中一个具有独特取向的领域，其特征是着重考察受众，试图确认各种影响，力图将这些影响追溯到大众媒介的某个相面，并采取实证科学的方法和语言，以检验理论的假设。在这一特征下，大众传播效果研究呈现出了诸多分类相面：第一，微观与宏观：考察媒介影响个人的心理或行为，或考察媒介对更高层次的社会单位、社会关系、社会结构的影响；第二，变化与稳定：二者的区别在于效果的形式，可能是改变已有状况（如态度、行为或社会关系），也可能是稳固现有状况（如维护现存意识形态或政治体制）；第三，累积与非累积：媒介的效果可能是短暂的、一瞬即逝的，也有可能积存于系统，由少积多、由小积大；第四，短期与长期：效果可能在媒介接触后即刻产生，但属昙花一现，也有可能孕育良久后才出现，或经久不衰；第五，态度、认知、行为：这个相面强调，媒介的效果可能发生在各个领域，无论是对于个人还是社会集合体，这三者都是理论上可区分的领域，而且，根据社会心理学的原理，也是必须区分的领域；第六，离散一般型与内容具体型：这个区别强调的是产生效果的媒介元素，媒介的效果可能源自媒介的存在（如比较通过媒体中介与没有媒体中介的社会或历史时期），媒介再现的一般特征（如涵化理论认为电视无处不在，其极度重复的“讯息体系”是影响群体的社会现实观念之根源），也可以源自某一具体的媒介讯息，如某一条新闻或某一集电视连续剧；第七，直接效果与条件性效果：这个区别强调媒介效果的产生形态，媒介可能直接影响某具体变量（如个人的态度、认知或行为），也可能在特定条件下才会影响到该具体变量。①

传播学把广阔的传播效果缩略在“大众媒介效果”上，所进行的多相面、多学科、多方法的实证研究，使人们反而无法简单清晰地判断一种传播效果。这种结局原因复杂，其中，研究以外的种种利益使然可能是重要的原因之一。

1978 年，美国传播学研究者托德·吉特林在其《媒介社会学：主导范式》一文中，就对以拉扎斯菲尔德为代表的传播效果研究的“主导范式”进行了猛烈的批判，他认为：“二战以来，这个领域的主导范式显然就是与保罗·F. 拉扎斯菲尔德及其学派相关的一组思想、方法和研究成果：针对媒介内容产生的具体的、可测量的、短期的、个人态度和行为的‘效果’的研究以及媒介在公众舆论形成

① 周葆华：《大众传播效果研究的历史考察》，复旦大学博士论文，2005 年。

过程中并不十分重要的结论。”[①]吉特林批判他们的研究是“狭窄而微观”——关注的是精巧细致的、可重复的行为主义的测量，而脱离了媒介生产的更广阔的社会意义；方法优先于理论，过分依赖数据；高度聚焦于受众对媒介信息的抵抗，而忽视了他们的“依赖、顺从，以及易受骗”，结果导致了30年来效果研究在理论建树和连贯发现上进展甚微。随后，吉特林以卡茨和拉扎斯菲尔德的《个人影响》一书为批判“靶子”，从基本假设、适用范围等方面细致详尽剖析了其不足。在此基础上，吉特林最后着力从拉扎斯菲尔德个人经历尤其是与基金会和大企业之间的密切合作关系入手，抨击拉扎斯菲尔德及其哥伦比亚学派是“市场导向”的“行政研究”，是在为特殊利益集团服务。[②]

20年后，文化研究学者高内特继续抨击“效果研究模式”，认为“效果研究模式”对大众媒介、受众与社会整体采取了错误的研究取向和路径，他竟罗列了十大问题：第一，过分专注于媒介与受众个体，以媒介为研究起点，忽略了解释问题的“更大的图景”。第二，对儿童的认识不充分。从未将儿童实验结果与成人比较，忽视了儿童可能的思考与批判能力。第三，隐藏着保守的意识形态特征。第四，研究对象定义不充分。第五，经验法为代表的“效果研究”设计实际上是虚假的研究。第六，使用不恰当或不严谨的研究方法，对相反的效果研究结论不作清楚的解释，使用相关分析时不注意因果关系的逻辑。第七，在媒介暴力效果研究中，只考虑虚构节目中的暴力，而不考虑信息类节目如新闻节目中的暴力。第八，效果研究者相对于“大众”有优越感，忽视大众的选择与批判能力。第九，忽略文本的“意义”在不同情境下对不同受众可能不同。第十，缺乏连贯的理论，缺乏对过程和现象的深层解释。[③]

综观传播学对“传播效果”的研究，还有许多问题尚待充分借鉴哲学、社会学、政治学、历史学等而进一步深入、规范、严谨，并在此基础上强化理论抽象与升华。

---

① 转引自〔英〕奥利弗·博伊德—巴雷特等编：《媒介研究的进路：经典文献读本》，汪凯等译，新华出版社2004年版，第29页。

② 参见〔英〕奥利弗·博伊德—巴雷特等编：《媒介研究的进路：经典文献读本》，汪凯等译，新华出版社2004年版，第27页。

③ 参见周葆华：《大众传播效果研究的历史考察》，复旦大学博士论文，2005年，第4～5页。

三、传播学传播效果研究与政治传播效应研究

无论如何，传播学以大众媒介为中心的传播效果研究对于传播效应研究是十分有益的。比如，他们就民主政治中选民的细致入微的研究是其他学科无法达到的。但是，从整体上，传播学以大众媒介为中心的传播效果研究还无法移植到政治传播效应的研究上。这是因为：

> 研究政治传播效果问题的学生所遭遇的问题是效果研究学者都熟悉的，即根本上的认识论—方法论上的困难。主要就是说，我们如何能够准确地追述一次传播行为与受众行为之间的因果关系；我们如何在一个大环境里，从许多因素中辨识出其中一种的作用。①

在麦克奈尔看来：

> 不论哪一种政治传播，其效果都不仅仅由讯息的内容决定；内容甚至都不是主要的决定因素。讯息出现的历史语境，特别是当时普遍的政治氛围同样对讯息能达到怎样的传播效果至关重要。如果受众不愿意接受的话，那么讯息的“质量”、传播的技巧以及构造的精美程度都没有任何意义。②

其实，在我看来，传播学对于传播效果的研究所陷入的困难，固然与这里麦克奈尔所说的“根本上的认识论—方法论上的困难”有关，但主要在于对“传播”本质的理解。进入所谓大众传播时代以后，传播学基本上就是大众传播学了。又由于传播媒介和传播技术的迅猛发展和巨大作用，大众传播学的研究就走入了“媒介中心”的道路之中，所有的“传播效果”研究，等于或者就是大众媒介传播效果研究。所以，这条道路可能越走越窄，最后陷入几十年没有进展的困境是必然结局。在这种研究的认识深处，“传播”已经发生变异，完全失去了其社会与历史的内涵，成为一种没有社会历史之血肉的媒介空壳。难怪汉诺·哈特批评这种效果研究是一种“忽略历史”的研究。

具体到政治传播效果研究，我认为要把握以下几点认识。

---

① 〔英〕麦克奈尔：《政治传播学引论》，殷琪译，新华出版社 2005 年版，第 31 页。

② 同上，第 33 页。

第一,政治传播不同于一般的传播。政治在具体的社会与历史之中,政治传播的效果也要在社会历史中具体呈现,因此,政治传播效果所要置放的系统是社会历史背景下的政治系统。

第二,媒介作为一种政治传播的中介固然重要,但是,媒介或者大众媒介并不是原始政治信息的制造者即主体,因此,检测政治传播效果要透过媒介渗透到媒介背后的政治传播主体。以媒介为中心的效果研究,在传播学中是一种误区,在政治传播效果研究中更是一种误区。

第三,传播学中传播效果研究,可谓是媒介为中心的"受众论",受众论带来的问题是,只是从受众角度看受众。政治传播却不然,政治传播是一种有很明确政治目的和很强传播手段的传播,因此考量政治传播效果的出发点不是政治传播的受众,而是政治传播的主体,是从政治传播主体出发落脚到政治传播对象的过程与结果研究。从哲学认识论上讲,政治传播效果研究是一种"关系研究",而不是一种单体研究。

第四,与上述对应,政治传播效应的研究方法,从总体上应该是宏观的、规范的。那种微观的、经验的研究只是对宏观分析的一种佐证,不能取代宏观的理论分析。

第五,检讨现在的政治传播研究,不同程度地存在以上问题。有鉴于此,我们将从民主政治、公共舆论、政治合法性等几个方面对政治传播的效应做一探讨。

第二节　政治传播效应(一):推进政治民主

人类的政治生活的基本形态可以用"民主政治"与"专制政治"做最简单的概括。"民主政治"与"专制政治"既是对已经形成的政治形态的定性式概括,也是对人类政治发展过程和发展结果的概括。在这种过程和结果的形成中,政治传播无疑具有举足轻重的地位和作用。这就是说,应该在民主与专制这样的系统和语境中考察政治传播的效应。从理论上讲,人类政治是不断地追求和实现民主的过程,因此人类政治是在不断克服专制中走向民主。民主是人类政治的目标、目的和理想。这样一来,考察政治传播效应视角就可以分为"积极"与"消极"两种,积极的视角就是考察其在推进人类政治民主中的作用,消极的视角就是探讨其在专制政治中起了什么样的作用。在二者的辩证之中，我们着力考察政治传播推进人类政治民主的积极效应。

一、政治学中被妖魔化的民主

在政治学中，“民主”已经快被妖魔化了。海伍德从专业研究的角度感慨：

> 众多的政治家和政治思想家转归于民主事业麾下是政治史上最引人注目和重要的事件之一。即便在被认为是民主思想摇篮的古希腊，当时人们也往往在消极意义上看待民主。如柏拉图和亚里士多德等思想家认为，民主制不过是以牺牲智慧和财产为代价的平民统治而已。民主直到19世纪仍带有贬义，意指“暴民统治”的体制。然而到了今天，我们都是民主派了。自由主义者、保守主义者、社会主义者、共产主义者、无政府主义者甚至法西斯主义者都急切地赞颂民主制的优点，表明自己是民主的信徒。在20世纪晚期，主要的意识形态体系摇摇欲坠甚至崩溃瓦解，民主之火烧得更旺了。社会主义的吸引力减弱，资本主义的优点也受到怀疑，民主大概是后现代政治蓝图中唯一稳定和持久的原则信念了。①

美国学者麦克切斯尼也就此说道：

> 我们这个社会最令人振奋的时代特征之一，就是民主受到所有人的拥护，顽固分子、狂热症者和拒外症者除外。②

克拉莫尼克与华特金斯结合现在的世界政治布局说道：

> 东方的人民民主、西方的宪政民主，都声称自己，并且只有自己，才是名副其实的民主。由此掀起的论战，显著地证明了一个事实，即：民主政体的重要性已被一致认可，即便是那些最敌对的理论家在这一点上也能统一意见。③

---

① 〔英〕安德鲁·海伍德：《政治学》（第二版），张立鹏译，中国人民大学出版社2006年版，第67～68页。

② 〔美〕罗伯特·W.麦克切斯尼：《富媒体 穷民主：不确定时代的传播政治》，谢岳译，新华出版社2003年版，第9页。

③ 〔美〕克拉莫尼克等：《意志形态的时代》，章必功译，同济大学出版社2006年版，第5页。

那么,何谓民主？海伍德认为:“民主一词的问题在于它过于受到欢迎,无法成为一个有意义的政治概念。世人几乎齐声称颂民主,差不多只把它作为‘叫好词汇’来使用,暗示支持一定的思想和统治制度而已。”他借用伯纳德·克里克的话说:“在公共事务的世界里,民主大概是最为混杂最让人困惑的词汇。”他认为:“一个可对任何人有任何意思的术语,有陷入毫无意义之境地的危险。”他归纳了学界关于民主一词所包含的八大含义:第一,由穷人和弱势者统治的制度;第二,人民直接且不间断地进行自我统治的政府形态,无须职业政治人物和公职人员;第三,以机会平等和个人功绩,而非等级和特权为基础的社会;第四,以缩小社会不平等为目标的福利和再分配制度;第五,以多数统治原则为决策基础的制度;第六,制约多数权力以保证少数之权力和利益的制度;第七,通过竞取民众选票来确定公职人员的手段;第八,服务于人民利益的政府体制,而不管人民在政治生活中的参与怎样。①

八大内涵可以进一步归纳为:民主是一种价值性的政治理想,一种政府与人民关系的治理模式,一种具体的政治制度,一种政治生活方式,一种政治发展的进程。

我们这本讨论政治传播的书在这里并不计划讨论民主概念和民主理论本身,而是着力于在民主实践中和民主化的进程中,民主作为一种理想价值在何种意义上是一种政治传播的效应。也可以换一个角度就是,政治传播如何推进了政治的民主化进程,形成了政治民主化的结果。套用上述几种观点,我们把民主作为一种政治价值,作为一种为实现这种理想性的政治价值的政治发展过程来看待。

二、民主化中的政治传播

如果民主是人类政治始终追求的一种政治价值和理想境界,那么,人类政治的发展进步过程就可以被看作是民主化过程。这种过程,不论是政治价值还是这种政治价值所展示的理想境界,都要依赖人类的政治传播、政治价值的传播与认同。政治理想的逐步实现也正是政治传播的结果。

① 参见〔英〕安德鲁·海伍德:《政治学》(第二版),张立鹏译,中国人民大学出版社 2006 年版,第 84 页。

什么是民主化？如果说民主是一种对人类政治生活理想状态的静态设想，那么，民主化就是这种静态理想的动态展现和实现过程。这里的“化”是动词，据此而来的“民主化”可以包括三层意思：

第一，民主化是指人类早期政治生活中的民主从一开始的“不好的东西”向之后的“越来越好的东西”的转变过程。英国著名政治理论家麦克弗森曾说过：“民主过去是一个不好的词。每个人（可以是任何人）都知道，民主在其由人民统治或者根据人民的大多数的意志统治这一原初意义上来说，将是一桩坏事——对于个人自由和文明生活的所有优雅来说是致命的。那是从最古老的历史时代到大约一百年前几乎所有有智慧的人所持的立场。然后，在五十年内，民主成了个好东西。”①

民主从一个不好的东西转化成一个好的东西，既是一个逻辑认识的发展过程，也是一个历史的过程。西方社会民主发展的历程就是这个转变过程的缩影。民主起始于古希腊雅典的克里斯提尼时代，准确地说，产生于公元前 508 至前 507 年。作为一种政体，雅典的民主是一种“公民自我统治的体制”。古希腊的民主中第一个特征就是公民直接参与城邦的公共事务，第二个特征是所有的官员并非竞争性选举出来的，而是抽签决定的。雅典的民主有着很大的局限性，它的实施仅限于很小的城邦国家，它以奴隶通过艰苦劳动为少数“自由人”创造“自由”时间，以从事政治活动的经济制度为基础，以给少数人以公民权利而把妇女和奴隶都排除在政治活动之外为特点。所以在古希腊，哲学家和历史学家如柏拉图和亚里士多德等人，都把民主视为“暴民政治”或“愚民政治”，没有被看成是“好东西”。罗马共和国实行的是一种混合政体，其中有民主的因素。古代雅典那种民主消逝了将近两千年，到文艺复兴时期的意大利城邦国家才又看到了一些迹象。英国内战期间有某些接近于民主的要求，但难说就是现代民主的复兴。“光荣革命”后，英国人并没有把自己的制度称为民主制度，而是称为代议制的责任政治。只是到了法国大革命后，民主时代才真正来临。美国建国，是否就是民主也充满着争议。尽管有杰斐逊这样伟大的思想家极力赞成扩大人民的权力，但美国宪法最终还是决定保护有产者和富人，仅将选举权授予有产者。美国宪法的奠基者们把自己的代议制度称为“共和国”，以示与民

---

① 转引自景跃进主编：《政治学原理》，中国人民大学出版社 2010 年版，第 385 页。

主制度的区别；联邦党人的目的并非在于民主或人民政府，而是有限政府，或他们所说的共和，一种代议制的共和；进入 19 世纪，民主的进程随着社会经济的发展而不断加速。托克维尔在考察美国的民主时指出，美国社会到处都体现着民主精神，民主有着丰富的社会土壤。民主制度的真正转机出现在第二次世界大战期间和其后。罗斯福领导的同盟国致力于在全世界推广民主和自由，民主越来越具有正面的含义。针对民主的“由坏变好”的历史过程，有学者总结道：

> 可以看到，民主进程是一种历史大趋势：随着经济、社会的发展，社会结构越来越趋向平等，平民教育的扩展也使得人们趋向积极的政治参与。也许更为重要的是，随着宗教退出了政治领域，以及宗教精神的衰落，延续了几千年的神权政治和王权政治失去了其合法性根源，人民的同意或者支持已经越来越成为政府或政体合法性的旨要来源。这从下面的事实中体现出来：尽管有不少政府或政体在现实中是威权主义的，它们也不得不宣称其权力来自人民。民主实际上也可以看作是一种信仰，不管有多少精英主义者反对民主，他们的理论都无法和民主的吸引力相抗衡，因为在现代再没有同样的信仰可以替代民主为政体提供合法性，即使某些原教旨主义的宗教也无法完全忽视民主的力量。①

第二，民主化是指一个单体国家本身的政治从“不民主”到民主的转变过程。这一点，被政治学家们充分地看到了。比如，海伍德对“民主化”的定义就是：民主化指威权主义向自由民主的过渡。该过程最重要的特点是赋予（人民）基本自由（特别是政治权利），建立普遍的竞争性选举制度，（尤其是在后共产主义国家）进行市场改革。民主化包括三个有时重叠的过程。其一，“旧政权解体”，这通常伴随着与经济失败和警察、军队忠诚动摇有关的合法性丧失。其二，“民主过渡”，自由—民主的结构和程序建立。其三，“民主巩固”，上述结构和程序已经为精英和大众真正接受，不可能被推翻。民主由此变为“唯一的游戏规则”。②

---

① 景跃进主编：《政治学原理》，中国人民大学出版社 2010 年版，第 388 页。

② 参见〔英〕安德鲁·海伍德：《政治学》（第二版），张立鹏译，中国人民大学出版社 2006 年版，第 99 页。

放眼看去,从过去到现在,从现在到未来,每一个民族国家都经历或者必将经历这样的“民主化”过程。

第三,民主化是指政治世界民族国家由不民主国家向民主国家的转变“浪潮”。1991 年,美国学者亨廷顿发表了《第三次浪潮:20 世纪晚期的民主化》一书,对现代世界的民主化运动提出了独到的描述和分析框架。亨廷顿在该书中关心的是 20 世纪晚期(1974 年至 1990 年)全球大约 30 个国家由非民主政治制度向民主政治制度的转变。他把这次民主化运动视为一次“民主化浪潮”。他认为,世界历史上民主的发展经历了三次大的浪潮:第一次民主化长波,1828 至 1926 年,33 个国家建立了民主制度;第一次回潮,1922 至 1943 年,22 个国家的民主制度被颠覆;第二次民主化短波,1943 至 1962 年,约有 40 个国家建立了民主制度。每一次浪潮中都有大批非民主国家成为民主国家,但前两次浪潮之后都伴随一次回潮,又有大批新兴民主国家的民主制度被推翻。从 1974 年开始的第三波民主化浪潮到现在仍在继续。

综观以上“民主化”的三层含义和实际过程,人类的政治又是怎样实现这种民主化呢?其中什么样的因素起着不可或缺的重要作用呢?难道不包括政治传播吗?或者说,从一个特定角度看,难道不是政治传播的实际效应吗?不能设想,没有政治传播,这种民主化如何实现。

当研究民主的政治学家达尔提出“民主从哪里来,又是怎样发展起来的”这样的问题的时候,是这样回答的:

> 如果我们把民主看成是从古希腊发明后大体上持续不断地发展起来,也就是说,民主 2500 年前在古希腊出现,然后从那个微小的源头不断地传播到现在,最后到达每个大陆,并成为人类一个重要的组成部分,那么,这种说法会让我们满意。①

三、催化剂与毒药:民主化中的媒体

传播学中把传播效果都视为大众媒介的功劳。对于政治传播效应的研究,虽然我们反对“媒介中心论”,不认为政治传播的效应都是大众媒介的必然结

① 〔美〕达尔:《论民主》,李凤华译,中国人民大学出版社 2012 年版,第 7 页。

果，但是，却不据此而忽略政治媒介或者媒体在民主化中的重要作用。当然需要再次提醒读者的是：现在如火如荼的“媒介政治化”（被不准确地命名为“政治传播”）或“媒介政治”与政治传播中的政治媒介的作用是两回事。

关于媒介在政治传播中对于民主的作用，现在学界已经有很好的研究，甚至有些所谓的政治传播研究就集中在这个方面。以《政治传播学引论》为名的著作中，麦克奈尔对媒体的作用从五个方面做了总结：

> 我们可以把“理想化的”民主社会中媒体的功能归为五种：第一，媒体必须告知民众在他们的身边发生了什么，我们把这个称作媒体的“侦察”或“监控”功能。第二，媒体必须教育民众，让他们知晓发生了的“事实”的意义和重要性。……第三，媒体必须为政治讨论提供一个公共平台，促进公共舆论的形成，并把舆论回馈给公众。而且这个平台必须为反对意见预留空间，做不到这一点的话，谈任何民主共识都毫无意义。第四，媒体的功能是给予政府和政治机构曝光率。……最后，在民主社会里，媒体同时作为鼓吹政治观点的一个渠道。①

麦克奈尔认为，自18世纪以来，媒体和它的上述功能对于民主政治过程的作用显得越来越重要。特别是在20世纪的50年代，当电视走进了千家万户的时候，人际政治传播已然落到了民主过程的边缘地带。电视已经成为“政治生活的环境中不可或缺的组成部分”，绝大多数人关于政治的信息源自媒体。那么，通过媒体传播和源自于媒体的当代政治活动被怎样地改变，而媒体又怎样出演了理想民主理论赋予它的角色呢？麦克奈尔认为这与政治民主的结构和媒介环境是密切相关的。比如，由于政治教育不足而导致的公民政治冷漠，公民政治选择权利的缺失，政府权力以及社会资本的介入程度，媒体自身的客观性程度等等，都会制约着政治传播中媒体政治民主化推进功能的发挥。

达尔在对“现代政治”的分析中，深刻论证过在现代政治过程中民众为什么“不参与政治”与为什么“参与政治”。“参与”与“不参与”从一个侧面折射了民主化政治中政治传播的效果。比如，在为什么不参与政治的七个“如果”的假设中，依赖于政治传播的“政治动员”就占据“压轴”地位：（1）如果人们认为他们可以预期地从政治介入中得到的报酬比从其他活动中得到的报酬要低，那么他

① 〔英〕麦克奈尔：《政治传播学引论》，殷琪译，新华出版社2005年版，第21～22页。

们就不大可能介入政治;(2)如果人们认为摆在面前的选项没有重大的差异,因此其所作所为无足轻重,那么他们就不大可能介入政治;(3)如果人们认为其所作所为无足轻重,因为他们不能有效地改变结果,那么他们就不大可能介入政治;(4)如果人们相信没有他们的介入,结局也会相当令人满意,那么他们就不大可能介入政治;(5)如果人们感到他们的知识太有限以至于不能有所作为,那么他们就不大可能介入政治;(6)某个人遇到的障碍越大,这个人介入政治的可能性就越低;(7)如果没有人或组织来进行参与"动员",人们就不大可能介入政治。①

当我们探讨媒体在民主化过程中的作用的时候,不能忘记的是,在人类的政治整体上是从不民主到民主的"前进"过程中,时刻伴随着一种"去民主化"运动,正像民主是相对于专制而言的一样,人类的政治也总是在民主与专制的"转换与跳跃"中不断走向民主的。同样的道理,媒体在去民主化过程中犹如媒体在专制的形成与横行过程中一样,也发挥了重要的功能,这同样也应该被纳入到政治传播的效应中来考察。

同样以研究民主而驰名的美国学者查尔斯·蒂利在其所著的《民主》一书中,比达尔更加实际、更加辩证地为我们展示了他对人类政治中的"民主化与去民主化"过程及其未来前景。关于"去民主化",他说道:

> 当一个国家和它的公民之间的关系呈现出广泛的、平等的、有保护的和相互制约的协商这些特点,我们就说其政权在这个程度上是民主的。民主化意味着朝着更广泛、更平等、更多保护和更多制约的协商的方向的净运动。显然,去民主化意味着朝着范围更小、更不平等、更少保护和更少制约的协商的方向的净运动。② ……民主化和去民主化并非以严格对称的方式运行。从总体上看,去民主化发生在统治者和精英们对他们感觉为政权危机(特别明显地表现为威胁他们自己的权力)的事件做出反应的过程中。民主化通常发生在国家在危机缓和之后对大众要求做出回应(不管如何地不愿意)之中。结果去民主化通常比民主化发生得更加迅速,有更强大的中央支持。③

① 参见〔美〕达尔:《现代政治分析》(第六版),中国人民大学出版社 2012 年版,第 137 ~ 140 页。
② 〔美〕查尔斯·蒂利:《民主》,魏洪钟译,上海人民出版社 2009 年版,第 12 页。
③ 同上,第 57 页。

事实上,人们现在对于媒体在人类政治生活中作用和功能效果的评价负面的并不比正面的少。可以说,媒体既是人类政治生活民主化的催化剂,又是一副导致“穷民主”的无解的“毒药”。罗伯特·W. 麦克切斯尼通过对“不确定时代的传播政治”的研究,警示我们:我们这个时代是建立在大量自相矛盾的事物基础之上的。一方面,通讯和信息技术的进步让人眼花缭乱,通讯与经济和文化缠绕在一起,因此,我们已经进入了信息时代。在信息网络的最顶端少数巨型媒介公司——不管从哪个方面看,这些大公司现有的规模都超过了 15 年前规模最大的公司——它们建立起全球性帝国,通过向全世界人民提供新闻和娱乐节目赚取了大量的财富。另一方面,“政治疏离”是我们这个时代的又一种趋势,公民的传统政治参与观念已经变得非常淡薄,他们对社会和政治事务的基本理解力也在下降。[①] 据此,他认为:

> 媒体已经成为一股明显的反民主(antidemo-cratic)的力量,这种现象不仅仅发生在美国,它甚至蔓延到全世界。联合性媒体越富有、影响力越大,参与性民主的前景就越是黯淡。当然,……我不认为媒体是使民主衰落的唯一或主要的原因,但是,它们是问题的一部分,而且与其他导致民主衰落的很多因素联系紧密。……对民主而言,这是一剂毒药。……如果我们重视民主问题,那么重建媒介体系就显得很有必要,因为重建之后的媒介体系将把公民大众重新连接起来,他们才是民主的真正组成部分。[②]

现在看来,政治中的媒体或媒体中的政治都是颇具挑战性的研究课题。

第三节　政治传播效应(二):形成公共舆论

政治民主或民主政治既是一种过程,也是一种结果。在这种过程和结果中,公共舆论无疑扮演着十分重要的角色。正像民主政治不是天然形成一样,公共舆论本身也是一个不断地在形成和变化的动态过程。现在的政治学和传

---

① 参见〔美〕查尔斯·蒂利:《民主》,魏洪钟译,上海人民出版社 2009 年版,第 7 页。

② 〔美〕罗伯特·W. 麦克切斯尼:《富媒体 穷民主:不确定时代的传播政治》,谢岳译,新华出版社 2003 年版,第 8 页。

播学更多地研究业已形成的公共舆论在民主政治中的种种作用,但是,公共舆论本身的形成和变化更值得研究。我们正是在这个意义上,把公共舆论作为政治传播的效应来研究。

一、公共与公共性

要说清楚公共舆论,首先要说清楚公共、公共性、公共领域等相关概念。然而,无论是哲学还是社会学,无论是政治学还是传播学,这些概念是最不容易说清的概念了。

现在的"公共"一词,已经从学术用语转换为人们的日常用语。美国学者乔治·弗雷德里克森曾对"公共"一词在现代生活中的含义作过归纳,大意如下:第一,公共关涉的是一种政治生活。一方面,公共被认为是"政治"和"政府"的同义语;另一方面,公共又常被用以不加区分地泛指社会中的所有人,即作为政治或政府的对象性存在的"公众"。第二,公共关涉的是一种日常生活。公共与人们日常生活中的个人主义相对,意味着对个人主义的挑战和一种集体主义的倾向。第三,公共关涉的是一个现代性话语。公共意味着在现代日常生活中展现的一种琐碎、普通、庸俗和大众化的生活景观与时代话语。我认为,弗雷德里克森基本上说清了"公共"一词的含义。

我国学者郭湛在他的国家课题结项成果《社会公共性研究》中,比较全面系统地对公共性从哲学的高度进行了探讨。他认为:"任何一个具有普遍性和时代意义的语汇,并不会因为它面对复杂的现实状况而暂时意义含混不清,就丧失了其存在的价值和意义。"①就"公共"一词而言也是如此。他认为,首先,就活动主体来说,公共总是对应于"个体"而存在。公共指的是一定活动场景中个体的总和,具有"集体"、"集群"、"共同体"等含义。就人的活动内容、活动空间以及活动属性来说,公共又与私人相对,虽然它仍以个体的存在为基础,但更强调的是人的存在的公开性、公平性、共享性、非排他性及总体性等含义。其次,公共强调的是同一场景中多主体的客观共在。这种客观共在是指个体在多主体共存的环境下保持自身的存在条件和存在状况。"公共"包含着"共同"、"关心"之义,它所强调的是同一场景中多元主体之间的人文意蕴。个体的存在既

---

① 郭湛主编:《社会公共性研究》,人民出版社 2009 年版,第 83 页。

要向内关注自身的利益和需要,同时也要向外倾注对其他主体的需要和利益的关注,同时向外寻求自我需要和利益的实现与满足的条件和可能。所以,公共既是指个体自身存在的现实条件,又是指同一时空条件下个体主体对其他主体及外部世界的感受性。他把“公共”一词上升到哲学的高度,认为“公共”既是一个“实体”概念,反映了人的类存在和类活动的基本性质;又是一个属性概念,反映了人的类存在和类活动的基本性质;同时还是一个关系概念,表征人的类活动中多元主体客观共在及其相互依存的关系。①

至于“公共性”,我赞成郭湛教授的概括:“公共性是关于人类共在和共处活动与现象的基本属性的反映和概括。这是一个集描述性、概括性和评价性于一体的哲学范畴。”②“所谓公共性,是指自我在确证自己的过程中所体现出的为他的属性,……公共性的关键在于为他性,是利于他人、成就他人或满足他人,而不是伤害他人、限制他人、取代他人甚至消灭他人。这种利他行为是一种主动的、自觉自愿的行为,而非被迫的或无意的行为。”③因而,公共性是“人们在其共同生活中形成的状态和品质”。④

其实,当年汉娜·阿伦特已经把“公共性”说得很直白、很通俗了,她认为公共性是:

> 首先意味着,在公共领域中展现的任何东西都可为人所见、所闻,具有可能最广泛的公共性。对于我们来说,展现——既可为我们,亦可为他人所见所闻之物——构成了存在。与来自所见所闻的存在相比,即便是私人生活中最伟大的力量——心灵的激情,头脑的思维,感觉的愉悦——也产生了一种不确定的、模糊的存在,除非并且直到它们被改变、被剥夺以及非个性化为一种可以说是合乎公共展现的形态为止。⑤

从人类理想的生活状态与研究的规范性维度,郭湛十分“推崇”“公共性”。他认为,公共性是人类生存的社会性本质的表现方式。没有公共性,就没有社

① 郭湛主编:《社会公共性研究》,人民出版社 2009 年版,第 83 页。
② 同上,第 84 页。
③ 同上,第 70 页。
④ 同上,第 75 页。
⑤ 〔美〕汉娜·阿伦特:《人的条件》,竺乾威等译,上海人民出版社 1999 年版,第 38 页。

会的正常秩序，而只能有自然的丛林法则，人的社会性存在就无异于动物的群体性生活。公共性同时又是人类生存和发展的历史性特征的基础和实现方式。没有公共性，就没有人类特有的组织方式和活动方式，人们就难以超越当下有限的生存状态和狭隘封闭的本能意识或意识化了的本能。社会的公共性使人类能够创造共同的文化或文明的财富，并使之在历史中延续下去，在空间中不断扩展开来。因此，公共性表达了人类根植于其生存条件和物种潜能基础上的自我组织和自我超越的倾向，是人们组织社会生活的主要方式，是在人们交往过程中形成和表现出来的个体意志、组织意志及其相互关系，是表现在其群体生活中的类特性，是表现在其历史中的永恒追求。它的具体内容取决于人们活动的时空范围、种类和组织方式，并在人们的各种活动中形成和表现出来。他甚至富有诗情画意地说道：

> 公共性不是在人类历史某一个阶段上或某一个社会中的偶发事件或个别现象，而是人类社会和人类历史的一个内在品质；不是人的某种活动的独有性质，而是人的一切活动都包含着或不能不与之相关联的一个基本性质。公共性就是这样一种人性之光，它在照亮人的某些活动、某些品质和某些主题的同时，又将人的另一些活动、另一些品质和另一些主题淹没于模糊的背景中，并在其历史光点的移动中反复变换其背景和主题的形象。①

二、公共性的政治品性

公共性有诸多的特征，清楚其特征有利于返回去更深刻地把握其本质。郭湛从哲学高度总结了公共性的四大品性。

首先，“公共性”是一个社会范畴，它根植于人的社会本性。正是在人们的社会生活中，公共性才形成和发展起来，并逐步成为人的社会生活的组织原则。对于认识主体来说，社会是一个对象性存在，社会性是社会作为对象的属性，而公共性则是对于社会性的某种规定或表述。在这个意义上，可以说社会性是公共性的基本前提，公共性是社会性的本质规定。实际上，既没有可以离开公共

① 郭湛主编：《社会公共性研究》，人民出版社 2009 年版，第 71 页。

性的社会性,也不可能有可以离开社会性的公共性。社会因其公共性而成为一个永不落幕的大舞台,它是使生物人成为社会人和保持其为社会人的主要条件,是人展示其形象、个性和确证自我的主要方式。

其次,“公共性”是一个历史范畴,它在人类社会发展的历史进程中获得其实质内容和表现形式。正是在具体的历史环境中,社会的公共性才得以呈现,并因此而得以延续。人类生活只有在公共活动领域中才能因延续而获得持久,这种生活的历史连续性即社会的遗传机制,只有依靠人的公共领域的存在才有可能。公共性是在历史过程中逐步形成和确立起来的,因某一群体的历史才能获得其内容。换言之,凡是进入历史的就都是公共的。历史是不能为某些个人所垄断的。共同利益、共同意识,包括公正感、正义观念和善恶意识等,都是在某一群体的历史中逐步形成和确立起来的。

再次,“公共性”是一个政治范畴。随着人类社会的内部分化,人的活动被纳入一个以阶级对抗为基础的社会结构中,成为以国家权力为代表的公共权力支配和调节的对象,公共性越来越多地表现在政治活动中,表现为公共权力的内容及其合法性的主要来源。说到底,政治性是社会性的一种特定形式和历史形式,因而也是公共性的一种特定形式和历史形式。可以有离开政治性的社会性,不可能有离开社会性的政治性,也绝不可能有缺乏任何公共性的政治性。如果说政治的重要特征是管理众人之事,那么这恰恰是公共性的主要内涵。

最后,“公共性”是一个文化范畴。作为对人的活动的公共性的自我理解,“公共性”概念既包括对人的活动的现实理解,也包括对人的活动的理想化和象征化解释;既是一种功能性范畴,也是一种价值性范畴。人们的社会生活必然会产生相应的文化体系,这种文化通过各种方式表达或表现出来,彼此交流并延续下去。社会的公共性总是具有某种文化的特征,总是将特定文化手段和文化追求凸显出来,而自觉或不自觉地将另一些文化内容压制下去,甚至成为文化潜意识。现代公共性与古代公共性之间的区别,东方公共性与西方公共性之间的区别,在总体上可以说是文化性的。文化体系决定着公共性的内容和形式。[①]

当我们从以上这种哲学家的想象中返回到社会现实中后,就会发现现实的

① 参见郭湛主编:《社会公共性研究》,人民出版社 2009 年版,第 75 ~ 76 页。

人们不可能生活在哲学式的可能性生活之中，而是现实地生活在现实的政治生活之中。因此，人们更多地还是从政治学的意义上来关注和研究公共性。研究发现，公共性本来就是一个政治概念，公共性本来就只是在人类的政治生活中诉求和展现的。因此，在公共性的诸多“特征”和“实现形态”中，唯有“政治性”才是其本质特征，而其他诸如社会性、历史性、文化性、精神性、价值性、人类性等等，无不是其政治性的衍生而已。这就是我对哲学式研究公共性反思之后所得出的结论。

三、公共性与媒介公共性

所谓媒介公共性完全是从政治公共性衍生而来的。由于各种媒介在政治公共性的传播和构建中的重要作用，传播学尤其将政治公共性聚焦在媒介上。人们非常希望通过大众媒介构建一个自由的平等的超越每个人私人利益的公共领域，因此，就反过来用这样的期望作为检验和评价媒体作用的标准。媒介公共性和公共领域据此而形成。

具体地说，当社会公众达到较大规模，公众之间的交往不再局限于面对面的人际交往，而需要借助一定的技术媒介手段才得以进行时，由此形成了以大众传播媒介为中心的新的人类沟通环境。至此，社会公共领域更多地以“媒介化公共领域”的方式呈现，社会公共性以传媒公共性彰显。

在目前的关于传媒公共性的研究中，有两种代表性的主张，这两种主张也把传媒公共性置于两种层面的理解上。

第一，以哈贝马斯为代表的传播政治经济学派把传媒公共性理解为“传媒的公共性”。这种理解预设并承认一般社会共性，而把传媒公共性看作是一般公共性的一种具体表现形态。因而，在传媒与公共性之间并不存在必然的联系，传媒可以是公共性的建构者，也可能是公共性的解构者。或者说，传媒公共性有可能是非完全意义上的、不真实的公共性。在哈贝马斯看来，在晚期资本主义制度下，受权力和资本双重宰制下的大众传媒，败坏了交往（沟通）理性，破坏了人们平等、开放、自由、普遍而理性的理想沟通（互动）情境，从而使公共领域“再封建化”（再政治化）和“再市场化”。由此，公开、公益、理性批判的公共性沦落为（商业）演示或（政治）操控的公共性即所谓“伪公共性”——公共性的一种“虚假”的表现形态或“伪装”。于是乎，公共领域生发的语境一旦发生改变即从人际传播转换为大众传播，就会产生消极的结构转型而瓦解。或者说，基于人际交往的一般公共性，一旦发展成为以大众媒介为中心的传媒公共性，其平等、自由、公益、理性等核心价值理念就会丧失。前面我们大量引用的风靡世界的哈贝马斯的著作《公共领域的结构转型》，就是致力于对这种公共性的批判，并力图就此改变公共领域结构本身。

第二，以约翰·汤普森为代表的"传媒公共性本体论"观点，被称为新传媒公共性论的理解，这种理解也被认为是一种"技术决定论或媒介中心主义"的理解。相比于传播政治经济学范式的社会权力解析，技术主义范式立足于传媒自身的技术特性来阐发公共性的基本内涵，揭示出传媒与公共性之间的同一性，从而将传媒等同于公共领域。认为公共性是传媒与生俱来、先天固有的本质属性，公共性对于传媒具有本体论地位和意义。约翰·汤普森就认为，现代传媒重构了公共性，传媒的高度发展，已经造就出了传统模式所不能容纳的、新的公共性类型。在以电视为代表的高度媒介化时代，"公共性已越来越联系大众传播技术媒体所产生的和提供的各种可见性"。公共性已经越来越脱离共享的物理公共空间和面对面的交流，而变得日益去空间化、去本土化和非对话性，由此，公共性成为媒介化的公共性。可见，在汤普森那里，可见性取代了对话（自由讨论、理性辩论和协商）而成为传媒公共性的核心要素，这显然不符合经典或标准的公共性在根本属性上的指标体系（除了公开性，还兼具理性批判性、公益性和达成共识等）。

就这个层面的传媒公共性的关系而言，如果说传统的传媒公共性论者从应然层面上立论，从而揭示出传媒公共性实践的缺陷，那么，新传媒公共性论者则从实然层面上立论，因而不自觉地美化了传媒公共性实践，以至于把它等同于公共性概念本身。我个人不赞同后一种观点，即把传媒公共性提升到一般高度把它本体化的做法。我一贯认为，传媒就是没有灵魂的中介和工具而已，就算是可以构建一定的公共领域并据此呈现一定的公共性，但这种公共性所呈现或所表达的实质内容，决然不会源自于传媒本身。所以，没有根据地被随意提升到本体化高度的传媒公共性是地地道道的"伪公共性"。

四、公共领域的历史变迁

公共性是对一种属性的抽象，因而，公共性必然产生于公共领域，也展现在公共领域之中。

与公共性的政治品性一致,人们始终是在政治的意义上讨论公共领域。从古希腊政治到现代资本主义政治,从西方政治到中国政治,从政治系统本身到政治传播媒介,始终围绕着人类的政治生活言说着公共领域。从公共性延伸到公共领域,在西方的思想谱系中有诸多的思想家都做出了其理论贡献,其中阿伦特和哈贝马斯最为突出。

美国女性学者阿伦特主要从时间和空间上指出了公共领域的一般内涵,并通过分析私人领域和社会领域的区别,建构了关于公共领域的理论。她用人的三种活动即劳动、工作和行动分别对应私人领域、社会领域和公共领域。在阿伦特看来,古希腊时期的家庭领域就是私人领域,政治活动领域就是公共领域。在公共领域理论方面,阿伦特的主要贡献是提出了公共领域这个概念,对其进行了历史的和学理的分析。虽然阿伦特的公共领域理论蕴含丰富的内容,但由于公共领域并不是阿伦特关注的核心,或者说阿伦特并不以公共领域研究为其诉求,所以阿伦特并没有对公共领域理论特别是资产阶级公共领域理论作系统阐述,而只是提出了问题。

阿伦特开启了公共领域研究之门以后,哈贝马斯吸收了阿伦特关于古典公共领域的思想,而阿伦特将公共领域等同于政治活动领域的思想也影响了哈贝马斯。正是在阿伦特提出的问题的基础上,哈贝马斯从公共领域发展的历史以及公众舆论观念和概念的演变上,结合近代以来资本主义社会的政治、经济、新闻、社会、法律等史料,对资产阶级公共领域的产生、发展以及演变进行了全面梳理和分析,并对当前资本主义福利社会的公共领域的"再封建化"过程,以及资本主义社会出现的国家社会化和社会国家化趋势进行了探讨和分析。哈贝马斯对公共领域的理解有其特殊性,他所说的公共领域说到底是公众舆论领域。这个领域由一些受过教育的具有一定知识和能力的市民组成,他们能够对公共性的问题进行讨论、交谈和辩论,形成公众舆论,以规范和监督公共权力的实施。哈贝马斯对资本主义民主国家中出现的操纵的公共领域、虚假的公共领域表达了深深的忧虑。他着眼于规范公共领域的立场,试图重振资产阶级公共领域,但这种尝试更多地反映了一位学者对现实社会发展的期望。

从公共领域的历史沿革和基本类型来看,以西方社会政治发展为主要参照体系，主要经历了古典城邦型、封建代表型和现代民主型几个阶段或形态。[①] 古希腊城邦建立在奴隶社会的基础之上，它的政治形态实际上就是一种奴隶主民主制度。这种公共领域建立在两个层次的两极划分和两极对立之上。一个层次是公民身份和非公民身份之间的严格划分。古希腊城邦将所有人主要划分为两种身份，一种是公民身份，另一种是奴隶身份。前者在居民中只占极小的比例，而后者则占绝大多数。作为一种政治组织实体，城邦是一种"自由人的共同体"或"公民集团"，原则上已经将一切不具备公民资格的人如奴隶、妇女以及作为不合格公民的儿童排斥在外；另一个层次是将公民生活分为公共领域和私人领域。私人领域即家族领域，是为公民参与公共领域提供条件和基础的领域。在这一领域中，公民与为之服务的妇女、奴隶之间并不存在什么自由选择、平等对待和民主参与，有的只是根源于生存必然性所必需的聚集与合作，甚至包括合法的暴力和胁迫。公共领域即政治领域，是在公民之间进行交往和集体活动的领域，是公民活动的主要方式和主要内容，每个公民在公共领域中通过行动和言论展现自我，实现公民的自我统治和人生意义。

代表型公共领域是封建社会公共权力领域的一种特殊表现形式，是一种没有或不能形成可以展开言说、进行自由交往的"公共领域"。它与城邦型公共领域完全不同，因为在封建社会并不存在"私人占有"和"公共主权"之间的矛盾，因而也不存在古典或现代意义上的"公共领域"和"私人领域"之间的严格区分和对立。代表型公共领域是一种封建社会政治生活的公开展示形式，它根植于封建制度下整个社会政治的垂直等级结构。在欧洲封建社会中，存在着领主统治的世俗领域与教会统治的神圣领域之间的区分，却不存在私人领域与公共领域之间的划分。在阿伦特看来，代表型公共领域只是展示权力和地位的规范、仪式、场合和象征形式。郭湛认为，在封建社会，由于不存在真正的公共领域，代表型公共性所表达的只是封建领主所有权的一种象征形式。其实质是封建领主私有权的公开展示和庄严体现，也可以说是封建领主所有权的一种合法化形式。由于封建领主统治一切、占有一切，不可能形成一个公共领域，因而，代表型公共领域只是一种虚假的公共性，正如"王朝政治"只不过是公共权力的虚幻形式一样。

---

① 这种划分及论述，特别参见了郭湛主编的《社会公共性研究》第六章"公共性的历史形态"，人民出版社 2009 年版，特此说明并致谢。

经过资产阶级政治革命，封建君主或被彻底推翻，或被限制和改造成为资产阶级的立宪君主，确立起现代民族国家的政治组织形态。国家公共权力与君主个人私有权实现了分离，国家与市民社会实现了分离，进而在市民社会内部又逐步发生了“公共领域”与“私人领域”之间的分化，代表型公共领域逐渐为民主政治的公共领域所取代。国家与社会的分化，既导致了公共利益与私人利益、公共角色与私人角色之间的对立和紧张，也促成了在两者之间形成一种新的公共领域。整个社会形成两大领域：一个是以国家公共权力为中心的公共领域，即政治国家；一个是以社会再生产和商品交换为核心的私人领域，即市民社会。

市民社会与国家的分化实质上就是社会经济活动摆脱了国家政治权力的任意干涉而能够自主运行，并力图使国家这一公共政治权力成为市场经济的“守夜人”。在封建国家中，由于政治权力和经济利益高度一体化，因而容易产生“国家决定社会”的假象。在自由资本主义国家中，政治权力和经济利益实现了结构分化，由此“市民社会决定国家”日益成为明显的事实。就此而言，黑格尔的市民社会理论不过是封建王权的挽歌，而马克思的市民社会理论则是自由资本主义时代的哲学总结。

在自由资产阶级时代，公共领域和私人领域实际上都包括两个层次：相对于市民社会这一私人领域，国家权力机关及其活动构成公共领域，这就是国家与社会的分化；相对于局限于家庭生活和经济活动的私人领域，由私人集合而成的公众活动构成了另一层次上的公共领域，属于市民社会内部的结构分化，这是资产阶级古典公共领域的实质内容。资产阶级古典公共领域就是介于国家公共权力领域与私人领域之间的中间领域，是市民社会这一私人领域生发出来的公共领域，是一种非国家、非官方的公共领域。

资产阶级古典公共领域有其短暂的黄金时代，并对资产阶级民主政治做出了巨大贡献。但是，随着国家的社会化与社会的国家化，私人领域与公共领域之间的界限日益模糊和重叠，资产阶级古典公共领域陷入了结构危机和功能危机，呈现出“重新封建化”的倾向和代表型公共领域的征候。资产阶级古典公共领域作为一种社会交往的动态空间，并没有形成一种固定的制度或规范结构，也不是一种政治组织或社会系统。资产阶级古典公共领域本来在原则上是要消除政治权力的统治的，但实际上却陷入了另一种阶级统治和匿名统治。作为其主要武器和自我理解的公众舆论日益被利益集团和政治广告所操纵，批判的武器不仅没有转变成为武器的批判，反而成为操纵的武器和统治的手段，资产阶级政治统治的合法性源泉变成了政治操纵的隐秘机制。正如哈贝马斯所言："公共领域本身在原则上是反对一切统治的，但是，在公共性原则的帮助下，却建立起了一种政治制度，其社会基础并没有消灭统治。"①

公共领域经历了一个从古希腊城邦制的高尚政治伦理生活，经过封建制的代表型公共领域这一象征的展示形式，向世俗的现代民主生活转变的过程，这也是向一种民主政治的实现机制、调节机制转变的过程。资产阶级古典公共领域的结构转型和功能转型，实质上标志着资产阶级民主政治的合法性危机。尽管经过像哈贝马斯这样的一大批理论家的"转型"努力，但至今仍未见明显可以超越资产阶级古典公共领域的结果。这给我们继续深入研究公共领域理论提供了广阔的空间。

五、公共舆论

从基本理论上讲，政治传播是为政治服务的。如果认为人类的政治是一个不断民主化的过程，那么，政治传播的效果就可以放在如何推进政治民主化的过程中来检验。什么投票人态度的转变等等，无非就是非常具体的实证化的这种效果研究而已。在具体的政治过程中，政治传播又是通过什么推进民主化？这就是公共舆论。所以，我们不是倒过来研究业已形成后的公共舆论如何影响政治的民主化进程，而是探求作为一种政治传播效应的公共舆论。

我对公共舆论最简单的定义是：公共领域中表达公共性的一种精神力量。它是一种意见、一种认识、一种思想、一种理论。由于公共性的政治品性和公共领域的政治化，公共舆论事实上是以政治话语为轴心的政治公共舆论。正像民主的推进一定意义上依赖于政治舆论一样，政治舆论的形成以及作用的发挥也依赖于政治传播。

舆论如何成为一种公共舆论？舆论，根据哈贝马斯的"史前史"考察，原来是在贬义上使用的。从希腊语到拉丁语中，"舆论"作为一种"议论"是指没有得到充分论证的不确定的判断。它的另一个意义是"名声"。舆论与批判性的

---

① 〔德〕哈贝马斯：《公共领域的结构转型》，曹卫东译，学林出版社 1999 年版，第 97 页。

反思、有效性以及公共性等意义的联系，是18世纪才出现的。“公共”与“舆论”的结合，出自英国的托利和辉格两党所发明的现代反对派艺术，它们总是诉诸“人民的感觉”和“公众精神”。到了伯克那里，“舆论”的含义进一步发生变化。公众使用理性而形成的舆论已不再仅仅是舆论，它不是源于单纯的偏好，而是源于私人对公共事务的关注和公开讨论。在法国，“大革命”本身把公众舆论的两种分裂功能，即批判功能和立法功能集中到了一起。1791年的宪法把主权在民原则和议会宪政国家原则结合了起来，从而在宪法上为具有政治功能的公共领域提供了保障。所以，法国的公共舆论比英国更为接近政治，更为激进。在德国，康德认为一个批判性的公共领域，使政治从属于道德，他所说的公共性是唯一能够保障政治与道德同一性的原则。他在《什么是启蒙》的开篇写道：“不成熟状态就是不经别人的引导就对运用自己的理性无能为力。”因而，所谓启蒙，就是脱离自己所加之于自己的不成熟状态，不再向权威寻求理据，而是运用纯粹理性。公共性原则的前提是，必须永远有公开运用自己理性的自由，免于被操纵和强迫，实践理性通过争论而不是地位和传统被制度化。每个人都被称为“政论家”，可以“通过写作面向他的公众，亦即面向世界发表言论”。在后来，公共舆论本身就直接成为一种政治。马克思、葛兰西等一大批理论家，系统地对资本主义社会中的公共舆论沦落为资产阶级的意识形态进行了最尖锐的批判。

公共舆论的“要件”有以下几点：第一，公共舆论针对的不是个人的偏好，而是社会和政治问题，是与人们的集体生活紧密相关的事务。第二，舆论所针对的通常是存在争议的问题，因为对于真理或者大家一致公认的事情是不会形成相关舆论的。第三，公众舆论的主体是公众，它由三部分人组成，即普通公民、积极公民以及政治和舆论精英。他们在“公众舆论”中所占的比例与其影响力度成反比关系。由于大部分人掌握的知识不足以认识复杂的政治事务，使其对所面临的问题不仅没有观点，甚至无思考的意愿；而且多数人在大部分时间里，很少有兴趣去关注那些未直接涉及其生活的政治问题。因此在多数情况下，“公众”被局限在人民中有知识或参与公共事务的那部分人中。第四，公共舆论反映了人们长期坚守的信仰、理念和价值，但它本身是对特定问题的反映，因此具有易变性。①

无论从内部形成还是从外部形态上看,公共舆论都不是一致性的一种声音,“分歧”、“哗然”、“纷纷”的“众声喧哗”就是它的常态。“通常情况下,公共舆论包含了几个团体互相冲突的观点,强烈、清晰和统一的大众认同并不总是存在。公共舆论的这种内在结构性差异是由多种因素造成的。从社会结构的角度看,这种现象显然与人们的阶级地位紧密相关,不过不能在社会阶级与公众舆论倾向之间建立简单的对应联系。……大体而言,公共舆论的结构差异最终取决于各因素在求同社会和不同时期的权重和综合影响,任何特定的社会集团都无法完全左右一个国家的公共舆论。”②

古往今来,谁都不敢否认公共舆论在政治生活中的重要地位和影响。在许多政治家看来,公共舆论虽然不能直接控制政治统治者的政治行为,但可以对其施加不可低估的影响。任何政治主体在面临强有力的公共舆论反对时都显示出不同程度的脆弱性。就此而言,如何应对、管理、控制、引导公共舆论成为各种政治面临的一个基本问题,无论是民主政治还是专制政治。从纯粹的政治学理论上讲,可以说,公共舆论在政治过程中扮演着犹如政党、国家、政府这些政治主体一样的政治运行动力作用。当一个政治系统失去公共舆论这样的动力的时候,也就意味着这个政治系统陷入僵死,行将灭亡。

公共舆论究竟是怎样形成的,形成的机制又是什么?这是目前关于公共舆论研究最难的地方,也是公共舆论最薄弱的地方。如何形成众声喧哗,形成怎样的众声喧哗,在众声喧哗中能找到什么样的规律?一直是对公共舆论研究的挑战。应对这种挑战,恐怕真要改变研究思路,探索政治传播与公共舆论的内在关系。

六、传媒化的公共舆论

政治学家告诉我们:“舆论……并不需要每个人都从理性出发来阐述各自的看法。舆论的形成是一个复杂的过程……从客观前提出发所进行的逻辑推论有时只是其中的一个要素。舆论的产生可以是迫于某些人的权威,或者是产

① 景跃进主编:《政治学原理》,中国人民大学出版社 2010 年版,第 273 ~274 页。

② 景跃进主编:《政治学原理》,中国人民大学出版社 2010 年版,第 274 页。

生于某种复杂的成见或心理积淀。”①公共舆论的形成有两个基本维度：一种是政治统治者为实现自身希望所制造的产物，是一种自觉的理性的形成；一种是自下而上的社会散漫式形成，是一种激情式的非理性的形成。很难说，民主政治或者专制政治侧重于哪种，毋宁说，所有的政治体系中都是两者并重。无论是公共舆论的哪种形成过程，都丝毫离不开政治传播。随着大众传播时代的到来，人们认为，公共舆论已经成为媒介公共舆论，没有传媒，社会似乎难有公共舆论，于是乎，现在的公共舆论俨然就是媒介公共舆论。

最早，传播学中的诸如“议程设置理论”、“沉默的螺旋理论”都应该归属为对传播过程中的公共舆论的研究。现在，传媒技术的迅猛发展，改变了人类的政治生态，也改变了人类政治生态中传媒的地位和作用。“一切依赖传媒”成为政治运行中的最时髦而有效被屡试不爽的理念。政治中的“成也传媒、败也传媒”成为一种最富时代意味的奇妙景观。消耗巨大政治资源和成本的传统的组织、人际对政治的影响与维护，比起“四两拨千斤”的传媒，显得越来越不堪一击。比如，组织费很大气力不能扳倒的腐败官员，一条小小的“微博”就可以轻松地将其“提溜”出来打翻在地。据此，面对新的传媒技术时代，学界开始呼吁“重塑我们已知的公共舆论”。

这个响亮的呼吁，来自于兰斯·本奈特和罗伯特·M.恩特曼对媒介政治化研究的“政治传播新论”：

> 人们一直在争论媒体对公共舆论和民主的影响，部分原因是人们一直不知道究竟什么是公共舆论。公共舆论是一种假设，指的是一些显著的、由媒体塑造的现象。塑造舆论的过程——选择、强调、提炼、进行完整连贯的表述并删除那些不相关的内容，是形成这种假定的前提。然而塑造舆论的过程可以被新的渠道和媒介化传播方式改变。如果确实发生了这种改变，我们原先熟悉的公共舆论就会变得面目全非，并且改变民主的运作方式。②

在他们看来，公共舆论指个人参与社会活动时所持意见的多数（有时也指

① 〔英〕戴维·米勒等编：《布莱克维尔政治学百科全书》，邓正来等译，中国政法大学出版社 1987 年版，第 663 页。

② 〔美〕兰斯·本奈特等主编：《媒介化政治：政治传播新论》，董关鹏译，清华大学出版社 2011 年版，第 153 页。

少数意见)，即一项政策施行时，观察家们所认为的多数意见所形成的“社会力量”。现在大众媒体正在进行的重大改革，既要求在概念上更为清晰，也要求有创新的方式来了解对媒体参与民主政治所发挥的作用。据此，他们对公共舆论的形成划定了四个“参照项”。

第一，民众意见。公共舆论的第一个维度是民众意见。它指的是民意测验、投票或选举中个人意见的总和。卢梭在1762年所写的《社会契约论》中就用“所有人的意愿”来指代这个含义，即将所有人的意见加在一起，不论它们是怎么形成的，也不论它们之间是否结合得紧密。我们今天也如同当年的卢梭一样，深知多数意见的重要性。但是一定要牢记的是，民众意见是会发生动摇的，最起码是不稳定的和表面的。

第二，活跃的公共意见。公共舆论的第二维度是“活跃的公共意见”，指的是积极参与政治、信息丰富、有组织的公民他们在大选中或政治竞选事件中极易被发动起来。政治学告诉我们这是些什么类型的人：忠诚的党员、社区活动家、利益集团发言人、意见领袖，以及那些对政治非常感兴趣的人。政策决策者们通常非常依赖这一维度，因为这是公共舆论中最能影响日常政策的维度。

第三，潜在的公共意见。第三个维度被界定为“潜在的公共意见”，即指民意调查结果所反映出来的最基本的公共意见。概括而言，潜在的公共意见是指当政策辩论结束后形成的公共意见，或人们在民主政治活动正进行到白热化时在那些混乱的、变化不定的意见之下所感到的真实的内容。成功的领导人往往能敏锐地感觉到潜在的公共意见——他们理解在表面的杂乱之下公共舆论的强大威力。

第四，感觉到的多数。关注公共舆论变化的观察家们有意无意地用“感觉到的多数”来表征公共舆论的最后一个维度。它指的是大多数观察家们，包括记者、政客、公众成员对公众立场的感知。这是观察家们为了描述市民的多数倾向而假设的一个维度。感觉中存在的多数和事实上存在的多数之间的契合程度也可以看成是一个变量。为什么潜在的公共意见会影响知识分子？一个原因在于，这些内容强调公共舆论的政治话语的本质。在他们看来，公共舆论只有通过多种形式来达到。如果争论四种维度究竟哪个维度更重要，将会错过公共舆论并错过它们对政治过程的影响。

他们通过对四个维度的展开研究使公共舆论“重新呈现”。针对“新的公共舆论”，考虑到公共舆论的几个参照项，以及传统媒体在塑造舆论时可能发挥的作用，我们可以毫不夸张地说，在政治领域中公共舆论的本质发生了很大变化：

> 我们得到的一个结论是公共舆论和大众媒介相互结合得非常紧密，彼此有所重叠，使得我们必须加强对媒体和公共舆论的研究。这是数十年前哥伦比亚学派追求的目标，现在我们如果要想理解美国以及其他民主国家政治和社会生活背后的动因，就必须恢复这项研究。由于学术领域的划分越来越细，而且民意调查的手段越来越丰富，我们允许舆论研究与传播研究分开。如果保罗·拉扎斯菲尔德活到现在，一定会大吃一惊。①

兰斯·本奈特等研究对我们的启示是，如果说，传统的公共舆论的形成依赖于媒体，那么，现在直至未来，由于公共舆论与大众媒介的“紧密结合”，公共舆论已然成为传媒公共舆论。我的看法是，公共舆论虽然还不能据此说完全是媒体的产物，但公共舆论却必然是政治传播的结果，或者说是政治传播所产生的主要效应。

第四节　政治传播效应（三）：构建政治合法性

作为政治传播的效应，推进政治民主、形成公共舆论的目的就是构建政治合法性，以使某种政治永续下去。从外部形态上看，政治传播是构建政治合法性必然的、有效的途径，而政治合法性又必然是政治传播的最后效果。虽然不能说，政治合法性完全取决于政治传播，但是，政治传播的效果如何无疑制约着政治合法性的程度。

一、研究合法性的几种路径

《布莱克维尔政治学百科全书》是这样引出合法性的：

---

① 以上结论，详请参见〔美〕兰斯·本奈特等主编：《媒介化政治：政治传播新论》，董关鹏译，清华大学出版社 2011 年版，第 155 ~ 166 页。

在人类进入政治生活之后，由于出现了统治阶级和被统治阶级的分野，出现了国家，出现了政治统治权力，这时的人类社会便不可避免地面临合法性问题，它必须回答一个国家所建立起来的政治统治是否和为什么应该获得其民众的忠诚。①

可以看出，合法性问题是政治的根本问题。正因如此，可以说，自从人们可以并开始反思人类政治本身的时候就必然关注合法性问题。据此，当代著名思想家哈贝马斯认为："如果不是从梭伦开始，那么至迟也是从亚里士多德开始，政治学理论就从事于合法化统治兴衰存亡的研究。"②布丹的君主主权说、霍布斯的利维坦、洛克的契约论、孟德斯鸠的论法的精神、菲尔默的君权神授说、卢梭的公意说等等，实际上都是对合法性问题的探讨。

在人类的政治生活中，合法性既是一个现实的经验性问题，又是一个理想的规范性问题，正因如此，人们对于合法性的认知和研究始终从经验和规范两种"致思路径"上展开。

在西方政治思想史上，首先从经验的致思路径上展开。从亚里士多德经卢梭等人的铺垫，社会学家马克斯·韦伯对合法性做了较为系统的研究。韦伯认为，构成合法性基础的来源主要有三种：传统、领袖的个人魅力以及法理。韦伯强调，这三种合法性统治的基础都属于纯粹的类型，它们从来没有在社会和历史中以纯粹的形态出现过，所有经验事实中的统治形式都是这三种纯粹类型的混合，但不同因素的比重和组成方式可能有差异，因而某种现实的政治合法性可以非常接近某一类型。可以看出，韦伯从社会出发所论证的合法性终归也是一种政治统治的合法性。韦伯之后，伊斯顿把政治合法性的基础归结于意识形态、政治结构、政治人物的个人品质三个方面。其中，意识形态的功能在于为政治秩序提供道义上的解释，从而通过政治社会化，唤起人们对政治秩序的信念和情感；而政治结构则解决了权力来源程序的合法性问题；政治人物是政治权力的直接践行者，其个人品质直接构成人们的认同感和信赖感。可以看出，韦伯和伊斯顿等人主要还是偏重于从经验的层面和角度探讨政治合法性的来源问题。

在对合法性从经验角度和层面研究的同时或者准确地说是稍后一些，规范

---

① 〔英〕戴维·米勒等编：《布莱克维尔政治学百科全书》，邓正来等译，中国政法大学出版社 1987 年版，第 440 页。

② 〔德〕哈贝马斯：《交往与社会进化》，张博树译，重庆出版社 1989 年版，第 186 页。

主义理论展开了另一种路径。他们认为,面向未来和规范未来的政治价值也是合法性的重要来源。如果一种政治所遵循和体现的价值本身缺乏正义,那么无论统治多么有效,合法性的基础也是不牢固的。比如,罗尔斯就认为,正义是社会制度的首要价值,正像真理是思想体系的首要价值一样。他的经典理论是:"正义,无论它多么精致和简洁,只要它不真实,就必须加以拒绝和修正;同样,某些法律和制度,不管它们如何有效率和有条理,只要它们不正义,就必须加以改造和废除。"[①]因此,在规范主义政治合法性的研究者看来,一个政权体系是否具有合法性,必须首先看其所遵循的政治价值是否具有合法性。如果其政治价值本身就不具有正当性,那么再有效的统治也是不合理的。从这一层面来说,合法性意味着一个政治秩序被认可的价值。

在单纯的经验主义和规范主义之后,思想家们才可以将二者有机地结合起来对合法性展开研究,这方面的代表人物是哈贝马斯。哈贝马斯试图超越这两种研究范式,提出重建合法性理论。首先,哈贝马斯批评了经验主义研究取向存在的问题,指出:"在今天,社会科学家对合法性问题的处理,大多进入了M.韦伯的'影响领域'。一种统治规则的合法性乃是那些隶属于该统治的人对其合法性的相信来衡量的。"[②]这种经验主义研究取向的缺陷在于只问如何获得统治,它探讨的是一个技术性的问题,与价值无关。合法性主要意味着通过种种政治运作从而赢得社会不同人群的支持,至于价值判断和理性标准则不在考虑范围之内。在他看来,这种理论隐含着一种价值虚无的危机。按照这种逻辑,我们无法解释一些专制和集权的政权为什么尽管赢得了大众的支持,却依然是不合法的问题。法西斯主义的历史实践促使人们必须深刻反思这一问题。至此,哈贝马斯提出了一个著名的论断:合法性意味着某种政治秩序被认可的价值。他认为,规范性合法性理论和经验性合法性理论都存在理论上的不足,合法性不应是经验和价值的分离,而应是两者的有机结合和辩证统一。他指出:"合法性意味着,对于某种要求作为正确的和公正的存在物而被认可的政治秩序来说,有着一些好的根据。一个合法的秩序应该得到承认。合法性意味着某种政治秩序被认可的价值——这个定义强调了合法性乃是某种可争论的有效性要求,统治秩序的稳定性也依赖于自身(至少)在事实上被承认。"[③]可以看

---

① 〔美〕罗尔斯:《正义论》,何怀宏等译,中国社会科学出版社 1988 年版,第 3 页。
②③ 〔德〕哈贝马斯:《交往与社会进化》,张博树译,重庆出版社 1989 年版,第 206 页。

出,哈贝马斯把其合法性理论建立在融合规范层面与事实层面的基础上,不仅强调了规范和价值的重要意义,而且也没有脱离经验和事实。即在哈贝马斯眼中,他关心的是一种政治价值如何通过政治实践不断实现的问题,政治实践须与政治价值相契合,这个政治系统才是合法的。哈贝马斯的理论在当代合法性问题研究中具有里程碑式的意义,当今研究政治合法性问题的学者都无法回避哈贝马斯在这一问题上的贡献。

二、合法性存在的政治前提

在政治学中,很少有像合法性这样吸引人们展开多种路径来精心研究的范畴。正因如此,才出现了当代研究合法性的法国著名学者让—马克·夸克所描述的一种现象:

> 合法性这一主题,由于它的复杂性,在当代的政治思考中处于一种自相矛盾的境地。一方面,人们承认,合法性在政治生活的运行中是至关重要的。因而以描述和解释政治生活运行机制为目标的分析研究都对其予以关注。所以如果我们愿意将观察家们在他们的工作中所使用的术语进行分类的话,那么“合法性”这一词将会出现在前沿队伍之中。事实上,无视这一概念的著作和观察家是十分罕见的。而另一方面,对合法性理念的探讨又经常会引发缄默。
>
> 虽然合法性与判断能力密不可分,但是使用它的大部分著作却厌恶对合法性所包含的判断范畴进行考虑。它们拒绝通过思考政治生活的评估标准来研究统治权力发生的条件。我们会看到,马克斯·韦伯对合法性的分析大都属于这种情况。
>
> 因此,目前有关合法性这一问题的研究情况非常混乱:合法性概念的重要性已被承认,并已经被这一事实所证明:所有的政治生活观察家都情不自禁地引用它;但与此同时,在谈论政治判断这一问题时(他们)保持缄默。①

让—马克·夸克是20世纪研究合法性的新锐思想家。他吃透了思想界对

---

① 〔法〕让—马克·夸克:《合法性与政治》,佟心平等译,中央编译出版社2008年版,第1~2页。

于合法性的研究,最后锁定了合法性的政治意义。只有他在进入合法性之前首先透视了合法性这一重要思想和理念的“前提条件”,使我们进入了理解合法性的另一扇重要的大门。在他看来,应该将注意力集中在三个定义上,这三者是作为合法性这一理念的前提条件而存在的:政治分化、政治责任和政治判断。[①]

第一,关于政治合法性与政治分化。政治合法性机制的目标在于建立对统治权力的承认。因此这种目标并不涉及消除权力的存在。相反,个体将会分化成为指挥者与服从者,合法性逻辑正是建立在这一分化的基础之上,而统治权利的意义正是与这种划分紧密相关。

为了理解合法性理论是如何建立在统治者和被统治者分离的基础之上,首先必须要将这种分离与某些政治观念相区分,因为这些政治观念认为国家权力是无法证明的。然后还应该着重指出,从合法性的角度来研究政治生活,这也就相当于分析将统治者和被统治者进行划分所必须满足的条件,以便于将这种划分置于权利关系的框架之内。

通过在合法性中引入政治分化,让—马克·夸克逻辑地落脚到“政治的公共性”问题。

> 政治的这种公共属性虽然使它保持与个体世界的距离,但也使它具有了某些补充层面:为了狭隘的个人目的而行使的权力是不具备合法性的。事实上,一旦政治功能私人化,也就是说政治功能只为私利服务,统治权力就将受到质疑。然而当围绕在国家周围的华丽光环在某种情况下是可以被证明的,当国家表现出了社会也因此是它的成员的强大与辉煌之时,这也就不再是将政治活动成体系地进行私有化的情况。一旦政治领导者抛弃了互利性原则,变成了其被领导者的陌路人的时候,认同就不再运行。这时,显露丰裕的任何信号都将变成过度运用权力与腐败的标记。这种回潮将会最终导致建立政治义务的失败。这也就是公共范畴的末日,并且,自此之后,也是成为了统治者的代表性的末日。[②]

---

① 〔法〕让—马克·夸克:《合法性与政治》,佟心平等译,中央编译出版社 2008 年版,第 36 页。

② 同上,第 39 页。

第二,关于合法性与政治责任。在让—马克·夸克看来,如果从纯粹的私人的角度考虑,政治权力的合法性行使将是难以理解的。为了使共同体中的成员能够认为统治者的指挥地位是具有合法性的,那么就需要这种地位明确地表现出它所具有的公共福祉的活力。个人成功的欲望和对权力的渴望不会给领导者的行动带来任何合法性。相反,领导者必须重视公共福祉。个人的愿望,只有在它表现为是服务于整个共同体的利益的时候,它在政治上才是可以获得承认的。也就是说,只有当这个具有目标的人将自己的行为真正地认同为国家的任务,关心对共同体繁荣的确保时,他成功的愿望才真正地获得了具有合法性的政治价值。所以,具有合法性的政治活动是与责任密不可分的。责任所表达的是一种权力,该权力接受了统治权力所强加的限制措施。

这种限制措施在于,统治者不能将自己局限于只为自己而存在,即为了私利而存在。对于一个领导人来说,政治责任首先是承认他的活动的公共范畴。这种责任性也就说明了政治的统治权力即统治者所拥有的全部权力并不是无限的。引述政治责任,这即是认为统治者在面对社会成员时享有有效的限制性权力;但同时这些权力也标志着这是一种受到限制的统治权力;统治者所必须承受的限制确定了其具有合法性特征的活动框架,对这些限制的遵守既构成了责任的表达也成了责任的工具。因而,如果脱离了这些限制,那么就不仅仅是责任的内涵,即便是政治行动的合法性也都将受到质疑。

当然,责任是双方的。如果没有被统治者的责任感,那么统治者的责任感也就不成立。合法性意味着统治者和被统治者相互负责,一方向另一方负责。因而在一个统治者任意地为一己私利而滥用权力的社会中,构成共同体的个体的责任将是非常关键的。他们的责任在于评价统治行为,并在社会同一性与力量对比关系所确定的范围内保护他们认为属于他们自己权利与自由的一切。

第三,政治合法性与政治判断。在让—马克·夸克看来,政治的互利性总是伴随着对领导者的活动所进行的评价,这种评价的重点在于评估政治指挥对权力的意图。由此便会得出一个基本的判断,它将决定(被统治者所承担义务的)命运。如果这种判断是积极的,那么义务的执行就有了保证。而相反,如果这种判断是消极的,那么当时机成熟的时刻,它将通过共同体成员所进行的尝试而被表现出来——这些尝试或者是想改变社会协调与领导方式中的某些细节,或者是想把这种方式彻底予以改变。

对政治机构进行评估与判断,构成了对统治者与被统治者之间关系的权力基础所进行的调查。这种调查分为三个层次,相辅相成。第一个层次在于,思考那些作为基本价值而存在的、确定了政治现实意义和有效性的根源与前景的基本原则究竟为何,因为政治现实为了使自己具有合法性,就必须符合这种根源与前景;第二个层次在于比较政治现实与基本原则,以便审视政治现实在其多次表达过程中是否进入并因此被包容进这些原则所确定的范畴;前两个层次在第三个层次——政治判断中汇集到了一起。因为,一方面,应该确定政治领域必须符合基本原则;另一方面,价值与具体的现实之间的比较可以评估,政治已经被置于价值框架之内,判断行为也就终于成为可能。

政治判断因此构成了评价程序的终点。它所体现的是一种能力,说明某种政治情势是具有合法性的还是不具有合法性的。判断将建立起区别与等级,对基本原则在现实中被实现的度作出判断。如果在政治现实与初始价值之间所存在的相似性是可信的,那么合法性就得到了建立。而如果是相反的情况,就会有负面的判断宣布政治机构不具备合法性。①

使我们对让—马克·夸克的研究如此感兴趣的原因还在于,他研究完了政治合法性后,针对中国的政治合法性问题饶有兴趣地表达了对我们来说难能可贵的看法:

> 中国政府是一个拒绝用武力对待其人民的政权,政治的合法性在国内是人们关注的政治问题。人民怎样评价政府的行为?他们怎样把这些同自己联系起来?中国人认为政府的责任是什么或者应该是什么?所有这些问题都促使我们思考和解决政治的合法性的问题。它们当然也是中国政府不可以视而不见且不能忽视的问题。合法性问题在当代中国占据重要地位的第二个原因是中国正在经历深刻的变革。实际上,中国自 19 世纪被迫向西方开放以来所经历的变革的深刻性赋予了合法性特殊意义。中国近代历史不过是一个连续变革的过程。这种变革或者被外力催生,或者由内力促成,抑或是两者共同作用的结果。所有的这些变化把政治的合法性的问题推向了中国政坛的前沿。

① 参见〔法〕让—马克·夸克:《合法性与政治》,佟心平等译,中央编译出版社 2008 年版,第 1 章。

……

现代西方的民主社会是地方传统与现代性的混合体。形成政治和社会认同和参与机制的程序和内容是二者相结合的产物，是二者不断对话和相互作用的产物。所以说到民主合法性的标准和原则时不要以为它们是凭空产生的。它们是在一定背景下产生的。它们与环境必须相互适应。隶属于一个政治团体的感觉和对其忠诚以及对公民道德的实践经常成为一个成功的相互适应的证明。这意味着民主的合法性不是孤立存在的。由于西方对现代社会的影响是不能回避的，民主合法性产生的背景就会有些疑问。转型期的社会要面临双重考验。在寻求国内的合法性和国际认可时，中国必须在信仰和实践上靠近民主的现代性。但是这么做意味着中国必须应付来自西方的影响。这种影响与民主的价值观相关联的事实并不一定能消除引进过程中的痛苦。对于一个社会来讲，引进外来的价值观并不是件容易的事。对他们来说，在接受民主的原则时不背叛自己的认同感和合法性，不在国际霸权势力的强力干预下贬损自己是个艰巨的任务。当然，这是中国在现代历史上必须面对的挑战。[①]

三、政治合法性的基本要件

无论怎样的前提条件所产生的政治合法性都有一些基本的要件，有人叫合法性基础，有人叫合法性来源，还有人叫合法性构成。无非就是说，研究合法性不能忽略这些基本的要件以及这些要件在不同政治体系中的体现和运行。合法性要件，大体说来，不外以下几种。

意识形态。意识形态是古往今来的统治集团最常使用的合法化工具。马克思曾明确说道："国家作为第一个支配人的意识形态力量出现在我们面前。"[②]因此，"统治阶级的思想在每一时代都是占统治地位的思想"[③]。罗伯特·达尔也认为，任何政治体系的领袖通常都会维护和弘扬一套意识形态，来

① 〔法〕让—马克·夸克：《合法性与政治》，佟心平等译，中央编译出版社 2008 年版，第 5 ~ 9 页。

② 《马克思恩格斯选集》第 4 卷，人民出版社 1995 年版，第 253 页。

③ 《马克思恩格斯选集》第 1 卷，人民出版社 1995 年版，第 98 页。

赋予他们的领导以合法性，即把他们的政治影响力转换成权威。戴维·伊斯顿更是把意识形态看作是构成合法性的三大基础源泉的首要方面。他认为，意识形态能够用来为政治体系的合法性提供道义解释和说明，并以其特有的心理感召力，增强人们对政治体系的合法性情感和支持。当代新制度经济学派的代表道格拉斯·诺思则从经济学的角度对意识形态的合法化功能作了精辟的分析：成功的意识形态能够克服"白搭车"问题，能够产生重大推力，使成员行动起来，不按简单的、享乐的、个人对成本收益算计来为团体注入活力。而如果没有这种行动，无论维持现存秩序还是废除现存秩序都不可能。

制度法律。在韦伯对合法性三种类型的经典论述中，法理型合法性是被他认为最适用于现代社会的一种类型。所谓基于法理的合法性，即统治"建立在相信统治者的章程所规定的制度和指令权力的合法性之上"①。这一观点被后来的学者广泛承袭和借鉴。政治学家戴维·伊斯顿在分析合法性源泉的时候，把制度化的政治结构看作是具有独立效应的合法性基础。每一个政治系统都有当局借以发挥作用的角色和一些控制这种政治权力使用和实施的规则。占有这些角色和遵守加之其上的规则这一事实本身，就是对当局的道义上的正式认可。伊斯顿把基于这种基础的认可称作结构的合法性。

经济绩效。经济绩效作为合法性的源泉和基础，是当今时代许多学者所关注和认同的。李普塞特在进行了相关研究后发现，虽然短期内合法性与有效性之间是一种非线性的关系，但是从长期来看，持续的有效性可以给予一个政治系统合法性。这种有效性主要是指经济发展。凭借绩效来寻求民众对政治统治的支持和认同，是当今世界各国的执政党所普遍采用的——合法化战略。这在发展中国家尤其突出，因为发展中国家与西方发达国家在经济、科技、国民生活水平等方面差距甚大，而对现代化赶超的压力，发展中国家的执政党普遍地不得不把经济绩效放在第一位，以免被人民所抛弃。

价值规范。规范主义合法性理论主要是从政治秩序所蕴含和彰显的伦理和道德原则，如公平、正义、公意等价值规范来审视政治合法性基础的。早在古希腊时期，亚里士多德在对各种政体的兴衰更迭进行探源时就提出，政治应当以善为基础和目的。近代的契约论理论以自然法为根据，认为国家是人们为了

① 〔德〕马克斯·韦伯：《经济与社会》（上），林荣远译，商务印书馆 1997 年版，第 22 页。

克服自然状态的缺欠，更好地保护与实现自己的权力，经过订立契约而成立的。因此，统治权力只是保护公民权利的一种工具，其合法性是基于社会契约，即全体人民的共同意志；政治权力只有代表公共利益或人民意志才具有合法性。当代西方著名思想家罗尔斯认为，制度的基础应当是正义，违反正义原则的制度就必须加以废除。在罗尔斯的视域中，政治合法性的基础即是作为公平的正义原则。这与哈贝马斯所提出的“政治合法性的基础应该存在于政治秩序的价值之中”，在思想上有着相通之处。让—马克·夸克认为，政治合法性中政治价值以及对这种政治价值的认同起着关键作用：

> 合法性的第二个需求涉及社会价值观念和社会认同。认同需要社会满意度。没有满意，就不会认同。对于作为合法性重要因素的价值观念的认同起源于价值观的社会作用。价值观念是社会现实的延伸，它综合了两种品质。首先是现实中的描述的品质，它解释了人们把价值观念跟自己联系起来的原因。如果价值观念与现实毫无关系，人们就无法赋予它们意义。价值观念有助于区分什么是要遵守的原则，什么是要实现的理想和什么是要避免的弯路。它也是在应该表扬的和应该批判的方面达成一致过程中的一部分。①

个人魅力。韦伯把领袖人物的魅力和效应看成是合法性的一个重要源泉，并称之为“超凡魅力型”合法性。按照韦伯的说法，“魅力”即个人的非凡品质，如天分过人，具有超自然的或者超人的、任何其他人无法企及的力量或素质。具有“超凡魅力”的人因此也被视为“领袖”，从而吸引大批追随者和崇拜者。这种建立在献身于一个人以及由他所默示和创立的制度的神圣性，就是“超凡魅力型”合法性，或者称“克里斯玛型”合法性。伊斯顿也肯定个人品质的确是合法性的一个重要源泉，提出了“个人合法性”概念。伊斯顿的个人合法性要比韦伯的超凡魅力合法性涵盖更为广泛的领袖现象，也更具有解释力。

四、依赖于政治传播而存续的政治合法性

我们在政治传播著作中对政治合法性的研究，不仅仅是展现关于合法性研

---

① 〔法〕让—马克·夸克：《合法性与政治》，佟心平等译，中央编译出版社2008年版，第2页。

究的成果，而是要着力分析政治合法性如何作为一种政治传播的效果而存续。通过我们上面对政治合法性研究成果的展现，可以看出，政治合法性有三个面向：一是面向历史，即政治体系得以产生并通过取得经济等绩效赢得服从和忠诚；二是面向现实，即展现自己业已取得的种种成绩，通过特定意识形态论证说明政治体系的领导者非己莫属；三是面向未来，即用规范性的政治价值、政治信仰展现未来美好的政治远景和政治理想，牵引政治民众对自己的继续忠诚和拥戴。

研究者们殚精竭虑地思量获得政治合法性的种种基础和来源，但相对忽略了如何同时从这三个面向上获得政治合法性，这就是忽略了从政治传播这样一个角度对政治合法性的研究，或者说忽略了政治合法性中政治传播的不可或缺的作用和功能。其实，明显可以看出，无论对政治合法性历史面向的总结，还是对政治合法性现实面向的论证，抑或对政治合法性未来的展望，都是一个地地道道的政治传播过程，至少可以说都要仰赖于特定而有效的政治传播。

学者们的研究关注到了所谓政治合法性的“途径”问题，这本是一个正面触及政治传播的问题，但是，却似乎要么被一带而过，要么被转向拐了弯。比如，面对一个时期普遍性的“合法性危机”，亨廷顿给出的药方是提高政治制度化水平，也即提高组织和程序的适应性、复杂性、自立性与凝聚性；哈贝马斯则提出从发展科学技术、构建合理的交往行为这两个方面来重塑合法性。

对政治合法性中政治传播的关注，还需退回到阿尔蒙德和伊斯顿等人的“灌输和培育认同”理论上去。他们看到了合法化的一个重要途径就是在大众中灌输和培育认同。阿尔蒙德认为政治体系合法性的一个重要途径就是在国民中造就共同的信念，培育同质的政治文化。伊斯顿认为政治合法化要通过政治社会化在大众中（从儿童开始）灌输合法性情感。因为合法性情感不能轻而易举地存储起来，即便存储了也极易消耗掉。为保证不断地输入这种情感，就必须凭借经常性的措施来关注对当局合法性的信仰。这实际上就触及了政治传播。

但是，这个时候的政治传播，即现代政治合法性的政治传播，已经远远突破过去那种简单的意识形态宣传和启蒙式的政治社会化教育，现代传播技术的迅猛发展和现代政治文明的全球性融合，要求现代政治合法性中的政治传播具有崭新的形态和功能。这正是政治传播研究者的使命。

第 七 章

政治传播形态

当我们完成政治传播主体、内容、中介、客体、效应这样一个完整的活动论考察之后，还需要回过头来，整体性考察一下政治传播的形态。对这种形态的考察，必然是对前面所有各个环节的一种贯通或者整合。从现在的研究情况来看，用整体性的“形态”来观照政治传播似乎还未见到，但形态中的各个元素和领域已经成果斐然。我们这里把政治传播①的形态划分为三种：政治宣传、政治沟通和政治营销。这三种形态既是一种经验归纳，又是一种价值规范；既是一种历史总结，也是一种逻辑抽象；既是一种理论展现，也是一种实践过程。这种形态，过程浑厚，理论丛生，尚需视野宽广，思维干练。

第一节　政治宣传

无论生活在民主政治的社会里，还是生活在专制政治的社会里，无论是人类辉煌或黑暗的政治历史，还是人类愈来愈文明的政治现实，民众最不陌生的就是宣传或者政治宣传。我们是把宣传作为一种政治传播的形态之一来看待的，或者说，我们这里对宣传的考察，主要侧重于从政治传播角度来进行。

一、宣传：去妖魔化的界定

关于宣传，我想已经没有必要退回到所谓中国古代或者西方宗教传播的源

① 在现在的研究中，政治传播有狭义和广义之分：狭义的政治传播是相对于政治宣传、政治公关、政治营销等，广义的政治传播包括政治宣传、政治沟通、政治公关、政治营销等。我们对政治传播的定义、论证自始至终采用的都是广义的政治传播。

头来解释它了。可以说，自从出现“宣传”之后，经历“虚幻的宗教传播”、“虚假的意识形态教化”、“可怕的鼓动技巧操纵”等等历史实践过程，它一直在被妖魔化，直至今天，它已经几乎是名声不佳的贬义词了。看看权威的《布莱克维尔政治学百科全书》是怎样来界定“宣传”的：

> 为按照既定方向改变有关居民的态度及行为而对各种象征性符号(包括词语、口号、标记、音乐和视觉图像)所进行的精心操纵。这一术语现已具有贬义，而常见的是使用诸如劝说、倡导和政治广告等一类较为中性的表述来指明有目的的政治沟通。列宁曾使这一术语风行一时，他为宣传所下的定义是，为影响受过教育的人们而推理性地使用论据；同时又保留了“鼓动”的概念专指向未受过教育的大众进行感性的号召。
>
> 对于宣传的系统性研究起步于第一次世界大战之后。由于纳粹和法西斯主义的兴起，研究又有了长足的发展。在第二次世界大战期间以及冷战的最初几年，西方盟国的反宣传努力以“心理战”之名而广为人知。那些不正当的宣传包括有“黑色宣传”——在这种宣传中，传播的来源被认为是虚假的；“灰色宣传”——其传播来源模棱两可；“反向信息”——由合法的新闻渠道所传播的不准确的报道。目前，国际宣传得以进行的主要方式有“文化外交”、国家性“信息”服务以及国营无线电节目，还有那类重申对某人的教育便是对另一人的宣传之格言的活动。
>
> 关于宣传的早期研究导致了有关精确的内容分析法的发展，以及解释专制社会内伊索寓言式沟通的技巧。更近一些的著作则主要集中于分析人们态度变化的心理动因、大众传播媒介在竞选运动中以及在决定公众政治的议事日程方面的影响。随着居民人口对大众传播的反应日趋繁杂，宣传的技艺也不得不变得越来越精巧微妙，以避免带有“宣传”的色彩。①

其实，当我们逐一剥去缠裹在宣传身上的妖魔化外衣之后，宣传就是宣传，

① 〔英〕戴维·米勒等编:《布莱克维尔政治学百科全书》，邓正来等译，中国政法大学出版社 1987 年版，第 607 页。

就是一种信息流动的渠道、方式和形态。顾名思义，政治宣传就是政治系统里的政治信息的渠道、方式和形态。从什么动机来宣传、借助宣传来传递什么、宣传达到了什么样的目的、造成了什么样的实际后果、我们该怎样认识和掌握宣传等等，都不应该被规定在宣传的定义之内，最多只是一种关于"宣传"的认识，关于"宣传"的宣传。正像我现在关于"宣传"讲的这些话，也是我关于"宣传"的认识或宣传，与宣传本身是什么似乎无关要紧。理解这一问题的关键在于：把宣传的理念和理论与有关宣传的实践相对区别开来。宣传的许多恶名与人类政治实践中许多恶的实践有密切的关系。

稍稍对宣传的思想观念渊源做一考察就可以知晓，宣传是现代性的产物，中国古代的所谓宣传只是一种教化而已，西方也是到了第一次世界大战才有所谓的宣传一说。另一方面，虽然经历了种种"恶的宣传实践"，现代社会好像看起来非常恐惧和憎恶宣传，但是，现代社会或现代政治从来也没有放弃过宣传，而是更加精致地使用着宣传。

当代法国哲学家雅克·埃吕尔在其 1962 年出版的学术著作《宣传：塑造态度》[①]中以超越意识形态的全新视角呼吁：要研究宣传，首先要去除两个陈见。第一，宣传是罪恶的。他认为学术研究要悬置伦理判断，不要带着偏见去观察宣传现象。第二，宣传就是谎言。"二战"中反宣传所形成的刻板印象让人们相信宣传就是撒弥天大谎。其实除了捏造事实外，宣传还有许多其他的形式。现代宣传越来越多地以信息或事实的形式出现。埃吕尔把宣传界定为：

> 由有组织的群体所使用的一系列手段，其目的是通过心理操纵，使大众中的个体达到心理上的统一，令其团结在一起，积极地或被动地参与该群体的行动。[②]

埃吕尔认为宣传是一个社会现象，不要把宣传与特定国家或某种意识形态联系在一起。他把宣传看作是和现代化相伴而生的必然现象。正如他在另一

---

① 这部著作不知何故尚未翻译成中文。埃吕尔关于宣传的研究在学界产生了极大的影响，得到广泛赞同。新近出版的美国学者兰德尔·彼特沃克关于纳粹德国与民主德国时期的宣传活动研究一书《弯曲的脊梁》，对于宣传的界定就建立在埃吕尔的思想基础上（参见〔美〕兰德尔·彼特沃克：《弯曲的脊梁》，张洪译，上海三联书店 2012 年版）；我国青年学者刘海龙博士在其博士论文《宣传：观念、话语及其正当化》（中国大百科全书出版社 2013 年版）中，比较详尽地介绍了雅克·埃吕尔的学术观点。

② 转引自刘海龙：《宣传：观念、话语及其正当化》，中国大百科全书出版社 2013 年版，第 304 页。

本书《技术社会》中所强调的那样，现代化把效率放在第一位，对终极价值缺乏关心，必然导致宣传盛行。因此，宣传并不是只在特定国家或制度中才盛行，伴随着现代化的普及，宣传变得无处不在。不仅传统的战争宣传、政治宣传是它的表现，现代的广告、公关，甚至教育、文化中都渗透着宣传。

埃吕尔认为，随着现代化和民主化的实现，传统的人与人之间紧密的联系被打破，出现了两个既相矛盾又内在统一的现象——个体化社会与大众社会同时出现。传统社会的成员被原子化了之后，成为一群彼此之间缺乏内在联系的大众。个体化的社会成员必须以大众的形式结合在一起，大众则是被个体化了的成员的集合。大众社会的主体是普通人，这些人具备基本的文化素养但缺乏批判能力。在埃吕尔看来，最容易受宣传影响的恰恰是自以为有文化的人。现代的基本教育为宣传制造了最合适的受众。他们具有超出自己实际能力的优越感，自认为与宣传绝缘。殊不知任何宣传都要以一定的教育作为前提。具备了基本"常识"或文化前提的人，才是宣传的最佳受众。具有一定文化的人还会因优越感而产生不切实际的自我评估，以为可以在一切问题上形成自己的见解。但是由于能力不逮，只得匆忙地从给出简单结论的宣传中寻找答案，所以他们最易受宣传影响。

导致宣传兴起的另一个原因是现代政治过程中"软控制"取代强制命令。民主制度下国家的主要政策取决于民意，市场也把消费者的意向作为最重要的营销目标。传播技术的发展，媒体传播效率不断增加，企业的兼并集中，这些条件为宣传奠定了良好的基础。因此，现代化使宣传成为任何国家也无法摆脱的一般社会现象。不论是资本主义国家的还是社会主义国家的宣传，都具有许多共性。

埃吕尔认为，所有带倾向性的讯息，不论是有意的还是无意的，都是宣传。他发现，20 世纪后半叶的宣传与之前的宣传存在本质的区别。他认为，当前的宣传是"总体宣传"，它不仅是为了实现某个当下的目标，由宣传者进行的短期动员，而且是一个涉及全部社会成员、综合使用所有媒介，涉及政治、经济、文化教育各个领域的社会宣传工程。埃吕尔把宣传分成鼓动宣传和整合宣传。鼓动宣传是短期的，主要激起人们的感情，造成立即的行为。整合宣传出现于 20 世纪，它是一种制造一致和服从的宣传。当今社会已经无法有效地实现短期的政治动员，所以为了达到目的，必须使整个社会成为一个整体，形成一致的行为模式和思维方式。和鼓动宣传诉诸感性不同，整合宣传诉诸理性，让个体接受既有的价值观、意识形态，与周围人保持一致，它使用神话、民族意识、常识、习惯、意识形态等形式，通过群体的约束使个人接受某种宣传。整合宣传是一项长期的工程，不一定以说服传播的形式出现，更多的是通过教育、消费、通俗文化、日常生活等逐渐形成。埃吕尔把宣传研究的眼光从经验研究的局部扩大到整个社会，对之后的新的宣传观念产生了难以低估的影响。①

20 世纪八九十年代以来，一些学者坚持认为“宣传”概念不应随着冷战的结束而被束之高阁，它对于理解现代社会的信息传播仍然非常有用。他们在埃吕尔的基础上，力图融合经验研究的成果和批判学派的结论，将宣传概念进一步科学化，去除其意识形态色彩。比如，乔威特和奥唐纳提出了一个经常被引用的定义：“宣传就是有意地、系统地影响感知、操纵认知和引导行为。进一步强化符合宣传者目的的某种反应。”英国的宣传研究专家菲利浦·泰勒则把宣传看成中性的传播手段，它的伦理问题并不来自于宣传本身而是来自于使用宣传的动机和目的。他把宣传定义为一种有意图的对宣传者有利的传播方式。②

在对宣传的种种立场和观点上，我比较赞同埃吕尔的观点。

二、政治宣传的构成要素

可以说，宣传从它一产生就是政治宣传。至于所谓的军事宣传、文艺宣传等，无非就是政治宣传在军事领域和文化领域的具体应用而已。在研究中，有一种观点认为：“可以肯定的是，宣传离不开国际传播系统的运用，它既是政治现象，又是文化现象。宣传的政治意图十分明显，但它也包含着文化含义。宣传试图控制人们认知、了解和解释事件的途径，并以其他的‘辩论范围’加以取代。宣传者希望人们能从他们宣传的角度来了解事情：像他们定义的那样理解失败和胜利，以他们的方式来定义事物的正确性。符号、画像、言语、定义等知晓事情的方式，都是宣传者武器库中可以运用的伎俩。成功的宣传可以影响人

---

① 埃吕尔关于宣传的著作之后，实际上关于宣传就出现了“狭义宣传”与“广义宣传”、“传统宣传”与“现代宣传”、“旧宣传”与“新宣传”、“单一宣传”与“整体宣传”（“一体化宣传”）的划分。这里对埃吕尔观点的翻译、介绍，参见刘海龙：《宣传：观念、话语及其正当化》，中国大百科全书出版社 2013 年版，第 306 页。

② 参见刘海龙：《宣传：观念、话语及其正当化》，中国大百科全书出版社 2013 年版，第 306 页。

们的认知。因此,宣传的影响涉及政治和文化两个方面。”①在我看来,这种观点并不能表明宣传在政治本性之外还有一个文化本性,更不能把文化属性与政治属性并列在宣传的定义之中。要说什么宣传的文化功能,也是作为一种政治宣传的文化功能。这一点还是当年经历了宣传的“恶的实践”的纳粹分子的宣传头子欧根·哈达莫夫斯说得更真实些:“事实上,从一开始就没有纯粹的宣传可言。宣传的目的就是要取得权力,宣传只有被当成意识形态的工具才算取得胜利。若意识形态的工具被剥夺,将导致权力结构的瓦解。意识形态、宣传和权力三者不可分。”②

那么,作为政治传播一种形态的政治宣传由哪些基本要素构成?这里的基本要素不是展现政治宣传的实现过程,学界关于政治宣传的很多所谓的要素只是一种环境要素或者过程要素,并不是政治宣传本身的构成要素。

第一,明确的宣传主体。政治宣传作为政治传播的形态,从理论上讲,所有政治传播的主体均可以看作是政治宣传的主体。但是,政治宣传毕竟是对政治传播的进一步规定,因此,政治宣传的主体即宣传者必然不能与政治传播主体完全等同。在本书的第一章“政治传播主体论”里,我们认为政治传播有“国家与政府”、“政党”、“社会共同体”、“个人”四个层次或形态的主体,那么,对于政治宣传而言,主要的宣传者恐怕还是政党和其他政府的政治组织,可以简化为“组织”。“组织”相对于“个人”而言,在政治宣传中,由于其对政治资源的特别要求,个人很难成为“宣传主体”。这里,要辩证一下政治宣传主体中的组织与个人的关系。毫无疑问,宣传者可以是人,人以个体形态而存在,因此,政治宣传的现实情况是,大量存在着个人形态的“宣传员”。但是,还不能笼统地说“宣传员”就是“宣传主体”。由于政治宣传的“有动机、有计划、有目的”的政治性特质,作为个人的宣传员无法在特定政治中产生“政治动机、计划和目的”,或者说无法是“政治动机、计划和目的”的“元产生者”,所以,宣传员在政治宣传中只是“宣传主体”的载体而已。

这种观点当然不会被完全认同。正如前面所述,有人十分强调宣传的文化

---

① 〔美〕罗伯特·福特纳:《国际传播:“地球都市”的历史、冲突与控制》,刘利群译,华夏出版社 2000 年版,第 96 ~ 97 页。

② 转引自〔美〕罗伯特·福特纳:《国际传播:“地球都市”的历史、冲突与控制》,刘利群译,华夏出版社 2000 年版,第 97 页。

本性，一些宣传的文化取向的研究者提出，除了这些外在的说服动员活动之外，作为一种意识形态，宣传也可以无影无形却无处不在。这一宣传概念既吸取了福柯式权力的弥散特征，又借鉴了葛兰西的"意识形态领导权"或者"霸权"的特征。这种观点认为，宣传所提倡的认知结构和对世界的认识，建立在普通人心理的某种共同结构和常识之上，因此，每个人都是潜在的宣传者。有人称之为"没有宣传者的宣传"，甚至有学者认为一切传播活动皆宣传。①

第二，自觉的政治意图。政治宣传不同于一般的政治传播就在于其有明确而自觉的政治意图。这种自觉性在于：其一，宣传者在宣传活动之前就根据自身的政治利益已经形成了自觉的思想、观念和理论；其二，设想了通过宣传而达到符合自己这种自觉要求的政治目的；其三，这种政治意图的产生只是从宣传者自身的立场和利益考虑，还无法达到同时从被宣传对象的立场和利益考虑。

早年的研究者十分强调政治宣传的"意图"，比如，乔威特和奥唐内尔提出著名的宣传定义是："有计划地、系统地建构感知、操纵认知和指导行为，进一步强化符合宣传者目的的某种反应。"②乔威特和奥唐内尔甚至把宣传与说服作了区分，他们认为说服要考虑受传者的利益，而宣传不会。英国的宣传研究专家菲利浦·泰勒也持同样的看法，认为宣传就是"有意图地说服人们按照理想的方式思考和行动"③。

但是，犹如对宣传者的认识存在分歧一样，到现在为止，很多人主张把宣传去政治而"社会化"或者"文化化"，不承认或者不愿意刻意强调政治宣传的"意图"。我们承认现代政治中，政治宣传的意图更加隐蔽，手段更加高明，但是，不承认自觉明确的政治意图的消失，否则，宣传将不是宣传，宣传将不复存在。实际的情况是，现代政治中，传统的宣传已经或者正在"转型"，转换成政治传播的第二种形态——政治沟通等。

第三，系统的组织机构。政治宣传由于其宣传主体对政治权力资源的拥有，一般都有系统的组织结构。系统的组织机构尽力保证着政治宣传意图的实现以及宣传内容的上通下达。这一点无论在怎样的政治体制中都一样。但在专制的或者威权政治体制中更为明显和突出。

第四，宽泛的宣传受众。我们在第四章"政治传播客体论"中，没有排除作

---

① 参见刘海龙：《宣传：观念、话语及其正当化》，中国大百科全书出版社2013年版，第33页。

②③ 同上，第34页。

为个人形态的受众，比如，精英、臣民、公民、市民等。这种分析显然比较侧重于对政治传播客体政治性质的分析。对于政治宣传而言，由于宣传主体是各种政治组织，因而，宣传的对象虽然也讲究一定的“特定性”，但是，很少针对什么个人做出细分。一般来说，政治宣传的对象总是具有某种政治性质的群体，比如，政党对其党员，国家对其国民。

但是，这里面也要正确认识个体和群体的辩证关系。正如埃吕尔所认为的：尽管宣传的主要对象是群体而非个体，但是成功的宣传体制却建立在个体的某些普遍特征之上。首先个人不再以传统共同体的方式存在，而以个人主义的孤立状态存在。个体之间的链条非常微弱，大众媒体在群体联系中扮演着重要角色。个人既想保持个性独立，又想与他人保持一致；既感觉自己微不足道，无力改变什么，同时又被教育和媒体煽动，不愿意接受现状，努力使自己的生命具有意义。这些矛盾使个人产生心理焦虑，宣传所提供的幻想或仇恨成为个人发泄焦虑的最佳渠道，让他们以为只要解决眼前的这个问题，一切不如意就会迎刃而解。此外，现代民主制度和商业制度要求个体不断地在众多选择中做出决策，由于时间、信息资源和能力限制，普通人在面对这些选项时常常感到力不从心。而宣传则因为随处可得，答案简单，黑白分明，为个人提供了一把打开这些心结的万能钥匙。①

三、政治宣传中的操纵

政治宣传需要稳定但是隐晦的宣传手段，过去的政治宣传“恶的实践”可能存在“不择手段”的恶行，但是，“不择手段”只是说手段使用不合理，并不能据此否认政治宣传中的宣传手段，相反，它证明了政治宣传中手段的必要性和重要性。政治宣传的特点，就是宣传主体牢牢掌握着整个宣传活动的主动权，这种主动权通过操纵而实现。

美国宣传研究的先驱者之一拉斯维尔在《世界大战中的宣传技巧》一书中对宣传的定义就特别强调了“控制”与“操纵”，他说：“宣传仅指通过重要的符号，或者更具体一点但欠准确地说，就是通过故事、流言、报道、图片以及社会传播的其他形式，控制意见。宣传关注的是通过直接操纵社会暗示，而不是通过

① 参见刘海龙：《宣传：观念、话语及其正当化》，中国大百科全书出版社 2013 年版，第 40 页。

改变环境中或有机体中的其他条件，控制舆论和态度。”①操纵究竟在宣传中扮演着何种角色？是一种手段，还是一种机制？在我看来既是一种手段，又不是一般的手段，这种手段从某种意义上可以说已经成为政治宣传的“机制”。

何谓操纵？著有《论意识操纵》的俄国学者谢·卡拉—穆尔扎从生理到心理到社会文化全方位论述了社会生活中的“意识操纵”。他说：

> 意识操纵是通过为人的行为编制程序来对人施加精神影响的一种统治方法。这种影响用于人的心理结构，是暗中实现的，其任务是按照权力当局所需要的方向改变人们的意见、愿望和目的。②

穆尔扎非常气愤西方国家用“意识操纵”搞垮了前苏联。因此他的理论带有比较明显的意识形态色彩。在他看来：

> 这个十分简短的定义可以清楚看出，作为权力手段的意识操纵只能在公民社会，随着以代表制民主为基础的政治秩序的建立而产生。这是“西方—类型民主”。③

毫无疑问，作为一种“高明”的手段，西方式的民主政治中，“操纵”贯穿在政治运行之中，甚至可以说，作为一种“现代宣传”手段，其几乎与“民主”相伴而行。

关于这一点，美国学者爱德华·伯内斯向我们展示了他的研究成果。伯内斯认为现代民主社会的选择过于多样，无论对于统治者来说，还是对于大众来说，都造成了某种程度的混乱。宣传正是通过建立某种共识来使混乱变得有序。社会也因此得以更顺利地运行，而不至于由于分歧而崩溃。因此，必须由“隐形政府”来统治，才能使民主社会顺利地运行。

在伯内斯看来，这些隐形政府一直在暗中控制着大众的选择。我们自以为是在做自由选择，但其实都受到了他人的影响：

> 操纵大众共同的习惯和观点，这种想法和技术是民主社会的重要

---

① 〔美〕拉斯韦尔：《世界大战中的宣传技巧》，张洁等译，中国人民大学出版社 2003 年版，第 22 页。

② 〔俄〕谢·卡拉—穆尔扎：《论意识操纵》（上），徐昌翰等译，社会科学文献出版社 2004 年版，第 39 页。

③ 同上，第 52 页。

组织部分。那些操纵着社会隐形机制的人，那些隐形的管理者，才是我们社会真正的统治者。

我们被看不见的人所统治，我们的心灵被他们塑造，我们的趣味被他们决定，我们的思想被他们的暗示所操纵。我们民主社会只能以这种方式被组织起来，这是最合理的结果。如果人类大多数成员要像一个良性运转的社会一样生存下去的话，他们就必须通过这种方式相互协作。……在我们日常生活的方方面面，不论是政治还是商业领域，不论是社会行为还是我们的道德思想，我们都被一小群人所主宰……这些人了解大众的思维过程和社会规律，是他们牵动着控制公众心灵的提线。①

伯内斯被评价为"是第一个明确地提出宣传与民主可以共存的宣传家，奠定了现代宣传的理论基础"②。

伯内斯的研究呼应了穆尔扎的"操纵发生在民主社会"的思想，但是，穆尔扎把"思想专制"社会等同于宗教，认为宗教也好，思想专制社会的官方意识形态也好，不仅跟这个特征不相符合，而且它们原则上是按"另外方式"行动的。它们对人的号召不仅不隐蔽，而且是"大声疾呼"。这些影响方法促使人们行动的方向和标准，是完全公开对外宣布的，这些方向和标准同所宣布的社会价值是明明白白的公开联系在一起的。他们使用直接镇压的办法增添言语的权威，即"你不能，我们帮助。你不会，我们教你会。你不愿意，我们强迫你做"。而意识操纵的特质是：

我们不强迫你去做，我们要潜入你的心灵，进入你的潜意识，达到你自己愿意去做；这就是两个世界——宗教或思想专制（所谓的传统社会）与意识操纵（所谓的民主社会）——的主要差别和原则上的互不相容之所在。③

毫无疑问，穆尔扎由于感情的缘故，否认了意识操纵在宗教和政治专制社

---

① 转引自刘海龙：《宣传：观念、话语及其正当化》，中国大百科全书出版社2013年版，第74页。

② 同上，第73页。

③ 〔俄〕谢·卡拉—穆尔扎：《论意识操纵》（上），徐昌翰等译，社会科学文献出版社2004年版，第39页。

会的适应性。他只是有限度地承认有“相似性”。在我看来，随着人类政治的发展，所谓“宗教和政治专制社会”的宣传，也并不都是简单甚至粗鲁的“大声呐喊”，而是越来越有“狡计”，操纵意识也是越来越凸显的；而所谓民主政治社会，也不全然都是操纵，它同时具有公开宣传的性质。所以，我认为，“操纵”作为一种手段甚至“机制”适用于任何社会中的政治宣传。

政治宣传中的操纵，可以在多种领域、多种层面实现。比如，情感操纵、意识操纵、语义操纵、符号操纵、记忆操纵等等。在大众传播时代，宣传多以媒体为主要中介而实现。其通过媒体而实施的操纵更令人关注。

表现之一：撒谎。可以说，宣传就是因为撒谎而背上恶名的。罗伯特·福特纳认为：“宣传正如其名，与政治脱不了干系。互存敌意的国家或持不同意识形态的国家常常喜欢将宣传当成标签，贴在另一国上。通常，学者认为宣传是一套专门用来混淆事实，激发热情，或标识敌人，丑化敌人的办法，说谎、只说一半真相或对事实的有利于自己的解释等都是宣传中公认的做法。”①

撒谎并不是单纯的无中生有，而是有意掩盖真相、制造假象。在人类的“宣传”历史上，撒谎或者利用谎言的事实触目惊心、不胜枚举。撒谎在现代宣传中并没有实质性退去，只不过更加精致一些而已。撒谎只是一个事实，对于这种事实怎样评价要取决于具体的情况。正像“善意的谎言有益于人类”一样，谎言实实在在地在人类的政治生活中发生了不容漠视的作用。谎言之后，宣传中出现了比撒谎更为“精妙”的距离真相更加遥远的现象，它被美国伦理学家法兰克福命名为“扯淡”。它既不积极地歪曲真相，又不消极地遮蔽真相，而是无视真相、王顾左右而言他地“扯淡”。它并不涉及真假，因为实质上它什么也没有说。在政治宣传中，假大空的官话套话盛行，既不传递任何实质性的信息，也不对现象进行判断，只是在重复一些无关紧要的陈词滥调。这种看似无伤大雅的“废话”，后果却十分严重，甚至超过了欺骗，因为前者至少还承认真相，而后者则完全转移了受众对真相的关切，让公众变得麻木不仁。②

表现之二：简化。从心理学方面讲，人们总是会自觉或不自觉地被复杂问题的简单解释所吸引。简化的思想早在 20 世纪 20 年代初由李普曼关于舆论

---

① 〔美〕罗伯特·福特纳：《国际传播：“地球都市”的历史、冲突与控制》，刘利群译，华夏出版社 2000 年版，第 95 页。

② 参见〔美〕哈里·法兰克福：《论扯淡》，南方朔译，译林出版社 2008 年版。

的研究中提了出来。他认为,接受的过程只不过是把固定的普通公式(旧模式)机械地套用在未知现象头上罢了。所以,报刊应该把成为报道对象的现象标准化。同时,按照他的说法,编者应该根据范型和陈旧的意见,“毫不留情地清除掉细枝末节”。人在接收信息时应毫不费力,自然而然,内心不会引起斗争,不必去批判分析。大众传媒的当代简化主义就是在这个基础上形成的——把现实的社会问题和现象极度简化,令其成为简单易解、容易接受的道理。

表现之三:重复。简化使人们养成按照思维范式思考的习惯,为了使所需的思维范式在意识中扎根,主要方法就是重复。重复是一种“心理特技”,它能使受众理性变得迟钝,并对无意识机制产生影响。在使用这种方法时,固定范式会强化到固有偏见的程度,人也会变得更加迟钝。俄国学者莫斯科维奇认为,“这样一来,重复就成了宣传的第二个条件,它使肯定又增添了分量,使其具有一种补充说服的功能,变成了固执的念头。当你一遍又一遍听着以各种不同形式、不同理由播放的相同信息时,你最终也不得不相信这些消息。它们照样在不知不觉地被重复,就像语言和思维那滴滴答答的钟摆的摆动。与此同时,重复必然还会为防止出现不同的论点而形成障碍,防止那些词汇、形象和立场会有助于直接形成不同的信念。重复使信息变得可触可摸、无可争议,迫使人们完整地、从头至尾地把它们接受下来,就好像这一切特别合乎逻辑,而且用逻辑的术语把一切发生的都已经证明了似的,……重复是一种令人难以摆脱的思想,它成了一种防止不同意见和相左观点的障碍。这样一来,它把判断压缩到最低限度,并很快就能把思想变为行动,群众对这种行动形成一种条件反射,就像巴甫洛夫那些出名的狗一样……思想借助于重复,与自己的作者分开了,变成了独立于时间、地点和个性之外的显而易见的东西。思想已不再是说话人的表现,但却成为人所论及的事物的表现……重复也有联系思维的功能。往往在把零散的见解和思想联系起来的同时,就会形成一个表面按照逻辑顺序排列起来的假象。”①

表现之四:分解。分解可以另外理解为断章取义。语录、警句、格言、口号、箴言都可以放在分解中来理解。分解是宣传中操纵机制最常见的手段或表现。分解就是把完整的问题分解成一个个片断,使受众无法将它们联系在一起加以

---

① 参见〔俄〕谢·卡拉—穆尔扎:《论意识操纵》(上),徐昌翰等译,社会科学文献出版社2004年版,第349页。

思考。这与前面的简化紧密相连。或者,可以理解为是简化的进一步延伸。

针对政治宣传中大众媒介的“分解”手段,德国学者席勒说:“让我们以普通电视或广播节目的构成原则,或者重要日报第一版的版面构成为例。对于所有这些媒体来说,一个普遍的特点就是刊登的材料五花八门,所阐述的社会现象决不允许相互联系。广播和电视中占有极大分量的辩论性节目,是以支离破碎的形式提供资料的令人信服的范例。无论辩论的是什么问题,都会同接下来的广告宣传、戏剧噱头、恋爱场景乃至流言蜚语交织在一起。”①

席勒还紧接着分解提出了“快捷性”这一概念。他认为,要想把问题很成功地、表面合情合理地分解为片断,条件之一就是快捷性。信息报道要刻不容缓,要赋予它不容迟缓、不容拖延的特征。这种快捷紧迫的感觉能够急剧地加强操纵的能力。当一个人陷入大量“永远紧迫”的报道之后,大众传媒便割断了“时间锁链”,创造出一个全新的时间类型——戏剧时间,人在这个时间中会丧失历史坐标。

表现之五:聚焦。聚焦就是被受众的全部注意力集中在精心选择的事件上。聚焦的目的是制造轰动效应,或者通过制造某种轰动效应而聚焦。轰动效应要把问题分解成片断,将信息搞得支离破碎,使人们无法得到全面的、完整的知识。在轰动效应的掩护下,有些不该让公众了解的重要事件就可以避而不谈,或者有些已经应该终止的丑闻和狂热事件就可以得到终止——要做得让人们把这些事统统忘记。

穆尔扎认为,轰动效应是一种手法。挑选那些可以变为轰动的事件还有一套标准,可以用一句名言来表示:“狗咬人不是新闻,人咬狗才是新鲜事。”利用对感觉起作用的轰动效应,特别是“坏消息”,对意识进行不间断的轰炸,能够对把“神经质”保持在必要水准起重要作用。这种神经质,这种不间断的危机感,能够急剧提高人们接受意识灌输的速度,并使批判性的认识能力下降。习惯了的稳定的社会环境一旦遭到破坏,就会提高非常条件下的意识灌输作用。②

---

① 参见〔俄〕谢·卡拉—穆尔扎:《论意识操纵》(上),徐昌翰等译,社会科学文献出版社 2004 年版,第 350 页。

② 同上,第 354 页。

四、政治宣传与政治动员

政治现实中，政治动员与政治宣传二者密不可分，政治动员通过政治宣传而实现并贯穿在政治宣传中；政治宣传通过政治动员而实现并贯穿在政治动员之中。你中有我，我中有你。我们这里把政治动员作为一种机制来讨论。当说到“机制”的时候，政治宣传中有些“手段”的惯常使用，几乎成为一种“机制”。比如，前面所讲的“操纵”就可以看作是政治宣传的一种机制了。不过，机制更强调一种动态、有机的过程。就此而言，我们认为政治宣传最突出的机制就是通过政治动员（号召、鼓动）而实现。

怎样理解政治动员？有学者认为：“作为一个政治学范畴，‘政治动员’主要用于描述政治权威对公众行为的某种诱导或操纵。之所以实施这种诱导或操纵，通常是为了达到某一特定的政治目标。政治动员与政治参与都是典型的政治行为，但政治动员的行动路线是自上而下的，而政治参与的行为方式则是自下而上的。”[①]这种理解把政治动员理解为一种“诱导或操纵”我是同意的。如果说操纵是隐晦的，那么动员是公然的；如果说操纵有“诱导”在其中，那么动员则主要还是引导和鼓动。这种界说中的“自上而下”抓住了政治动员的本质。国外有学者认为，政治动员乃是“统治精英获取资源尤其是人力资源为政治权威服务的过程”[②]，其实，政治动员就是通过凝聚人的思想而获得“人力”。

在关于政治动员的研究中，有学者怀疑，政治动员是仅适应于专制政治或威权政治中，还是也适应于民主政治。我认为，政治动员是古往今来人类政治中，特别是政治宣传中普遍的现象。当然，在不同的政治体制中，政治动员会有一些不同的条件和规定。对此，我国学者李永刚在给《政治哲学关键词》一书中撰写的“政治动员”条目中进行了深刻的研究。[③]

（1）“竞选动员”与“群众运动”。这是以政治动员的政治生态为标准的一组类型确认。自由民主政体中政治动员的概念化是“竞选动员”，威权政体的政治动员的概念化则是“群众运动”。竞选动员是自由民主代议政体下政党竞选

---

① 张凤阳主编：《政治哲学关键词》，江苏人民出版社 2006 年版，第 296 页。

② 〔美〕詹姆斯等：《中国政治》，顾速等译，江苏人民出版社 1996 年版，第 302 页。

③ 李永刚：“政治动员”，见张凤阳主编：《政治哲学关键词》，江苏人民出版社 2006 年版，第 295 页。我们以下关于政治动员、议题构建、认同聚合的理论均来自于李永刚的研究，特此说明并表示感谢。

过程中的政治动员，其目标是赢取政治选票，政治精英和选民之间完成政治互惠交易，这类政治动员目标明确，运作相当成熟，并且带来现代民主政治过程和技术知识的增长。群众运动是按照"先进阶级"代表制的政治理论确定的威权政体下政治动员的形式，在这样的政体下，群众被看成是缺乏主见和欠缺掌握自己命运能力的"乌合之众"，政治动员的目的在于动员群众服从领袖为拯救大众而预设的社会变革图景。

（2）"常规动员"与"逆境动员"。如果按照政策形成和执行的情景来划分，则有常规状态下的政治动员和应急状态下的政治动员。国外学者叶海卡·德罗尔曾构建政策制定的三种情境模型：繁荣时期的政策制定、困境下的政策制定和严重危机下的政策制定。在不确定性增加的现代社会中，德罗尔进一步把普遍存在的社会紧张状态抽象为"逆境"。他认为，逆境中的政策制定是政策科学研究的主要对象，因为逆境最容易暴露统治方式和政策制定的缺陷。[①] 逆境中政府治理危机的动员易于达成行动一致性，不仅可以超越常规程序，而且直接缩短执行动员的距离。

（3）"政府动员"与"组织动员"。如果按照动员主体来划分，可以分为国家权威的政治动员和社会组织的政治动员。在现代政治社会学研究中，政治动员也用来分析政府当局治理公共事务的行为。地方治理中涉及社区安全、公共交通、环境保护计划和废弃物处理等公共问题的解决，需要借助政府动员的方式向公民群体表达政府的政策意图和选择的执行方式，引起公民群体回应和积极介入。而由社团为实现特定公共价值而发动的动员，则构成组织动员，组织动员具有明显的公益追求，甚至比政府动员形式更丰富，回应效能更显著。随着现代社会交往技术的进步，尤其是互联网的出现，网民的"个人动员"及其产生的聚合效应正成为一种新的政治动员形式，值得政治学对其给予知识的回应。

五、政治宣传中的"议题构建"

议题构建，在传播学中被归宿在议程设置之中，即属于议程设置中的"核心命题"或"话题"或"主题"。正像议程设置讨论哪些"话题"该被列入"议程"，议题构建则深入到被列入的"话题"是如何形成的。放置到政治宣传中，就是围

① 参见〔以〕叶海卡·德罗尔：《逆境中的政策制定》，王满传等译，上海远东出版社1995年版，第4页。

绕何种“主题”展开宣传活动，这种“主题”是怎样确定的。

我国学者李永刚在论证政治动员的内在机制时，使用了“议题构建”与“认同聚合”两个主变量以及“质料”与“形式”两个次变量。我认为，这两个“主变量”已经超越政治动员，恰恰可以用来说明政治宣传的机制。

在政治动员的议题构建中，议题的“质料”和“形式”影响政治动员的操作方式和实现程度。质料一般涉及共同体某个真实的公共问题，任何一个重大的影响政治秩序和社会秩序的社会问题，都有可能成为政治动员中议题构建的质料。如果缺乏与动员议题有关的“事实”质料，政治动员的运作便失去了“旗帜”。然而，仅有质料也只能局限于理性的表白，对获得公众积极有效支持而言，这最多是必要条件。因此，除“质料”之外，“形式”在动员中自然具有举足轻重的地位。一个成熟的政治共同体，总是有着明确稳定的政体和作为政体延伸的权力文化网络，政治动员议题建构中的“形式”主要依赖共同体的权力文化网络。政治精英在动员议题构建时，往往利用权力文化网络中的资源，将动员议题象征化、仪式化、符号化，以隐喻方式对动员进行表达。在各种类型的政治动员中，都可以看到政治精英对动员议题“形式”的追求。这些精英犹如表现力十足的艺术家，善于凭借“符号编码”，“施魅”于公众的注意力，操控公众的想象力，令公众情绪高昂，热血沸腾。这些巧妙构建的“形式”，无疑增添了政治动员的感召值，往往成为政治动员中一道亮丽的风景。

在自由民主政体下，政治动员议题构建中“质料”与“形式”的契合，较为典型地体现在政党竞选动员中。按照民主治理理论的解释，由于政党执政竞争中多数票制的“选举铁律”的存在，竞争性政党制度获得了对国家与社会关系进行渐进调整、维持其持续均衡的功能。因此，政党执政竞争中各自公共政策的诉求，不仅需要针对潜在选民提出一个利益倾向明确的政策问题，还要在竞选中“象征化”各自提出的政策问题，达到动员选民、完成投票的最终目的。

如果说上述自由民主政体下竞选动员议题主要围绕世俗性的具体利益进行构建，那么，追求宏大历史目标或民族主义战略，则成为威权政体下政治动员议题构建的总体特征。

“威权政体”这一说法来自于阿伦特。按照阿伦特的说法，威权政体的特征在于不断地“运动”：

> 必须不断地运动并把周围的一切都卷入到运动中来，只有这样才能使自己维持下去。[①]

从构建动员议题的“质料”角度来看，威权国家在这方面有两个显著特点：首先，动员议题选择往往放在提高政党维持政权秩序和促进经济增长的能力上；其次，构建议题时往往并不考虑合法性问题，而由国家单方面强硬设定后动员群众参与。因为在“独裁—技术—动员”发展战略制约下，“人民是被动员来执行党的精英人物已经制订好了的政策，而不是参与制订政策”[②]。一般来说，当议题的合法性比较低时，议题“形式”的构建会得到加倍重视，否则无法在动员中取得优势地位，掌控群众资源，使其为远大目标作出奉献。

威权政体下，政治动员中议题的形式构建，常常包括：宣传鼓动、受训控制、典型示范、组织控制、蒙蔽性诱导等，但这些形式往往以独创性的象征符号提供给群众。

就动员中象征符号资源的利用而言，威权政体中执政党的精英群体形成了一些惯常的行为：第一，“圣化”动员议题。威权政治国家受环境的压力，不得不被迫主要依靠各种象征回应挑战。通常使用的办法是夺取神圣象征的控制权，并用于达到控制的目的，执政党一条强有力的原则就是决心要发展一个强大的纯粹的神圣象征系统。这样的占统治地位的象征系统，大多是统治集团创造的意识形态。不管具体的政治动员试图达到什么目的，但动员议题一定要从神话般的意识形态中套取象征资源，从而将动员议题神圣化。第二，制造偶像崇拜。缺乏充分的合法性是威权政治体系中的政治动员的致命弱点，政治运动首先给群众带来的是诸多的不确定性和恐惧。但即使在一个不能稳定运行的政治制度下，这个国家里出生的人们还是会把他们的一些爱和希望投向某种共同的象征：共同的使命、共同的英雄、共同的名称。[③] 为了使群众断绝怯弱，消除顾虑，缩短心理距离，执政党的精英总是通过树立“英雄模范”人物，制造满足心理投射需要的偶像，达到蒙蔽性说服、诱导普通群众的结果。第三，强化舆论管制。

---

① 〔美〕汉娜·阿伦特：《极权主义的起源》，转引自〔日〕川崎修：《阿伦特——公共性的复权》，斯日译，河北人民出版社 2002 年版，第 136 页。

② 〔美〕阿尔蒙德：《比较政治学：体系、过程和政策》，曹沛霖等译，上海译文出版社 1987 年版，第 446 页。

③ 参见〔美〕拉斯韦尔：《政治学：谁得到什么？何时和如何得到？》，杨昌裕译，商务印书馆 1992 年版，第 138 页。

垂直维度和水平维度是政治体系交流的两个基本途径，如果说组织机构是前者的媒介，那么水平维度交流的媒介则是大众舆论。威权政体掌控象征资源的最基本方式，就是禁锢、限制对核心象征存在潜在破坏的大众舆论。压制表达自由和操纵舆论的结果，就是要保护对象征的垄断权。通过长期的舆论禁锢，执政党的精英们看到的是“知识分子的舆论倾向于僵化和教条，而来自社会底层的舆论则更顺从于政治经验作出修正，以及政治领袖的指示”①。对舆论的操纵，不仅使得大众只能接受核心象征并转化为集体记忆，而且对象征的深刻记忆也能降低政治动员的成本。

六、政治宣传中的“认同聚合”

李永刚给“认同聚合”下的定义是：“指许多不同组织的人们集结在一起所发生的共同行为。”②这个定义多少有些偏。偏在认同聚合无法是一种“行为”，其实是一种思想聚集的“状态”，即是一种精神状态而不是实际行动。

聚合行为的形成过程一般有五个阶段：聚焦、第一次冲动、社会助长、循环感染和群体激动。按照理性制度主义的解释，动员中认同聚合行为受权威、说服和交易三种机制的影响。权威机制实质上作用于大众的社会态度，每一种正常运行的政体的权威秩序都是最重要的政策执行资源，服从权威是大众的基本社会态度。说服机制侧重理性说理，但并不等同于对“理性无知”的大众给予启蒙。说服体现出双方的互惠性，这是一般交流的特征。认同聚合的复杂性，决定这三种实现机制常常需要合理排序，共同发生作用。越是大规模的政治动员，认同聚合的不同机制之间的交织越紧密。值得强调的是，不同政体下公众的认同聚合，也具有各自的独特性。

如果说在自由民主政体下，公众对动员议题的认同聚合具有较高的自主性和利益的讨价还价色彩，那么，忠诚、服从和被道德化的象征感染，则是威权政体中群众认同聚合的主要原因。

(1)压力体制下官员群体的认同聚合。压力型制度结构的核心是自上而下的政党科层，这是执行领袖动员一号召的直接行动圈。一党集权的权力体制对

---

① 〔美〕詹姆斯·W. 西瑟：《自由民主与政治学》，竺乾威译，上海人民出版社 1998 年版，第 190 页。

② 李永刚：“政治动员”，见张凤阳主编：《政治哲学关键词》，江苏人民出版社 2006 年版，第 305 页。

大小官员形成的全景式科层监控，以及环绕领袖崇拜的集体规训，紧紧钳束住官员的意志和行为。忠诚权力核心指令和来自晋升竞争的相互监视，迫使科层网络中的官员在政治动员中去尽力完成动员的落实。因此，动员的认同聚合首先是在科层官员群中完成的。

(2)压力体制下普通群众的认同聚合。群众运动是威权政体下政治动员的最终目标。与官员群体一样，动员中普通群众的认同聚合也是政治压力的结果。一般而言，尽管在逻辑上不排除威权国家在议题构建中施惠于大众，但高义务低权利的制度模式，几乎排除了在动员中威权国家与大众之间存在利益交易的可能。动员过程与其说体现的是利益交易，不如说这是政治领袖的价值征服普通群众的价值的零和博弈过程。

威权政体下群众的认同聚合具有双重效应。统治集团暂时获得了革命或激进发展所需要的资源配置模式；大众则为免于身份剥夺带来的边缘化、异质化的恐惧，极不情愿地接受了政府的发展战略和政策。高度压力体制下的政党—群众交往规则，决定了双方只能按照非公开原则展开博弈，群众往往违心地参与政治，最多也只是寻找各种理由消极抵抗。这种政治体制中的政治动员，其效果往往是“短暂”的。马克思当年曾说过法国大革命是依靠动员的热烈而短暂的场景：

> 18 世纪的革命，总是突飞猛进，接连不断地取得胜利的；革命的戏剧效果一个胜似一个；人和事物好像是被五色缤纷的火光所照耀；每天都充满极乐狂欢。然而这种革命为时短暂，很快就达到自己的顶点，而社会在清醒地领略它青春时代的奔放的激情造成的成果之前，长期处于冷漠状态。①

威权政体中的政治宣传机制，被美国政治学者林德布洛姆归纳为三大类。第一是压服，暴力威胁下，民众不得不服从；第二是收买，以恩惠来换取民众的服从；第三是说服，即在通过教育动员，让民众内化官方的意识形态，将政府意图转化为自觉行动。②

---

① 《马克思恩格斯选集》第 1 卷，人民出版社 1995 年版，第 588 页。

② 参见〔美〕查尔斯·林德布洛姆：《政治与市场：世界的政治—经济制度》，王逸舟译，上海三联书店 1992 年版。

对于政治宣传中的动员机制，我国著名学者王绍光以中国为考察对象，总结得更为通俗：

> 首先是“运动开始，发出文件”。文件既可采取中共中央、国务院文件的形式，也可采取人民日报社论、评论员文章的形式，甚至还可采取“毛主席最新指示”的形式。第二阶段是“层层传达、普遍宣传”。传达往往是先党内、后党外，先干部、后群众，要求做到家喻户晓、人人皆知。需要强调速度时，则要求传达不过夜。第三阶段是“认真学习、深刻领会”。学习是指学习文件、社论、辅导材料之类，其目的是让大众吃透中央精神，包括为什么要提出新议程，什么是新议程的“精神实质”，以及落实新议程的步骤、方法等。第四阶段是“抓住典型、以点带面”。典型既可以是正面典型，也可以是反面典型。典型的意义在于用实例向广大群众展示新议程的必要性、可行性和优越性。最后，通过以上几个阶段的工作，动员模式希望能统一思想、形成共识，从而达到贯彻落实新议程的目的。[①]

七、政治宣传的层次

宣传作为政治信息的流动流通过程，其本身是一个特别“紧缩”的过程，这种“紧缩”意味着“宣传”压根就被政治化。当把这样的宣传去政治化，并加以社会化、文化化的时候，就会出现所谓宣传的层次问题。在实践中的宣传行为，并不都是处处使用隐晦的操纵。随着人类政治文明中的“理性地狡计”，宣传的精髓弥漫在人类的政治生活中。

我国青年学者刘海龙把宣传置放于广义的传播中，提出了宣传的“层次”问题。他的划分见图 7－1：

刘海龙对这种层次划分的解释是：“最基础的，也是最为常见的，是一般传播行为，涵盖所有传播行为，既包括有意图的传播，也包括无意图的传播。按照一般对于传播的定义，这种形式的传播是双向的，传播者要实现传受双方利益的最大化。在此基础上，如果一般的传播行为中，传播者试图通过传播活动改

① 王绍光：《中国公共政策议程设置的模式》，《中国社会科学》2006 年第 5 期。

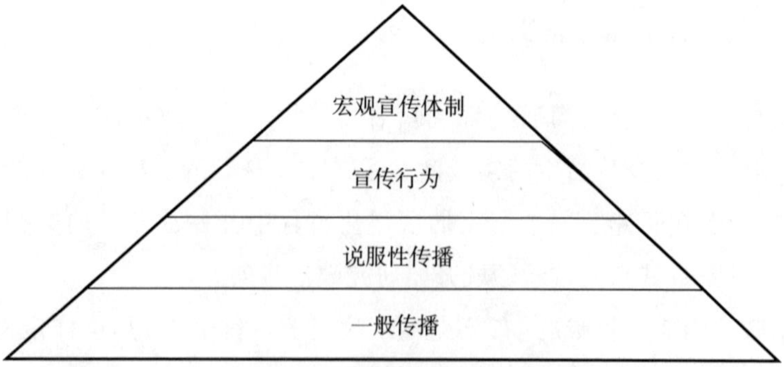

图 7-1 政治宣传的层次

变或控制信息接受者的态度和行为，就进入到说服性传播的范围。如果说服性传播的对象是较大的群体，就进入到宣传的区域。如果宣传行为不是偶然的，而是在宏观的社会体制（institution）下众多宣传者进行的长期的、协同的宣传活动，就进入到宏观宣传体制的层面。”①

在我看来，这种所谓“层次”的划分，并不能显示宣传自身系统的层次性，而是勾连出了一个“宣传”与其外部环境的变化轨迹。恰恰说明，在“传播”这样一个大通道中，宣传如何锐变自身形态，以更适合的功能形式作用于社会。这样正好引出了我们接下来要论证的政治传播在政治宣传“之后”（既是理论逻辑的，又是历史实践的）的形态——政治沟通。

第二节 政治沟通

政治沟通是政治传播展现出来的另一种形态。这种形态，严格意义上讲，并不是在政治宣传“之后”才出现的，它只是人们观察和认识政治传播性质的一种概括。从最宽泛的意义上，政治沟通中有政治宣传，政治宣传中也有一定的政治沟通。政治沟通在很多时候也被直接地视为政治传播。我们只能在理论逻辑上划分出政治传播中的政治宣传与政治沟通，并努力规定出其界限，比较出其特点。

① 刘海龙：《宣传：观念、话语及其正当化》，中国大百科全书出版社 2013 年版，第 45 页。

一、政治沟通的基本含义

严格意义上讲,政治沟通是现代政治的产物。关于政治沟通的理论,是现代政治家对人类社会政治生活领域良性运转重要基础的一种认识。20 世纪 50 年代,西方学者在研究发展中国家的现代化过程中开始注意并研究社会沟通。之后,政治学家将其引入政治领域开始研究政治沟通。

何谓政治沟通? 权威的《布莱克维尔政治学百科全书》是这样定义的:"赋予政治过程以结构和意义之信息和情报的流动。政治沟通不只是精英对其民众发送信息,而且还包括全社会范围内以任何方式——不论是对公共舆论的影响、对公民的政治社会化或是利益动员——影响政治的整个非正式沟通过程。"①现在,人们对政治沟通往往从以下三种意义或三种境界上把握:

第一,把政治过程本身看作是一个政治沟通的过程,亦即把政治沟通视为一个完整的政治运行过程。这种视角是从政治沟通视角观察政治过程。比如,美国著名政治学家多伊奇在其名著《政府的神经》中是运用控制论和系统论的方法分析政治沟通过程,把政治系统的运行过程抽象为信息的变换和控制过程,通过分析政治沟通把握整个政治运行过程。在多伊奇看来,政治系统的运作是一个组织依靠有关的环境信息进行决策,并根据反馈回来的信息进一步调整决策的过程。政治系统要保持内在稳定和发展延续自身,就必须不断地获得并反馈所有影响政治系统运行的信息,改变自身与环境的关系以及适应过程中的各种变化。政治系统行为的调节、修正要依靠沟通,其对政治系统的作用就像神经之于生命有机体。由此,政治系统的运行过程被抽象为一个信息的变换及控制过程,信息被接受、处理的方式成为政治分析中最为重要的一个方面。在这种理论中,"一个现代的民族国家,在本质上可以被看作是一个依赖于既存在于国内事务又存在于国外关系中的信息交换的决策和控制系统"②。

第二,把政治沟通理解为宏观的政治过程中的一个领域、层面,或者具体运行方式。就是说,认为政治运行过程不仅仅是政治沟通过程。这种境界的政治

---

① 〔英〕戴维·米勒等编:《布莱克维尔政治学百科全书》,邓正来等译,中国政法大学出版社 1987 年版,第 547 页。

② 〔美〕诺思:《沟通理论的分析前景》,转引自俞可平:《权利政治与公益政治》,社会科学文献出版社 2003 年版,第 62 页。

沟通，仅指政治生活中“政治信息”的流动、流通、传播方式。包括自上而下、自下而上和平交流多种层面和方向的沟通。这种“政治沟通”理论主要研究政治态度的形成与变迁、民意构成、政治演说、竞选言行、意识形态、政治心理、大众媒介对公共舆论、竞选投票的影响，以及统治者对传媒的控制等。

第三，直接把政治沟通视为大众传媒的信息传递过程。认为大众传媒是政治沟通的主要方式和沟通管道。这种视角是认识政治沟通的“最原始”的视角，因为，最早的学者就是发现大众传媒在发展中国家现代化过程中扮演着举足轻重的角色之后，才开始研究社会沟通的。

以上三种看法的第二种和第三种，都突显了“大众媒介”在政治沟通中的重要地位和作用，可以说是“以大众媒介为中心”的政治沟通观。也据此，这种政治沟通同时被认为是一种政治传播，至少可以说与政治传播交织在一起。

我们同意《布莱克维尔政治学百科全书》对政治沟通是“赋予政治过程以结构和意义之信息和情报的流动”这个基本的界说，可以最简要地理解为“政治沟通是政治信息流动的一种形态”①。就是说，我们大体同意以上看法中的第二种。需要补充的是，我们并不认为政治沟通研究，应该主要研究“政治态度的形成与变迁”，它关注的内容要比这宽泛得多。

正是为区别政治传播、政治宣传，我国学者王长江主张直接用“政治流通”这个范畴来说明政治过程中的政治信息流动问题。他指出：“民主政治，本质上讲的是民众和公共权力之间的互动。公共权力来源于民众，公共权力的运行以民众的授权为依据，运行的过程要受民众的评判和检验，运行的结果要得到民众的基本认同，尔后才能正常地进入下一个运程。而且，公共权力往往从公众的评判中获得反馈，并据此调整权力运行中的偏差，以保持和提高自身的合法性。可见，民主政治就是一个民众和公共权力之间彼此互动的系统。这种互动，是由无数信息流构成的。民众表达自己的利益，实际上就是向公共权力提供诉求信息；公共权力根据民众的诉求进行决策，实际上就是汇集、综合信息并做出应对的过程；决策之后的执行，实际上就是把决策信息传递到执行部门，由它们把这些信息转变为行政行为；决策结果的反馈，就是对民众关于决策执行

① 我们在前面的导论中对政治传播是这样界定的：“政治传播是指政治共同体的政治信息的扩散、接受、认同、内化等有机系统的运行过程，是政治共同体内与政治共同体间的政治信息的流动过程。”在此，对比政治沟通的定义可以看出，政治沟通只是政治传播如此丰富和复杂的“形态”之一。

结果评价信息的收集；政策调整，就是把公众的评价信息添加到再决策的过程中，获得一个经过修正的、更加准确的决策；对公共权力的监督，就是让公共权力在众目睽睽之下运行，使公众始终有途径和机会对权力的不当使用发出警告信息。”①

所以，王长江认为：“从运行的角度看，民主政治就是各种与政治有关的信息在一个政治共同体内流通的过程。我们把这种现象叫做政治流通。政治流通在英文中有相应的概念：‘political communication’。但这个词组或被译为‘政治传播’，或被译为‘政治通讯’，均不够准确。‘政治通讯’往往会使人有不知所云之感，不合国人的运用习惯。‘政治传播’则使主体的作用显得过分夸张，‘互动’性质易受误解。因为政治流通中的主体，绝不仅仅是传播者一种身份，同时更是接受传播者。权衡各个因素，我们认为，‘政治流通’的概念更能体现政治信息流动的特点。而我们平常所讲的政治沟通，其实是执政者因应政治流通的需要疏通信息渠道、促进政治互动的行为，是执政者对政治流通客观现象的主观应对。”②

很显然，“政治流通”这个范畴，设想了一个理想化的“民主政治过程”，试图想克服这种“民主政治过程”中像政治宣传那样的强烈的“主体性”，力图想把政治传播描述成一个“平等的”、“民主的”过程。动机是良好的，但是，这个范畴，却恰恰使政治传播失去了它的真实性，抹杀了政治传播中的“主体性”以及相应的“主—客”之分，使其中最关键的“政治信息”失去了源头，成为一种“无源之水”。这个范畴解释不了“流动的政治信息从何而来”这个政治传播中最关键的命题，因此，它对政治传播便失去了根本的解释力。

二、政治沟通的基本机制

政治沟通的本质在于“沟”与“通”。“沟”意味着沟通者的主动（“沟”了还是没“沟”），“通”意味着接受者的反应（“通”了还是没“通”），因此，政治沟通的机制主要在于沟通主体与沟通对象之间的政治信息流动的反馈机制。

多伊奇把“反馈”定义为“一种产生信息输入反应行为的沟通网络，它包括

---

① 王长江：《政党论》，人民出版社 2009 年版，第 237 ~ 238 页。

② 同上，第 238 页。

这个沟通网络自身作用于这种新信息的全部结果，它依靠这种新输入的信息来修正其随后的行为”①。另一位著名政治沟通分析家理查德·斯奈德认为，这里的反馈“指的是返回到系统的有关该系统行为或状态的信息”②。不难发现，他们两人实际上说的是一回事，即反馈就是送回有关上次输出之结果的真实信息，并对下次再输出产生影响的过程。

反馈又可分为正反馈、负反馈、扩大的反馈和目标变化的反馈。

第一，正反馈。正反馈指的是反馈入系统的信息仅仅触发加剧原始行动的行为，也就是给定信息和反馈信息之间的差异倾向于加剧系统正在进行的偏离目标的行为。正反馈的结果不是一种调节过程，而是一种上升的螺旋反应。因此，政治系统中的正反馈过程能够导致决策系统的崩溃发生根本性的变化。

第二，负反馈。负反馈就是给定信息与反馈信息之间的差异倾向于减少偏离系统目标的反馈过程，通过负反馈过程，反馈入系统的有关决策及其实施后果的信息就能促使系统的行为朝着更加密切相关于目标达成的方向变动。因此，在政治控制系统中，一般是用负反馈来调节和控制整个系统行为的。

第三，扩大的反馈。扩大的反馈就是对反馈信息（真实信息）的放大。如果对正反馈信息进行扩大，那么，这种扩大的反馈常常导致对政治系统的不良影响。

第四，目标变化的反馈。目标变化的反馈，即是反映政治系统目标变化的信息反馈。政治系统有其战术性目标和战略性目标，战术性目标是经常变化的，战略性目标也会发生变化，政治系统必须随时拥有目标变化的信息，以维持其平衡。③

任何政治系统中的政治沟通都是具有单通道、双通道和多通道的沟通网络。这种网络通过以上的种种反馈机制实现政治信息的良性循环。政治沟通重在强调“通”，即政治信息是否畅通无阻，是否得到了及时而不遗漏的反馈。因此，政治沟通具有“量”和“质”的规定性。所谓“量”是指应该进入沟通的政治信息是否真实而完满；所谓“质”是指通过“沟”是否“通”，即有无真实而完满

---

① 〔美〕多伊奇：《政府的神经》，转引自俞可平：《权利政治与公益政治》，社会科学文献出版社 2003 年版，第 63 页。

② 〔美〕斯奈德等：《作为国际政治一种研究方法的决策》，转引自俞可平：《权利政治与公益政治》，社会科学文献出版社 2003 年版，第 63 页。

③ 参见俞可平：《权利政治与公益政治》，社会科学文献出版社 2003 年版，第 63 ~ 64 页。

的反馈,以及这种反馈是否对政治决策产生了积极的影响。

在现代政治中,尤其是在民主政治中,民意测验在政治沟通反馈机制中的作用越来越重要。所谓民意测验是指用具有代表性的样本来测量公众态度的任何做法。作为一种统计分析的技术,民意测验本身是中性的。由于它通过一整套客观化程序,真实反映民意原貌、精确把握民意特点,因此对政治系统是一种政治沟通的好方法,可以借之判定公众对政治决策和政治领导的评价,检测公众政治态度的发展趋势,预测公众政治行为取向以便于政府正确决策。当然,民意的政治作用需要认真辨析,民意并非在任何情况下都是政治的向导。因为大部分民众对政治问题少有自己的意见,而是服从于与现有政治体系保持一致的主流媒体,由此得到的民意与其说是"反馈",不如说是政治领导人的意愿。同时由于大部分民众更注重短期的和与自身利益相关的问题,故民意测验所反映的态度在长远及通盘性的考虑方面也有所缺陷。此外,像罗斯金所说:"民意测验并不仅仅是对公共舆论的监测,它也可以制造公共舆论。"①

三、政治沟通与政治参与

在政治学的研究中,一般把"政治沟通"与"政治参与"对应起来讲。这种思路划分了政治过程中的"统治者与被统治者",或者"政治精英与普通民众",认为政治沟通重在强调以"统治者"或"政治精英"为"起点"或"发端"的政治信息流动过程,而政治参与则是重在"被统治者"或"普通民众"对政治过程的影响。"政治参与"可以看作是对政治沟通的一种"回应"。

与政治沟通主体相反,政治参与主体一般是指与政治领导集团相对应的普通民众。政治参与的目的涉及政治活动的实质。亨廷顿和纳尔逊将政治参与定义为"平民试图影响政府决策的活动"②。维巴认为,政治参与的最终目的是企图影响"社会价值的权威性分配"。我国学者对政治参与的界定是:"公民及联合体为影响社会资源和利益的分配而从事的与政府决策活动有关的各种政治行为。"③

政治参与具有以下五个特征:第一,社会的专业分工使政治成为一种职业,

① 〔美〕罗斯金等:《政治科学》,林震等译,华夏出版社2001年版,第167页。
② 〔美〕亨廷顿等:《难以抉择》,汪晓寿等译,华夏出版社1989年版,第5页。
③ 景跃进主编:《政治学原理》,中国人民大学出版社2010年版,第276页。

因此政治参与主体被限定为非职业政治人员。第二,由于是非职业性的活动,故政治参与具有间歇性的特点。第三,政治参与是为了影响公共资源的权威性分配,就公民个体而言,其参与目的呈多元化态势,包括获得权力、财富、心灵上的满足、荣誉、表明自己的政治态度、显示政治能力等。第四,参与主体的利益多元性和认识差异性使其选择不同的参与方式和渠道。根据不同标准可将政治参与划为若干方式:参与的主动和被动,渠道的直接和间接,方式是否合法,发起方式是组织还是自发等。第五,政治参与是公民政治思想观念的外显行为,政治兴趣、政治价值观、政治功效感、责任感、能力感以及有关政治方面的相关知识等观念形态借助一定的外界环境对政治参与的行为实施影响。①

与政治沟通一样,政治参与也可以从"量"和"质"两个维度来考量。所谓其"量",是指政治参与的广泛性。所谓其"质",可以通过以下两个维度来衡量。首先是政治参与的主动性与被动性。前者指公民参与影响政治过程的行为源于其自身,后者指公民受他人策动(如威胁、劝说、引诱等)而介入政治过程。其次是参与的工具性与目标性。工具性参与是指参与者把政治参与当作实现其他目标的手段,目的是促进或捍卫参与者的利益,如达到某种经济目标。参与本身并非参与者的目的,是否参与取决于对预期成本、收益的判断,以及对自己实现目标的力量的评估。目标性参与是指参与者将参与当作一种目标或至少是目标之一来追求,这类参与有助于提高参与者在道德、社会和政治等方面的觉悟,促进公共利益,因此具有发展、教育和沟通的意味。二者的区别在于参与政治主动性的程度和层次的差异,目的性比工具性的主动性程度更高、层次更深,就社会的长远发展而言,对政治生活更有意义。两类参与一般是同时存在于政治生活中的,只是所占比例有所不同。研究表明,多数的政治参与具有强烈的工具性特点。此外,政治参与手段的直接与间接之分、参与范围和层次(包括宏观中央决策参与、中观部门和地方决策参与、微观基层事务参与)的排列等也影响着政治参与的质量。

政治参与从某种角度看依赖于政治沟通,是作为一种积极的结果对政治沟通本身的反馈和回应。

---

① 参见景跃进主编:《政治学原理》,中国人民大学出版社2010年版,第276~277页。

第三节　政治营销

从政治实践上讲,政治营销是比政治宣传、政治沟通更晚一些的事情。因而,在理论上,政治营销比政治宣传、政治沟通更能体现现代政治中政治传播的本性和特征。政治营销也不同程度地展现着现代政治中政治传播的未来形态。

一、政治营销的理论渊源和种种观点

据我国研究政治营销的学者赵可金考证,“政治营销”一词是美国学者斯坦利·凯里在1956年出版的《专业公关与政治权力》一书中首先提出的。在凯里看来,民主化浪潮在“二战”后的蓬勃兴起促进了一种新型社会权力关系的形成,政治家必须采用劝说和说服的方式,借助营销的理念和工具,才能赢得广大民众的支持。在西方的政治学语境中,与“政治营销”并行的还有“包装政治”、“政治管理”、“促销政治”、“政治公关”、“现代政治传播”等诸多概念。这些概念反映了对政治营销的实质理解并不一致。美国营销协会在1985年给出了政治营销的概念,认为营销是规划和实施观念、产品和服务的概念、定价、促销和分配,进而创造令个人和机构目标满意的交换过程。① 美国政治营销研究专家纽曼对政治营销的定义被认为是最全面的:

> 政治营销是由各类组织和个人将营销学的原理和程序应用于政治活动,这些程序包括候选人、政党、政府、政治游说者及利益团体,通过分析、研发、执行和管理政治战略,来影响公众观点、推广政治理想、赢得选举、颁发律法及公投认可等目的,以满足人民和社会团体的需求。②

我国学者赵可金综合以上观点对政治营销的定义是:“政治营销是特定政治行为主体(政治候选人、政党、政府、利益集团、说客等)在全面调查和评估政

① 参见〔美〕布鲁斯·埃·纽曼:《营销总统》一书中赵可金撰写的“导读”,上海人民出版社2007年版,第6~7页。

② 转引自赵可金等:《政治营销学导论》,复旦大学出版社2008年版,第32页。

治和社会环境基础上，明确价值，定位目标，选择战略，并运用有效的营销手段与众多社会行为体进行信息沟通、理念交流和产品服务交换，以获取民众（选民）的认同和合法性支持，最终改变社会行为体的行为，进而实现其政治目标并取得政治权力或权利的活动、形式、关系和过程。政治营销有狭义和广义两种理解。狭义的政治营销就是指政治候选人和政党的竞选策略和选战过程。广义的政治营销则不仅包括政治候选人和政党开展的竞选活动，而且包括政府获取民众支持行为、利益集团游说政府改变决策行为，以及大众传媒操纵公众舆论对政府施加影响进而左右政治家行为的活动。"①赵可金认为，政治营销的基本意涵包含了"五个必备要素"和"四个本质特征"。五个必备要素，一是具有相互需求的平等行为主体；二是特定的政治环境约束并且存在相当大的不确定性；三是追求特定政治目标和价值定位；四是营销组合工具及其战略选择；五是信息交流、理念沟通和产品服务交换过程。四个本质特征，一是目标的政治性；二是手段的商业性；三是行为的互动性；四是运行的法治性。②

二、政治营销与民主关系的二律背反

上述可以看出，政治营销已经被包装得很"华丽"了。某种意义上，正像我们前面批评"政治传播学"一样，政治营销在被过度延伸和扩展中，正在走向一个并无固定研究对象、基本范畴、基本命题、基本原理、基本规律的"学"的误区之中。在这种追求幻想性的"学"的过程中，现在对政治营销研究的致思路径已经深深地陷入到两个"二律背反"：一是与民主关系的二律背反；二是与市场关系的二律背反。

政治营销与民主关系的二律背反在于：政治营销思想"古而有之"，但是，它的成型以及作用的实际发挥却是政治民主化的产物，它有力地推进了政治民主化。与此同时，由于政治营销的作用，使政治越来越专业化、精英化，甚至商业化。伴随着"三化"，民主越来越通过"窄化"而"不民主化"。

从发生学的意义来看，政治营销是民主政治发展的必然产物。以往的民主理论过多地侧重于对民主价值原则和民主制度形态的研究，忽视了民主生活及

---

① 〔美〕布鲁斯·埃·纽曼：《营销总统》一书中赵可金撰写的"导读"，上海人民出版社 2007 年版，第 8 页。

② 同上，第 9 页。

其运行机制的研究。民主化是一项社会系统工程,它不仅需要在价值原则上牢固树立自由、民主、法治的政治价值观,需要设计权责关系明确且相互制约的制度规范,更需要整个社会学会民主政治的游戏规则,养成民主政治的生活方式,体验民主政治背后的价值文化。如果从民主政治运行的角度考察,以竞选为主要载体而产生的专业化的政治营销就不可避免地产生,而且随着竞争程度的日益激烈,必然成长为一个巨大的产业,这是不以任何人的意志为转移的客观规律。因此,政治营销在政治民主化的浪潮中如火如荼,人们似乎在政治营销中遵循着民主的规则,享受着民主的价值。“总结学术界的讨论和各国的实践,不难发现,凡是政治营销比较发达的地方,民主政治则非常稳定,民主制度也已经非常成熟;凡是政治营销不那么发达的地方,民主政治依然存在不少问题,民主制度也非常不完善。从某种程度上可以断言:政治营销是民主政治专业化的产物,标志着民主化进入了民主巩固的新阶段。”①

与此同时,研究者们却惊奇地发现,政治营销严重地“蚕食”着政治民主,使民主几近成为“魔鬼”,在政治生活中进行拙劣的表演。

第一,政治营销对金钱的依赖,使得民主政治沦落为金钱政治。政治献金为政治打开了特殊利益群体左右民主政治天平的方便之门,在金钱基础上建立起了当选人与捐赠者之间的“金钱—回报”关系,而非代表与选民之间的“选举—代议”关系,扭曲了代议民主理念;第二,政治营销推动了政治专业化程度,使得政治成为少数专家和精英人物垄断的事务,成为没有专业知识根本无法进入的象牙塔,广大民众参与政治的能力日益下降;第三,政治营销的趋中效应,降低了选民的参与热情,政治不再成为引发全民积极参与的民主政治,而成为少数人决定多数人政治的“沉默螺旋”;第四,政治营销对新兴信息技术的应用,创造了一个虚拟政治空间,从根本上颠覆了现代民主政治一人一票的基础;第五,政治营销引发了政治实体与政治形象的分离,广大民众面对的已经不再是政治方向的选择,而是政治形象的选择,民主政治堕落为“政治选秀”。②

不可阻挡的政治民主化要求政治营销的发展,急剧膨胀的政治营销又退化和蚕食着政治民主。现在的政治营销研究无力走出这种与民主关系的二律背反,理论无法提供指导,实践也只能裹步不前。

---

① 参见赵可金等:《政治营销学导论》,复旦大学出版社 2008 年版,第 276 ~ 277 页。

② 同上,第 277 ~ 279 页。

三、政治营销与市场关系的二律背反

“政治”与“营销”的联姻，在于政治的“市场化”。有市场，才有所谓的“营销”，这样一来，政治与市场的关系，也陷入二律背反：一方面，由于政治的市场化、商品化产生或带来了政治营销，没有政治的市场化、商品化就没有政治营销；另一方面，政治的市场化、商品化，走的是一条完全与政治的“公共性”本质要求相反的道路，政治的公共性本性必然强烈反对这种趋势。就是说，政治永远不可能完全市场化、商品化，像经济市场那样的设计、营销政治，使政治与经济“合二为一”，反过来会扭曲甚至破坏政治本身。

在政治营销的研究中，依靠一种理想性的理论设想，一步步地完成了政治的市场化、商品化以及与“营销”的完美结合过程。

在西方，是美国学者约瑟夫·熊彼特 1976 年首先提出“政治市场”的概念的。他的研究认为，“政治运作过程的性质”与“商业市场交换体系”并无二异，以资本主义的生产者与消费者行为来解释民主政治的运作过程，进一步以市场模式来模拟政治制度。自此之后，商业市场交换过程（政治竞选活动过程）与生产者竞争（政党政治模式）便成为政治学研究的一个新领域。政治营销就是将政治竞选活动过程依照商品的形式，对于选民的政治行为产生作用，使选民收集各类的政治信息，从政治意识的商品化过程中塑造对商品的认同。政治营销的重要性随着新技术革命的发展和选举政治的专业化而日益加强。

政治市场化的进一步诉求是在这种市场中多种政治主体的并存并且地位平等。“政治营销隐含着两个必要前提：一是政治主体之间建立起平等（至少是在法理和形式上）关系。因为如果统治者或者统治集团拥有绝对的权力或者暴力，可以任意奴役和驱使被统治者，且此种行为并没有引起被统治者的反抗，那么政治就不需要营销就可以达到目的……二是在政治事务领域确立起人民主权和民主程序的权威。政治主体之间建立平等关系并不意味着统治者必然诉诸营销政治的渠道，只有当民众认识到政治事务就是自己的事务且只有自己才能决定的事务时，换言之，只有当政治市场成为‘买方市场’的时候，营销才成为政治的重要选择。……如果上述两个必要条件尚不具备，政治营销便无从谈起。”①

市场中的“政治”要被“营销”，意味着政治必须成为“商品”，亦即政治市场中的政治商品化。研究者们考察了西方政治的发展历史，认为从近代资本主义以来，政治逐步摆脱了公共性本质转变成为一种利益政治。“利益政治颠覆了传统意义上政治是公共利益的伪装，使得政治成为对社会性价值或者公益在个人或者群体之间的权威性分配。利益政治成为赤裸裸的私利追逐，法律与制度不再具有‘公器’实质上的伦理内涵，而是社会现实利益竞争和维系的产物，政治人物就是政治领域中的‘资本家’，政治理念的推行变成了一种商品推销，政治领域也随着市场体系的发展和完善而进人商品化时代。”②

台湾学者李培元对政治的商品化进行了较为深入的研究。他认为，从理论上来看，从利益政治走向商品政治蕴含了三个层面的转折：第一，在形式关系上，个人利益的确认方式是从存在论的关怀（即道德主体的先在性）走向方法论的观照，即个别独立且相互一致的个体主义，也就是从古典自由主义的自然神学观点转移到科学理论的观点。当代个人主义的意涵（个体主义式的个人主义）即表现出这项认识历程的转折。第二，在处境关系上，个人利益的获取方式从欲望的实质满足（即个别的需求内容）走向欲望的满足程序（即如何获得需求），也就是从社会分工过程所呈现的个别且相关的需求对象，转移到社会分工本身所呈现的普遍且一致的交换方式。当代理性主义的意涵（工具理性意义上的效率观点）即表现出这项程序化的转折。第三，在社会条件上，个人利益的互动关系从自由竞争式的交换过程（即人际互动在物质上的互惠且自主）走向垄断式竞争的交换过程（即物质上的互惠且依赖），也就是从个别财产权所表现的使用价值观点转移到具有累积意义的交换价值的观点。当代资本主义的自主意涵（市场规模所确立的价格体系）即表现出这项价值关系趋同化的转折。③总之，依据上述三个关系结构形态的变化，非经济领域的活动方式表现出一定的商品意义，呈现为非经济领域的商品化过程。同理，政治领域的活动方式表现出一定的商品化意义，便是所谓的政治商品化过程。

既是商品，就意味着交换。政治营销的研究，做了如下的设想：“在政治商

---

① 赵可金等：《政治营销学导论》，复旦大学出版社 2008 年版，第 15 页。
② 同上，第 18 页。
③ 参见李培元：《政治商品化理论》，台北扬钊文化事业股份有限公司 1997 年版，第 53 页。

品化的过程中,在政治领域中的政党与社会组织的互动、政治人物与选民之间的互动关系模拟于经济领域中则呈现‘生产者’与‘消费者’之间的交换关系,政治人物作为政治‘资本家’,他的政治诉求成为他生产的商品并且加以推销,政治人物发表的政见因为经济活动逻辑的介入,政治营销反而成为政治活动中的要素,这表现为:政治人物发表个人的政见,如同陈列于商品购物架上;而选民在各‘商品’中作选择,用选票进行消费行为。”①

经过一步步完美的设想,政治作为一种商品被置放于市场中而交易,政治与营销实现了结合,或者说,政治被置放在营销中考量。这样一种政治营销,由于政治落脚于营销,从外部形态上看就成为一种营销学而不是政治学。这也就是说,现在的政治营销,除了导致前述的与民主、与市场的两个“二律背反”之外,陷入了营销学的陷阱,在这种陷阱中,政治营销学几乎与政治无关了,比如,把政治置换成任何另外一种东西,所谓的政治营销所讲的道理都是适用的。

好在政治营销学的研究者注意到了这一现象。认为尽管政治营销在很大程度上从商业营销中汲取了丰富营养,两者之间存在着很大的“同构性”,但并不能因此认定政治营销就是商业营销在政治领域中的延伸和应用,政治营销与商业营销存在很大的不同,两者形似神异。

比如,劳克与哈里斯列举了两者之间存在的七个方面的差别:第一,商业营销从根本上来说追求实现商业利润,且往往需要发生实际购买决策,而政治营销追求政治目标,且往往是假想中的购买决策,特别是选举营销集中在一天进行;第二,商业营销的消费者需要个人承担直接或者间接支出,而政治营销显然不需要政治消费者承担支出;第三,政治营销的投票者需要适应集体决策,而商业行销的消费者则可以不顾其他人的消费决策;第四,政治营销在选举中采取胜者全拿,而商业营销在交易中往往相互得利;第五,政治营销的产品是不可触摸的无形产品,而商业营销的产品都是有形产品;第六,政治营销往往很难建立一个新的成功的政党,而商业营销则很容易就可以组建一个新机构;第七,政治营销中塑造领导人是首要之举,而商业营销利润和产品是首要。②

---

① 参见赵可金等:《政治营销学导论》,复旦大学出版社 2008 年版,第 19 页。

② 转引自赵可金等:《政治营销学导论》,复旦大学出版社 2008 年版,第 38 页。

四、政治营销:政治传播新形态

人类政治在不断走向民主的过程中,从公共性走向商品性是实际存在的一种现实,就此而言,政治营销理念有其正面的作用。但是,正像前述政治营销同时陷入与民主关系的二律背反一样,在人类政治同样通过民主不断走向公共性的过程中,一味地像营销商品一样地营销政治,也会引领人类的政治走向相反的道路,危害人类政治的善良本性。所以,现在的政治营销理论必须加以改造。

在我们看来,政治营销就是在政治越来越民主的趋势下政治传播的发展和转型,其骨子里还流淌着政治宣传和政治沟通的血脉,可以看作是在政治沟通之后政治传播的新姿态或者新形态。正像研究政治营销的学者认为的那样,政治营销的思想“古而有之”,只是在近代以来的政治民主化进程中越来越“成型”。

把政治营销看作是政治传播在民主社会中的新形态,这种认识需要回答和解决上述未经改造的政治营销概念中遇到的两个二律背反。

第一,关于与民主的关系。民主化趋势作为一种因素在政治营销中只是一种背景因素。政治民主使政治统治集团意识到需要向民众“推销”自己的政治理念,但绝不意味着从此政治系统中“统治者”与“被统治者”的地位平等。只要还是“政治”,就意味着政治治理之中的“主—客”之分。“全民做主”只是一个政治幻象而已。就此而言,政治营销在民主的背景下产生,最后的结果对于民主来说是双重效应:由于对民众政治需求的考虑,越来越重视民意,使政治过程的本质越来越民主了;同时,由于营销中“理性的狡计”,使得政治过程中的民主通过“窄化”而更加规范、有效、有序。质言之,政治营销有益于民主。

第二,关于民主与市场的关系。政治的本性决定政治永远不可能像经济那样市场化。“政治市场化”、“政治商品化”与“全民做主”一样都是一种“政治幻想”。政治中的“政治交易”并不意味着“利益政治”能作为人类政治的一种形态,充其量只是一种现象而已。政治也永远不能像商品一样公平地交易。政治一开始就是公共的,政治会越来越公共化,这是人类政治文明的基本走向,永远不可能倒退。就此而言,政治营销中的“市场”、“商品”、“交易”只是一种有益于自己拿来可用的政治借喻而已。

至于“政治营销”中的“政治”与“营销”以及由此而来的“政治营销学”与

“市场营销学”的关系，前述劳克与哈里斯的研究给我们划定了界限：政治传播中，政治只能借助于市场营销的理念更好地传播政治信息，谋求政治认同，但不能把政治传播完全转化为一种市场营销的行为。

综上所述，我最后对政治营销的定义是：借助了营销理念的政治传播新形态。

五、政治营销中的政治广告

毫无疑问，政治广告是政治营销中最主要的手段或途径之一，尤其是在民主政治的核心环节——政治竞选中发挥着显著的作用，是政党和政治家们获得或维持政治权力所凭借的不可或缺的工具之一。

麦克奈尔认为，政治行为中涉及公民的理性选择，这种选择必须以信息为基础。新闻是信息的一个重要来源，另一个来源就是政治广告。“政治广告这种形式虽然有其内在的不确定因素，却依然稳步地成为了政治活动的一个重要部分。”他对政治广告的定义是：“政治广告在严格意义上讲，指的是依据商业目的向广大受众传递政治信息的一种行为。”①一般人认为，广告的特质在于“付费”，政治广告当然也不能例外。比如有美国学者认为，政治广告是“付费的政治传播”，这一点使政治广告不同于政治新闻等其他的政治传播形式。有学者不同意把“付费”规定在政治广告的定义中。比如，在政治专制国家，执政党和政府直接控制大众媒介，这些政治主体可以直接使用大众媒介通过政治广告等有效形式进行政治宣传，但是不付费。在我看来，广告可以做狭义和广义之分。狭义广告是一种以盈利为目的的商业信息传播活动，广义的广告就是广而告之，即广泛地告诉公众某种事物信息的传播活动。无论是狭义的或广义的广告，都可以是“付费”的或者“免费”的。政治广告没有那么复杂，就是通过“广而告之”的形式营销政治，是广告在政治营销中的运用。

政治广告有一些自己的基本特征：

第一，操控性。美国学者凯德认为政治广告的关键之处在于候选人需要“付费”购买才能控制传播媒介，从而控制政治传播的形式与内容。这使政治广告与政治新闻之类的由新闻记者与编辑控制的间接政治传播区别开来。

---

① 〔英〕麦克奈尔：《政治传播学引论》，殷琪译，新华出版社 2005 年版，第 99 页。

第二,目的性。政治广告是说服性政治营销活动,当然要充分体现政治广告主体的目的与意识。

第三,公共性。政治广告是面向社会的说服活动,属于公共传播,政治广告的公共性是通过利用媒介传播来实现的,这使政治广告既区别于政治主体的组织传播与人际传播,又有别于大规模社会政治运动等社会说服运动。

第四,公开性。政治主体利用政治广告进行传播,目的明确,直截了当。政治广告是公开的宣传形式,进行政治广告宣传的政治主体必须具有合法的地位,采取合法的手段接近媒体,选择合法的内容与形式。非法的、秘密的、地下的政治宣传是不能采取广告的形式的。

第五,艺术性。政治广告直接吸收了商业广告的技术手段和艺术表现形式,这使得政治广告摆脱了一般政治宣传简单盲目的说教传统而变得有的放矢、灵活机动。政治广告的意义区别于专门的政治报道、会议直播、政治广播讲话、报刊政论以及政治自传、政治著作等利用媒介进行的其他政治营销形式。①

政治广告的形态可以根据不同的依据划分得多种多样。从性质上划分,可分为正面政治广告与负面政治广告两种。所谓正面政治广告,就是以候选人为核心,宣传、赞扬候选人的品德、能力以及政策主张的广告;所谓负面政治广告,是以竞选对手为核心,谴责、攻击对手的品德及其政策主张的广告。而正面与负面对比型广告,就是把所称赞的候选人或主张与其竞争对手进行对照,形成对比,让受众自己判断。

在对政治广告的研究中,人们关注了政治广告的"选择"功能,却相对忽略政治广告强大的"构建"功能。政治广告的选择功能体现了政治广告主体对广告内容的设计和安排,而政治广告的构建功能却给受众留下了巨大的联想空间,效果可能更为出其不意。这一点,商业广告与政治广告是一样的。皮埃尔·马蒂诺当年就商业广告的构建性指出:"在我们充满竞争的系统中,很少有产品能够长久保持技术上的优势。如果生产商想使自己的产品畅销,想让消费者对产品产生一种依赖感与从属感,就必须利用言外之意来赋予一个产品以个性;必须赋予它丰富的联想与形象;给予它多层含义。"②当然,商品与政治家有

---

① 参见李元书主编:《政治体系中的信息沟通——政治传播学的分析视角》,河南人民出版社 2005 年版,第 225 页。

② 转引自〔英〕麦克奈尔:《政治传播学引论》,殷琪译,新华出版社 2005 年版,第 99 页。

着本质区别，政治广告与商业广告之间因而存在显著的差异。然而政治广告可以借鉴上述商业广告的“联系”战略。这些选择是“构建的”，而且这种构建不仅仅为了包含一种“使用价值”，还为了赋予产品一种交换或者说符号价值。在赋予政治行动者这些意义的过程中，政治广告商曾经借鉴了他们商业界同仁的所有技巧，同时还创造出了一些独门绝活。①

政治广告以“说服”为机制，所选择的内容要尽可能为这种说服提供支持，这就是政治广告内容的诉求点与诉求方式所带来的诉求策略问题。学者们已经对种种诉求策略进行了研究。比如，所谓感性诉求与理性诉求以及恐惧诉求；回顾政策表现、象征的诉求、意识形态的诉求、仁慈领袖的诉求、政党诉求、期望政策选择诉求等。还有学者总结的更多，不再赘述。

政治广告在民主政治国家“创造对候选人的兴趣，提高候选人的知名度，刺激民众参与，提供对候选人支持的动力，宣传政策与建立公众辩论的话题，展现候选人的才华，提供娱乐等”②，但是，在我国还是有其特殊性，“中国的政治制度没有为狭义的政治广告——竞选广告提供生存土壤。但广义的政治广告——以广告形式进行的政治传播在我国却有着广阔发展前景：一方面，中国共产党的政治宣传有着辉煌的历史和丰富经验，无论在革命战争年代还是和平建设年代，都是政治实践不可缺少的有力武器。中国共产党政治宣传的生命力就在于它能够根据形势需要不断变换宣传策略，善于利用最新的技术手段和广为群众喜闻乐见的艺术形式，创造性地传播党的路线、方针、政策。在社会主义市场经济的新形势下，执政党的政治宣传无论在内容上还是在形式上都面临着又一次挑战，需要转型。……实践经验已经证明，政治广告不但能以其富有感染力的表现形式宣传党和国家的路线、方针、政策，沟通党和政府与人民群众的情感，还可以宣传社会公德、教育人民群众为社会主义精神文明建设做出贡献。……政治广告必将成为我国21世纪重要的政治传播形式。”③

六、政治营销中的政治公关

政治公关是比政治广告更为有效的一种政治营销方式。

---

① 参见〔英〕麦克奈尔：《政治传播学引论》，殷琪译，新华出版社2005年版，第103页。

② 彭芸：《政治广告与选举》，台北正中书局1992年版，第27页。

③ 李元书主编：《政治体系中的信息沟通——政治传播学的分析视角》，河南人民出版社2005年版，第244～245页。

政治公关与政治营销究竟是一种怎样的关系？现在的研究界认为是一种“平行”关系，即既有“相似之处”，又有“不同之别”。认为表面看来，两者都使用媒体行销的手段，都是政治人物和机构、大众之间展开的以构建形象和声誉为目标的信息交流沟通过程，但实际上政治公关仅仅是公开事实或者以上述活动让公众了解事实真相，而政治营销更注重形象构建和大众说服，最终获得政治合法性的支持。同时，政治营销还存在复杂的营销管理环节，涵盖了比政治公关更广泛的内容。显然这种认识并不准确。伴随着政治的民主化进程，政治营销被广泛地应用在竞选政治之中，先是政治广告的广泛使用，之后就是政治公关的登场。从政治发展的历史过程看，政治广告与政治公关前后相继，都是政治营销的一种手段。显而易见，政治营销与政治公关二者的本质都是一种“营销”，政治营销中包含了政治公关，两者无法理解成一种“平行关系”。就此而言，寻找政治公关与政治营销的区别显然是窄化了政治营销，不符合对规范的政治营销研究的学术路径。

如果说，政治广告由于粘上“金钱”而可信性降低、效力大减，那么，政治公关某种意义上正是想克服政治广告的这种局限性；如果说，政治广告尚还是平面的、静态的、单纯的“营销”，那么，公关已经是一种立体型的“活动”。麦克奈尔当年说到政治公关，就特别提醒：我们已经注意到广告作为政治传播形式有一个根本性弱点，即使信息的接收者不把广告看作是负面意义上的“宣传”，也会认为它有所偏袒。不管受众是否同意广告中宣传的内容，他或她知道那的确是一条政治信息，反映的是广告发起人的利益、主张与价值观。基于这个原因，广告作为一种劝服手段的效果总会打上折扣。受众知道信息受到了“约束”，因而会与之保持一段距离——抗拒或者拒绝。我们已经看到，这并没有妨碍广告在政治进程中愈发重要的地位，但是却鼓励了一种观点，即其他的传播形式可能会比广告更加有效。特别是政治行动者已经开始相信通过“免费媒体”（相对于各类付费的手段）达到政治目的的重要性。免费媒体在这里指那些政治行动者不需要向媒体机构支付报酬就可以获得报道与曝光的空间与途径。在麦克奈尔看来，政治公关是一种“免费”的政治营销的实践活动。

麦克奈尔把作为一种活动的政治公关分为四种类型：媒体管理、形象管理、内部传播和政治信息管理。所谓媒体管理，即设计活动来满足现代媒体的报道需求，从而使政治家能够享有尽可能多的免费媒体的报道。这些活动主要包括制造媒体化事件，即创造出具有媒体亲和力的事件，以此吸引媒体把关人的注意，让该党对政治问题的定义与解决方法得到报道。在这个意义上而言，我们也可以把这一类活动称作事件管理。所谓形象管理，就是一方面如何塑造单个政治家的个人形象以符合组织利益，另一方面是政治组织的整体形象。所谓内部传播，包括建立用以在党内传递信息、调整信息并且处理反馈的渠道。就好比现代公司例行公事地支持对内公关部的工作，以期最大化机构效率一样，政党必须发展有效的内部交流机制。所谓政治信息管理，指的是那些用来控制与操纵信息从政府机构流通至公共领域的活动。这一类活动往往涉及那些执掌政治权力的政治行动。信息是一个重要的政治武器，政府对信息有选择地传播、限制以及（或者）扭曲是公共舆论管理中的重要元素。没有执政的组织也许同样可以用信息管理攻击对手，不过政府不可避免地是最有利的信息操纵者。后者可以支配所有的国家管理资源，利用它们对公民的生活施加重要的影响。①

政治公关作为一种政治营销的手段不仅大量使用在国内政府的政治事务之中，而且已经越来越在国际政治事务中大显身手。由于政治制度的不同，政治公关作为一种政治营销在国内政治事务中的应用受到一定的限制，比如，在民主政治中主要应用于政党的政治竞选，但是，在专制政治中，由于不实行政党政治竞选，因而政治公关很难展开。但是，在国际政治事务中，政治公关就突破了政治制度的“民主”或者“专制”的藩篱被普遍地使用。这几年开始流行的所谓“公共外交”就是政治公关在国际事务中最突出的形态。

公共外交是美国学者和外交官使用的说法，在英国称为文化外交，主要用来指一国政府所从事的对外文化关系。“公共外交”一词是1965年塔夫斯大学教授埃德蒙·格里恩首次使用的，后来其在教科书中将公共外交界定为“超越传统外交范围以外国际关系的一个层面，它包括一个政府在其他国家境内培植舆论、该国国内的利益团体与另一国内的利益团体在政府体制以外的相互影响、以通讯报道为职业的人如外交官和记者之间的沟通联系，以及通过这种过程对政策制定与涉外事务处理造成影响。”②公共外交是政府用以影响其他国家政府的决策而开展的与他国民众进行交流的过程。公共外交的核心是一国政府直接与他国的民众交流，目的在于影响民众的观念，最终左右他国政府的决

① 参见〔英〕麦克奈尔：《政治传播学引论》，殷琪译，新华出版社2005年版，第131～135页。

② 转引自赵可金等：《政治营销学导论》，复旦大学出版社2008年版，第261页。

策。公共外交着眼于努力创造一个关于国家政策、行动和政治经济体系的良好形象。

现在，公共外交又演变出了“软实力”。所谓“软实力”指的是一种吸引对方并且影响对方偏好的能力。它表现为一种强大的吸引力，使对方发自内心地羡慕、喜爱，并且追随。如果把软实力看作是一种自愿的话，与它对应的则是强迫。二者中间是说服、引诱、贿赂之类的权术操纵。学术界通过“软实力”的研究，重新客观地审视公共外交的宣传功能与效果。“从宣传的角度来看，公众外交与软实力是西方宣传话语在全球化和传播技术高度发展的时代的新发展。它更强调宣传要在国家利益和受众个人自由之间维持平衡，通过双方能够接受的双向交流，达成宣传的目标。这种宣传观念标志着‘科学式’宣传观念的成熟，它把宣传变成一个可以通过整合传播加以控制的高级心理控制技术，力图实现被影响者深层价值观的认同与自愿的追随。”①

第四节　三大形态的逻辑关系和理论比较

作为政治传播三大形态的政治宣传、政治沟通、政治营销，从某种意义上展现了政治传播的历史、现在和未来。在逻辑上它们有一定的“递进”和“升华”关系，在历史上也有一定的“承接”和“转化”关系。贯穿在其中的“纽带”就是它们都在展示着一种政治系统中政治信息的发出、流动与接受。

一、从政治宣传到政治沟通

如果说，政治宣传是“政治宣传主体”对政治系统中政治信息的管控、操纵、灌输等，意味着在政治生活中，政治宣传主体与受众对象的“主客之分”②。那么，政治沟通则淡化了这种操纵意识，转而寻求受众对象的共识。如果说，政治宣传中，政治宣传主体压根就不会考虑宣传对象原来是怎么想的，只是关注被“宣传”之后对象是怎么想的，甚至，对象被宣传之前后怎么想都与自己关系不

① 刘海龙：《宣传：观念、话语及其正当化》，中国大百科全书出版社 2013 年版，第 317 页。

② 我不认为政治信息传播过程中的“主客之分”就必然意味着在政治生活中传者与被传者的政治地位不平等。这完全是两回事。

大,那么,政治沟通则十分关注沟通对象怎么想,而且进一步关注“沟”了之后是否“通”了——反馈机制、民意测验等都是想知道是否“通”了。

政治沟通对政治宣传的这种“升华”和改变,是人类政治民主化使然,它正是民主政治与专制政治(至少在形式上)共同追求和实际践行的理想性政治制度。

政治沟通比之于政治宣传,改变了政治信息在政治传播中的性质和地位。政治沟通中政治信息褪去了它在政治宣传中的那种主观甚至虚假的外衣,更能反映政治信息所承载的政治现实。所以,政治沟通把政治信息当作政治分析的基本单元,不仅“阐明了信息对于科学决策的重要意义,具体地指出了政治系统的沟通状况是怎样影响政治系统的运行或决策的制定与实施,指出了决策过程中的信息反馈机制”①,而且由于信息“可以被测量和被除尽,沟通通道传送或扭曲信息的时间也可以根据定量标准加以评估”②,这促使政治因此得以定量化而被科学地描述、分析、比较和解释,也有益于决策的科学化。

政治沟通对政治系统中政治信息流动的系统化研究,也使人们对政治的关注从结果转向了过程,诚如多伊奇所强调的,政治本身不是目的,应该从过程中去把握政治,而政治沟通为过程的动态分析提供了一个操作平台。

政治沟通对政治宣传的这种“升华”和改变,使我们以一种与以往截然不同的视角来看待政治生活。贯穿政治生活的核心概念——权力——的实现基础和表现形式发生了实质性的变化:不再以命令、制度、暴力等强制形式出现,而是在某些范围内和某种程度上被建立在信息接收和处理基础上的决策所替代。政治沟通成为描述和解释政治系统行为的一种新能力,是政治系统的“命脉”和“神经”,反映了现代政治的实质。政治沟通意味着现代政治中的政治传播由“单项操纵”向“良性互动”的转型,是政治传播在政治宣传后的新形态。

二、从政治沟通到政治营销

相比于政治宣传,政治沟通放低了政治传播中传播主体的“身段”,褪去了政治宣传中政治信息的主观性和可能的虚幻性色彩,从而使得政治传播过程更

① 俞可平:《权利政治与公益政治》,社会科学文献出版社 2003 年版,第 54 页。

② 〔美〕多伊奇;《沟通模式和决策》,转引自俞可平:《权利政治与公益政治》,社会科学文献出版社 2003 年版,第 60 页。

加客观化、科学化乃至于技术化。它在现代政治生活中的地位与作用自当不必多论。

但是,政治沟通预设的是非常民主而文明的现代政治生活,预设的是“政治沟通主体”已经获得政治传播的“主体”地位。然而,现实的政治生活是,政治不都是民主的,就算是民主政治中也不都是民主的政治生活,相反,谁能成为政治传播的主导者,谁是政治通过沟通的主体,谁是政治信息的“元产生者”和“元发出者”,在民主政治中恰恰首先需要“民主”来决定。民主意味着多元的政治主体,多元的政治主体对权力的争夺意味着可能残酷的政治竞争或政治竞选,作为前提的并伴随着政治沟通过程的政治传播的新形态——政治营销就此诞生。

三、政治营销对政治宣传的“升华性”回归

政治营销在比政治沟通更为民主而复杂的政治环境中诞生。面临政治、经济、文化交织在一起的更为竞争激烈的政治环境,政治营销采取了“更为主动”的进攻性姿态来展现现代政治中的政治传播。所有被政治沟通“扬弃”掉的政治宣传的“优势”,都可能在政治营销中“复活”。从外部形态上看,政治营销几乎就是政治宣传在现代政治运作中的“翻版”。从内在逻辑关系上看,政治营销是政治宣传在“否定之否定”后的“升华性”回归。

被称为“公共关系之父”的爱德华·伯内斯1928年在名为《宣传》的书中认为,宣传虽起源于政治,但却由商业宣传发扬光大,政治宣传反而落后,所以政治宣传要向商业宣传学习。他提出,国家的真正权力掌握在“隐形政府”的手中,宣传是他们的权力,政治家要学习商业宣传术才能提高自己对社会秩序的控制。这就是说,政治营销是“学习”或者“吸纳”“宣传术”之后的政治传播形态。

被升华后的政治营销与政治宣传的“相似性”在于:如果说,政治沟通中,政治信息的流动是一种强调沟通主体与沟通对象二者利益的“双向交流”,而政治宣传中的政治信息流动只是强调宣传者政治目的、不顾及宣传对象的从宣传主体流向宣传对象的“单向流动”,那么,政治营销中的政治信息流动也是一种“单向流动”。不过这种“单向流动”与政治宣传的“单向流动”方向相反,是从营销对象流向营销主体。就是说,政治营销是要在首先细分政治市场、考虑营销对象的政治需求的基础上“制造”某种政治产品。营销过程中的一切策略围绕着

对象的需求而制定。当然，政治营销的最终目的是推销出自己的政治产品。这种现象，非常类似于现代的公关、广告，虽然提倡“双向沟通”，“营销”的目标也越来越间接，但其最终目的仍然是实现营销者的意图和利益，似乎还是典型的“宣传”现象。正如西方谚语所说的：如果一个东西看上去像鸭子，走起来像鸭子，叫起来像鸭子，那它就是鸭子。从政治宣传到政治营销完成了政治传播在现代政治中的完美“回归”。

四、“新宣传”：政治营销的一种现代印证

“宣传”本无罪，但是宣传的“恶的实践”使宣传背上了“污名”。

古典的“宣传”是狭义的，现代宣传是广义的。

宣传是人类社会、人类政治并不能避免的活动。

宣传的“精神”或“灵魂”作为一种血液和细胞流淌在人类的政治传播之中，到了现代政治中，宣传以政治营销的姿态或形态在重新展现自己的力量。为了与那种背上“欺骗”恶名的“旧宣传”相区别，人们使用了“新宣传”这个词。[①]

从某种意义上说，所谓“新宣传”，与其说是“旧宣传”吸纳了商业营销精神的新形态，不如干脆说，正是承续了宣传之灵魂的政治传播的新形态——政治营销。美国学者阿什德和约翰逊就认为，旧宣传由国家来操作，而新宣传则由组织通过现代公共关系来操作。这种正式的信息发布和控制体制既适用于政治领域，也适用于经济领域，像新闻发布会等措施其实变成了一种新的信息控制和宣传方式。因此，他们将这种新宣传称之为“官僚式宣传”，并认为这种宣传与传统的宣传有以下几个区别：第一，旧宣传的目标受众是无差别的大众或者待说服的公众，而官僚式宣传的受众则是细分化的。组织会挑选出特定的一部分受众，针对其特征进行宣传；第二，新宣传和旧宣传使用的媒体存在差异。

① 我国青年学者刘海龙在他的博士论文中提出了“新宣传”这个词：“当宣传被认为是一种无损于个人自由或民主政治的实践时，宣传活动便被认为是正当的和必要的，可以在社会中畅通无阻；但是当人们对宣传的正当性产生质疑时，宣传活动便会以其他的形式曲折地渗透进正常的传播活动。例如中国长期以来不对新闻与宣传做区分，宣传被作为一个中性词而不是贬义词使用，学界也多从正面肯定宣传的必要性，因此，宣传可以公开存在，几乎成为‘传播’的同义词。但是改革开放之后，中立的‘传播’概念被引进，宣传逐渐具有了负面意义。这个时候宣传开始向更隐蔽的方式转变，公共关系和形象塑造成为常见的宣传操作技术，简单的宣传逐渐让位于以中立形式出现的‘新宣传’。”刘海龙：《宣传：观念、话语及其正当化》，中国大百科全书出版社 2013 年版，第 10 页。

传统宣传因为针对大众，选择大众媒介，会重点使用某种或某几种媒体，官僚式宣传则主要使用组织报告、记者招待会等方式向媒体提供信息，成为它们的信息源而不是直接控制媒体；第三，传统宣传的目标是改变受众的态度、信仰，促成某种行为，而官僚式宣传的主要目的是保持组织的正当性，使其继续生存。它并不需要说服所有人，只需要说服与组织的生存息息相关的特定受众就足够了；第四，传统宣传试图保持自己的可信度，或者要让受众相信宣传所说的是真实的。虽然谎言可以暂时奏效，但是事实才是最可靠的，所以传统宣传不惜使用一切方法，包括提供事实来获得受众的信任。而新的官僚式宣传关注的是"对真实的使用"，一般通过统计数字和事实的某种解释来达到组织目标，但是却很少向公众说明他们为什么会使用某种方法而不是另外一种方法来分析数据。宣传者利用专业主义的方式，使"真实"为其服务。①

第五节　三大形态的实践过程

政治宣传、政治沟通、政治营销是我们对政治传播形态的一种理论规范，这种规范既是对政治传播实践的一种理论反映，也是对政治传播实践的一种引导。在理论上可以划出界限，进行比较，但是在实践上，这几种形态虽然也有一些时间上的顺序，但基本是交织在一起的。这里所谓的"实践过程"也只是一种大体的观察和判断。

一、政治宣传实践

虽然现在政治宣传的名声不佳，但是，无论是专制政治还是民主政治的政治传播，都在"践行"着政治宣传，只是程度不同、形式不同、名称不同而已。

众所周知，宣传的实践最早出现在宗教的"宣教"之中，后来第一次世界大战中被作为战争动员应用，尤其是第二次世界大战期间，法西斯国家把宣传在实践中推至极致。"二战"以后，世界进入资本主义和社会主义的"两极分化"的冷战之中，专制（有人称为"威权"）政治的社会主义阵营，旗帜鲜明地进行着政治宣传。政治宣传以更为隐蔽或变相的形式仍然活跃在世界各国的政治生活之中。

---

① 参见刘海龙：《宣传：观念、话语及其正当化》，中国大百科全书出版社2013年版，第318～319页。

美国学者兰德尔·皮特沃克所著的《弯曲的脊梁》对“纳粹德国与民主德国时期的宣传活动”进行了深入的研究，给我们展示了这两个政治制度俨然不同的国家的政治宣传历史实践。皮特沃克在书中不无幽默而深刻地讲述道：

> 经历整个第三帝国的一位牧师描绘了他和纳粹官员会面的方式，他很好地解释了极权社会中的生活：“一个人将会一步步地推得越来越远，直至他跨过某一界限，然而他却没有注意到脊椎正在以几乎无法觉察到的速度弯曲了”。①

皮特沃克用比较的方式考察纳粹德国与民主德国那种殊途同归的“宣传”的无坚不摧的改变人的意识和思想的极端效果。他不无悲哀地“钟情”弗朗西斯·麦克唐纳·康福德关于“宣传”的定义——“一种非常接近于不用像欺骗敌人那样欺骗朋友的艺术。”②在皮特沃克的研究结果看来，“国家社会主义和马克思—列宁主义”都花费了大量精力来弯曲，有时是折断人们的脊椎——它们都发现宣传是一个绝对必要的过程。纳粹德国和民主德国政体在许多方面差异甚大，一个是栩栩如生邪恶的标志，另一个留下的则是在一个苍白城市中灰白老人的影像。这两个体系之间的差异不应该被忽略，但是二者同样有很多相似处。它们都试图运用宣传建立一个新社会，在这个社会中，人们将会享有几乎完全一致的宗教观，在今天，有人会把它称作是支配性的超越性叙事，而几乎不会为真理的对抗性版本提供多少空间。它们都大力缩减开放对话的机会，使它对它们及其公民纠正其政府导致之罪恶的过程更为困难或许甚至是不可能。两种体系中宣传达到的程度根植于共同的历史与文化，也随意识形态而发生变化，这些相似与差异将会告诉我们一些在现代世界中关于宣传的更为广泛的性质。皮特沃克的研究结论非常耐人寻味，他说：“在更深的意义上，两个宣传体系都遭到了灾难性的失败，它们都宣称传达真理，但是没有一个是可信的；它们都要求热情的支持，但是只能勉强接受公开的服从；它们都讨论永恒价值，但没有一个配得上。它们制造的痛苦远比快乐多。它们失败的根源都是一样的。它们要求宣传做的远多于它能做的。”③最后，皮特沃克对世人的警告是：

---

① 〔美〕兰德尔·彼特沃克：《弯曲的脊梁》，张洪译，上海三联书店 2012 年版，第 1 页。

② 同上，第 3 页。

③ 同上，第 218 页。

> 一个国家不能强迫人们接受长期的充满激情的信仰。让人们按照它们似乎相信的来行动，这是相对容易的。大多数人会从外表上进行调整，以适应占据支配地位的观点。对一个需要和平与秩序的国家来说，那也许足够了，但是对世界观来说则不是，不管是宗教的还是政治的。国家社会主义和马列主义制造的是只会装样子的公民。人们假装相信，而政府也假装相信人们已经相信了。
>
> ……在国家社会主义和东德的马列之下，宣传是强有力的和有说服力的。脊梁弯曲了。普通人有时会以各种方式行动，这些方式的性质跨度很大，从令人不愉快的到可怕的。然而，不管独裁政权多么努力地尝试，它们运转多长时间，都不可能创造出由充满激情地、毫无异议服从于统治性信条的公民组成的国家——这一信条在其核心处已经糜烂不堪。正如各种宗教已经发现的，强迫的忠诚是表面的，20世纪的强大独裁政权，因为它们的喧嚣与骚动，没能创造出有能力建立一个千年世俗王国的新人类。借用圣经的隐喻，它们那建立在流沙之上的房子，根本无法抵抗暴风雨的肆虐。①

皮特沃克对当年东德社会主义国家宣传的研究，有很多的结论是适合于当年整个社会主义阵营的国家的。有些东西，仍然延续在今天一些专制政治或威权政治的国家之中。

那么，政治宣传是否只是在专制政治国家被实践？抑或说政治宣传就只是对这些国家政治传播的理论总结？当然不是。如前所述，所谓“新宣传”、“整体宣传”、“广义宣传”、“现在宣传”等也都是对过去、现在的所谓民主政治中政治宣传的概括和总结。当然，现代宣传更具有现代性，包括理念、手段、技术、运作机制等等。

美国学者乔姆斯基和赫尔曼合著的《制造共识：大众传媒的政治经济学》就以美国为个案，以“宣传模式”为范式，对现代资本主义政治中利用操纵媒体而进行的政治宣传进行了揭示和批判。

他们认为，美国的大众媒体看上去享有表达自由，也基本不存在外在力量压制民意，但是通过这些巧妙的控制，表面上自由的民意实际上不过是李普曼

---

① 〔美〕兰德尔·彼特沃克：《弯曲的脊梁》，张洪译，上海三联书店2012年版，第163页、第169页。

所说的“被制造出来的共识”。他们归纳的“宣传模型”包括五层过滤网:第一,占据统治地位的媒体公司都是些巨型企业,受到以赢利为目的的投资者的影响。媒体与财富的拥有者有着许多共同利益,这会影响媒体对新闻的选择。媒体垄断再加上与权力精英的合谋,主流的声音便会越来越单一。第二,媒体的生存依赖广告,所以内容要适合主流价值。一些激进的媒体由于受众缺乏购买能力而无法在市场上生存。广告同时还会对某些不符合广告主利益的内容进行过滤。第三,媒体每天要填满固定的版面和时间,无法做到所有新闻都来自于记者的一手独家报道,要依靠稳定的消息来源。政府和商业组织恰好可以填补这个空白,因此可以控制媒体的内容(包括向媒体提供“专家”,甚至双方会达成一种默契)。第四,政府或商业组织还可以通过民间或法律程序,发起对媒体的抨击或谴责运动,威胁媒体就范。第五,利用反共产主义的意识形态和“支持共产主义”的帽子讨伐媒体的正当报道与批评。①

通过这个宣传模型,乔姆斯基和赫尔曼从组织架构和组织关系上解释了为什么美国的主流媒体在报道相似的新闻事实时采取两种处理标准、两套价值观。他们所说的媒体“两分法”既是宣传模型的产物,同时也给宣传分析提供了一个切入口。两位研究者用大量案例对比说明,美国的主流媒体会按照新闻主体与美国利益集团关系的亲疏,选择不同的报道策略。两位研究者认为,经济是造成这一差异的根本原因。美国的这些利益集团掌握着强大的政治、经济和军事资源,他们并不使用简单干涉的方法,而是通过“宣传模型”所说的这五种间接的方式,控制着新闻媒体,以达到其背后的政治目的。

二、政治沟通实践

政治沟通在不同的政治体制中有很不相同的实践过程。前面我们已经论述过,政治沟通区别于政治宣传的地方在于政治信息的“双向流动”。在具体的政治沟通过程中,这种“双向流动”有“外沟通”与“内沟通”的双重性。笼统地说,现代政治都是政党政治,在具体的政治体制中,政党政治也不尽相同,比如,在专制政治中,可能是一党执政,并且不通过政治竞争而一党执政。而在民主

① 参见〔美〕乔姆斯基等:《制造共识:大众传媒的政治经济学》第一章“宣传模型”,邵红松译,北京大学出版社 2011 年版。

政治中，是两党或者多党执政，并且通过政治竞选而争得执政权。因此，这里所谓的政治沟通的“外沟通”主要是指执政党与其他党之间的政治沟通；“内沟通”一是指执政党内部的政治沟通，二是指执政党代表的“官方”与其所统治的“民间”之间的政治沟通。

从政治沟通所经历的历史过程和现实表现来看，民主政治的政治沟通虽然比较侧重于“外沟通”，即执政党与其他党之间的政治沟通，但其“内沟通”即执政党代表的“官方”与其所统治的“民间”之间的政治沟通也都比较发达畅通。西方民主国家，政党推动政治沟通过程的运转主要是在系统外进行的，执政党不是政治沟通的主要推动者，沟通动力主要来自于反对党，它们在利益表达过程中实现了政治信息的传递，以批评的方式给予执政党压力，从而迫使政府积极地进行各种形式的政治沟通。从政党的角度观之，政治沟通运转的原理就在于政党之间能够形成长期的利益冲突，在宪政框架内，政党之间通过合法的利益表达与博弈实现各自的利益。由于利益冲突是永恒的，因此，基于冲突基础上的政治沟通过程也是永恒的。只要存在利益要求，政党就会进行利益表达；只要存在着利益表达，政治沟通的过程就不会停息。政治沟通的发生就在于各政党之间的利益形成了一种持久的制衡状态。政治民主国家的“内沟通”相比来说也比较发达。主要表现在它们的政治体系中，作为政治沟通的重要环节或者回应的民意测验十分发达。利于独立媒体以及公共舆论的重要途径政治沟通的质量也比较高，政治系统以及整个社会的政治信息传播和流动比较畅达。

相对来说，由于具体的统治体制不同，政治专制国家的政治沟通还没有完全脱离政治宣传的理念和轨道。它主要不是以批评的方式实现监督，而是“政党的作用通常是和政府机构协调一致，提供政府政策方面的信息”①。政治沟通主要是通过领导和监督两种方式进行的。执政党通过领导整个政治过程从而推动政治沟通，而民主党派通过协商基础上的监督推动政治沟通过程。对于执政党而言，它通过全面领导人民代表大会、政府和司法机关，从而推动政治沟通过程的发生，执政党是当代中国政治沟通最主要的动力机制之一。“当代中国政治结构总体而言是朝向集权方向发展的，尽管在不同的历史时期曾经进行过分权化改革的尝试，但是就政治结构的整体来说权力是集中的。同时，当代中

① 〔美〕罗伯特·达尔：《多元主义民主的困境》，尤正明译，求实出版社 1989 年版，第 10 页。

国政治发生的过程主要是由中国共产党推动的，政治制度的设计和安排都体现了中国共产党在中国政治系统中的作用和地位，因此，权力集中的政治结构实际上是执政党处于权力结构的顶端。这种权力结构对于政治沟通来说其原始动力虽然是公共舆论，但是，在实际政治生活中执政党是政治沟通的第一推动力，当然，正是因为执政党在政治结构中的特殊地位和影响力，所以政治沟通的过程才能够得到保障。由此我们可以发现，当代中国政治沟通的动力主要来自于政治系统内部，这种逻辑关系与西方国家有些不同。"①

正因如此，当代中国的政治沟通已经暴露出了诸多问题。第一，由于政治组织部门的条块分割化、职务岗位本位化、科层结构官僚化等结构性特点，致使政治组织传播纵向传播多于横向传播，下行传播多于上行传播，组织内传播多于组织间传播。可以说，这种"格局状貌"是畸形的，政治信息在其中严重不对称而且损耗、失真、变形。第二，人际传播，由于政治信仰、政治素养、政治品性、政治腐败等诸多方面的复杂因素，可以说，整体陷入"报喜不报忧"的政治传播恶劣偏好。传播内容"同质化"；传播选择"谗言化"；传播链条"关系化"；传播范围"圈子化"；传播效果"感情化"，也并不完全是危言耸听。第三，依赖于执政党组织的政治沟通，只是政治体系的"自转"，无法获得组织外动力补给，"公众社会舆论"还不是独立的政治沟通主体，因而无法进入社会政治沟通的动力系统。依赖于组织与人际传播的政治沟通已经动力不足，无力带动整个社会的良性政治沟通。

努力改善中国的政治沟通，可从如下几个方向做出努力。第一，努力实现政治沟通中组织传播、人际传播与大众传播的功能耦合。这三种渠道中，任何一个渠道都无法单独完成政治沟通。制约和克服其负面作用，实现其正面功能是现代政治的高明之处，也是政治制度安排与设计的智慧之处。就制度功能而言，人际传播满足于个人微观层面的信息传播需要；大众传播满足社会宏观层面的信息传播需要；组织传播介于两者之间，满足组织中观层面的信息传播需求。从微观到宏观相互关联，满足整个社会的政治信息需求。三个传播系统的耦合程度，决定着政治领导层信息结构、信息生产和信息输出的合理化程度，决定着整个社会对政治信息接受的全面程度和良性消化程度。就目前的中国而

---

① 谢岳：《当代中国的政治沟通》，上海人民出版社 2006 年版，第 22 页。

言，当务之急是：减少对组织和人际传播的倚重，遏制组织与人际政治传播的负面功能，开放组织与人际政治传播系统，将更多的政治信息投放于大众传播渠道，受大众社会的公开监督。

第二，就政治沟通中的大众传播而言，要进一步解放思想，从顶层政治制度设计上，给大众传媒合法性的政治沟通和政治传播重要地位，以弥补上述政治沟通中组织与人际传播的局限性。现代政治的理论与实践告诉人们：权力不能离开制约，政治不能离开监督。没有监督的政治必然会是腐败的政治。政治必须接受监督，必须接受经常的、广泛的、公开的监督。而这种监督常见的有效形式，是运用大众传媒。“让权力在阳光下运行”最有效的形式就是在大众传媒所形成的公共舆论的监督之下。在这一点上，我们必须有政治自信和政治勇气。

第三，以改变政治话语为切入点改善政治沟通状态。政治沟通的制度设计“任重道远”。眼下切实可行的是，从改变目前我们的政治话语——政治传播的重要中介——为切入点改善政治沟通状态。现在中国社会政治沟通不畅最直接的表现就是“官方”与“民间”在政治话语上“各说各话”，乃至“反着说”、“对着干”。在这种情况下，是“官方”仍然不顾不管，力图去改变民间话语，还是“放下身段”来“为民说话”，实现与民间话语的良性互动和内在融合？显然，前者是徒劳无效的，后者是正确而有效的做法。

现在的官方话语体系，是国家权力结构的公共政策传达、权威信息发布，它具备鲜明的政治目的性和严谨的规范性，而民间话语体系，是长期积聚的各种民间思潮的舆论表达。在当前中国，政治话语即权力，民间话语也已经不再是“纯思想”、“纯语言”的活动，而是与官方话语博弈的某种政治的或社会权力的争夺。因此，我们必须认识到，国家与社会关系的变化所导致的官方政治话语与民间政治话语在权力上的再分配，并不意味着“官”与“民”的对立，相反，舆论在两种话语体系中交错、互动、博弈，“主导性言论”在官方话语和民间话语之间的流动，会有益于我们的国家与社会，会有益于我们的政治文明进步，会提高党和国家政治传播的“正能量”。

一要转变政治话语立场。毫无疑问，我们官方政治话语是站在党和国家立场上的理论表达。但是，始终不可忘记，“党和国家立场”就是人民大众或老百姓的立场。然而，现在的某些“官方政治话语”，还是难免有只站在“党和国家立场”上而与老百姓立场脱离之嫌。因此，这里的“转变立场”并不是“改变立场”，站在党和国家的对立面，而是要站在党和国家与老百姓内在一致这样的立场上来。

二要转变政治话语口气。党是人民的党，国家和政府是为人民服务的政府。因此，作为政治沟通话语的主体，官方话语体系的口气本来应是“仆人”请教“主人”的口气。然而，现在某些方面、某些时候却是颠倒了过来。某些“官方话语”总是难免有生硬地教化、教训老百姓之嫌。

三要转变政治话语用词。再抽象的政治道理也是说给老百姓听的，因而要尽可能用老百姓的话说给老百姓听。官方话语体系不能总是停留在“中国特色、中国气派、中国风格”这样宏大高远的用词上，更不能只是呐喊“我们信仰的主义是宇宙的真理”这样空洞抽象甚至是宗教式的口号。这样的话语，难以引起共鸣，因而难以达到“沟通”的作用。

当然，近几年，中央开展“走转改”，在官方政治话语方面，已经有了很大的进步和改观。比如，现在一些官方媒体的“微博”就越来越接地气，越来越受到老百姓的注意和喜欢，其在政治沟通中的正面功能越来越彰显。中国社会的良性政治沟通任重道远。频繁的政治结构调整会增强结构的不稳定性，所以我们急需弥合官方话语与民间话语，形成社会舆论合力，培育和保持整个社会对政治稳定的“忠诚度”。在这种努力中，当然是官方话语要放下身段，积极主动、作出应有的贡献。

三、政治营销实践

可以说，政治营销正在政治民主国家如火如荼地展开，特别是经济发达的政治民主国家，无论是在国内的政治竞选中，还是在国际的政治影响力构建中。政治营销的实践领域扩展至选举营销、政府营销、政治游说、国际政治营销等多个领域。

而在专制政治的国家中，无论是国内政治生活，还是国际政治影响力的构建，都还谈不上政治营销。但是，毫无疑问，全球化浪潮、世界政治民主化浪潮，使人类的政治文明迅速融通融合，在这种融通融合中，政治营销作为一种政治传播的新形态当然不会例外地在全世界传播开来，也势必会应用到自己的政治生活之中。

这里，可以用美国政治营销学专家纽曼对中国的热切期望来结束我们对政治传播活动的巡礼：

尽管中国式民主与美国的民主颇有不同，但美国在竞选中所用到的各种手段对于中国的政党与政治领导人来说仍具有相当大的参考价值。如果说，衡量一个政府成功与否的方法是看政府与人民之间权力与利益的互动水平的话，那么，一旦政府能够通过政治营销方法为人们提供更多关于政党及领导人的信息，就更有可能赢得人民的支持。随着互联网时代的来临及其他交互式传播工具的发展，这些方法将会极大程度上促进政治领导人与广大民众之间的互动。

在中国，政治营销的未来发展将取决于那些拥有巨大影响力的舆论引导者是否会接受这种新型的政治理念及手段。随着更多的领导人利用这些手段当选各级职务并借此施政，中国的政府部门、教育界、媒体和其他机构的领导人必将对这些方法的有效性产生更多争论。如果人民认为，通过这些手段当选的领导人在执政过程中更能做到心系于民的话，政治营销理念就会深入人心。无论我们希望与否，营销技术都悄然影响着社会的各个层面。较为现实的做法是积极探索如何合理地运用这些技术和方法。人们所期望的是，当政治营销在中国广为利用的时候，政党及其代表们能够本着一种诚实而审慎的态度来行事，以最终提高全体人民的生活水平。

我确信。对政治营销手段的运用不但能够帮助中国领导人在国际上增强中国的经济力量，而且在国内也会推动民主进一步发展。更重要的是，这一切都可以在保持现行政治体制稳定的前提下进行。随着中国经济的持续发展，政治营销会促使中国各级政府与人民之间更为有效地沟通，并提高整个国家的生活水平。①

① 〔美〕布鲁斯·埃·纽曼：《营销总统》“中译本序”，张哲馨译，上海人民出版社2007年版。

参考文献

一、哲学综合类

康德:《未来形而上学导论》,商务印书馆 1978 年。

黑格尔《历史哲学》,三联书店 1956 年版。

伽达默尔:《哲学解释学》,上海译文出版社 1994 年版。

尼科洛·马基雅维利:《佛罗伦萨史》,商务印书馆 1982 年版。

克里斯托弗·道森:《宗教与西方文化的兴起》,四川人民出版社 1989 年版。

福柯:《必须保卫社会》,上海人民出版社 1999 年版。

悉尼·胡克:《历史中的英雄》,上海人民出版社 1964 年版。

杜兰:《世界文明史》第 2 卷,东方出版社 1999 年版。

汉娜·阿伦特:《人的条件》,上海人民出版社 1999 年版。

郭湛主编:《社会公共性研究》,人民出版社 2009 年版。

二、政治学类

达尔:《现代政治分析》(第六版),中国人民大学出版社 2012 年版。

达尔:《论民主》,中国人民大学出版社 2012 年版。

查尔斯·蒂利:《民主》,上海人民出版社 2009 年版。

詹姆斯·W. 西瑟:《自由民主与政治学》,上海人民出版社 1998 年版。

安德鲁·海伍德:《政治学》(第二版),中国人民大学出版社 2006 年版。

伊斯顿:《政治生活的系统分析》,华夏出版社 1989 年版。

阿尔蒙德:《比较政治学:体系、过程和政策》,上海译文出版社 1987 年版。

肯尼思·米诺格:《政治的历史与边界》,译林出版社 2008 年版。

阿普特:《现代化的政治》,中央编译出版社 2011 年版。

迈克尔·罗斯金等:《政治科学》,华夏出版社 2001 年版。

戴维·米勒等编:《布莱克维尔政治学百科全书》,中国政法大学出版社 1987 年版。

波齐:《国家:本质、发展与前景》,上海人民出版社 2007 年版。

萨托利:《政党与政党体制》,商务印书馆 2006 年版。

玛利亚·乔纳蒂:《自我耗竭式演进:政党—国家体制的模型与验证》,中央编译出版社 2008 年版。

让—马克·夸克:《合法性与政治》,中央编译出版社 2008 年版。

沈大伟:《中国共产党:收缩与调适》,中央编译出版社 2012 年版。

罗伯特·米歇尔斯:《寡头统治铁律:现代民主制度中的政党社会学》,天津人民出版社 2003 年版。

莫斯科维奇:《群氓的时代》,江苏人民出版社 2003 年版。

詹姆斯·麦格雷戈·伯恩斯:《领袖论》中国社会科学出版社 1996 年版。

拉斯韦尔:《政治学:谁得到什么? 何时和如何得到?》,商务印书馆 1992 年版。

汉斯·摩根索:《国家间政治》,海南出版社 2008 年版。

帕累托:《精英的兴衰》,台北桂冠图书公司 1993 年版。

萨托利:《民主新论》,上海人民出版社 2009 年版。

克拉莫尼克等:《意识形态的时代》,同济大学出版社 2006 年版。

汤普森:《意识形态与现代文化》,译林出版社 2005 年版。

卡尔·曼海姆:《意识形态和乌托邦》,华夏出版社 2001 年版。

谢·卡拉—穆尔扎:《论意识操纵》(上),社会科学文献出版社 2004 年版。

霍尔:《组织:结构、过程及结果》(第八版),上海财经大学出版社 2003 年版。

福克斯等:《后现代公共行政——话语指向》,中国人民大学出版社 2002 年版。

古斯塔夫·勒庞:《乌合之众》,中央编译局出版社 2000 年版。

景跃进主编:《政治学原理》,中国人民大学出版社 2010 年版。

张凤阳主编:《政治哲学关键词》,江苏人民出版社 2006 年版。

俞可平:《权利政治与公益政治》,社会科学文献出版社 2003 年版。

王长江:《政党论》,人民出版社 2009 年版。

虞崇胜:《政治文明论》,武汉大学出版社 2003 年版。

三、传播学类

施拉姆等:《传播学概论》,新华出版社 1984 年版。

埃里克·麦格雷:《传播理论史——一种社会学的视角》,中国传媒大学出版社 2009 年版。

丹尼斯·麦奎尔:《麦奎尔大众传播理论》(第五版),清华大学出版社 2010 年版。

麦奎尔:《受众分析》,中国人民大学出版社 2006 年版。

洛厄里等:《大众传播效果的里程碑》,中国人民大学出版社 2004 年版。

詹宁斯·布赖恩特等:《传媒效果概论》,中国传媒大学出版社2006年版。
张国良主编:《20世纪传播学经典文本》,复旦大学出版社2005年版。
胡正荣主编:《传播学总论》,清华大学出版社2008年版。
约翰·费斯克等:《关键概念:传播与文化研究辞典》(第二版),新华出版社2004年版。
陶涵:《新闻学传播学新名词词典》,经济日报出版社1997年版。
邵培仁:《传播学导论》,浙江大学出版社1997年版。
罗伯特·福特纳:《国际传播:"地球都市"的历史、冲突与控制》,华夏出版社2000年版。
程曼丽:《国际传播学教程》,北京大学出版社2006年版。
曼纽尔·卡斯特:《网络社会的崛起》,社会科学文献出版社2006版。
保罗·莱文森:《数字麦克卢汉——信息化新纪元指南》,社会科学文献出版社2001年版。

四、政治传播类

麦克奈尔:《政治传播学引论》,新华出版社2005年版。
兰斯·本奈特等主编:《媒介化政治:政治传播新论》,清华大学出版社2011年版。
安德鲁·查德威克:《互联网政治学》,华夏出版社2010年版。
丹尼斯·K.姆贝:《组织中的传播和权力:话语、意识形态和统治》,中国社会科学出版社2000年版。
兰德尔·彼特沃克:《弯曲的脊梁》,上海三联书店2012年版。
诺曼·费尔克拉夫:《话语与社会变迁》,华夏出版社2003年版。
阿特休尔:《权力的媒介》,华夏出版社1989年版。
巴勒特:《媒介社会学》,社会科学文献出版社1989年版。
罗伯特·W.麦克切斯尼:《富媒体 穷民主:不确定时代的传播政治》,新华出版社2003年版。
邵培仁主编:《政治传播学》,江苏人民出版社1991年版。
拉斯维尔:《世界大战中的宣传技巧》,中国人民大学出版社2003年版。
哈里·法兰克福:《论扯淡》,凤凰出版集团译林出版社2008年版。
布鲁斯·埃·纽曼:《营销总统》,上海人民出版社2007年版。
刘海龙:《宣传:观念、话语及其正当化》,中国大百科全书出版社2013年版。
赵可金等:《政治营销学导论》,复旦大学出版社2008年版。
祝基滢:《政治传播学》,台湾三民书局1982年版。
赵月枝:《传播与社会:政治经济与文化分析》,中国传媒大学出版社2011年版。
李元书主编:《政治体系中的信息沟通——政治传播学的分析视角》,河南人民出版社2005年版。
张昆:《大众传媒的政治社会化功能》,武汉大学出版社2003年版。

图书在版编目(CIP)数据

政治传播简明原理/荆学民著. --北京:中国传媒大学出版社,2015.1(2022.1 重印)
ISBN 978-7-5657-0933-3

Ⅰ.①政… Ⅱ.①荆… Ⅲ.①政治传播学—研究 Ⅳ.①D0

中国版本图书馆 CIP 数据核字(2014)第 046251 号

政治传播简明原理
ZHENGZHI CHUANBO JIANMING YUANLI

著　者　荆学民
责任编辑　吴　磊
责任印制　李志鹏
封面设计　郭　琳

出版发行　中国传媒大学出版社
社　址　北京市朝阳区定福庄东街 1 号　　邮　编　100024
电　话　86-10-65450528　65450532　　传　真　65779405
网　址　http://cucp.cuc.edu.cn
经　销　全国新华书店

印　刷　三河市东方印刷有限公司
开　本　710mm×1000mm　1/16
印　张　18.25
字　数　294 千字
版　次　2015 年 1 月第 1 版
印　次　2022 年 1 月第 4 次印刷

书　号　ISBN 978-7-5657-0933-3/D·0933　　定　价　68.00 元